Krishnamurti · *Wandel durch Einsicht*

JIDDU KRISHNAMURTI

Wandel durch Einsicht

Gedanken des großen Weisheitslehrers über Glaube, Freiheit, Verantwortung

O. W. BARTH

Einzig berechtigte Übersetzung aus dem Englischen
von Christine Bendner.

1. Auflage 1995
Titel der Originalausgabe: «The Impossible Question».

Inhaltsverzeichnis

Teil I Vorträge und Fragen

Teil II Gespräche und Dialoge

Teil I

Vorträge und Fragen

1 Der Akt des Schauens

«Wenn es Ihnen wirklich ernst ist, dann verliert während des Schauens das Rad der Wiederholung an Schwungkraft und kommt zum Stillstand.»

In einer Welt voller Verwirrung und Gewalt, in der es alle Formen kriegerischer Auseinandersetzung und tausend Erklärungen für diese gibt, hoffen wir auf gesellschaftlichen Wandel, auf ein anderes, besseres Leben und größere Freiheit für die Menschen. In jedem Land, auf jedem Kontinent wird im Namen des Friedens Gewalt verübt. Menschen werden im Namen der Wahrheit ausgebeutet, leben im Elend, hungern zu Millionen, werden grausam unterdrückt, müssen soziale Ungerechtigkeit erdulden. Es gibt Kriege, Zwangsrekrutierung und die Flucht davor. Haß wird gerechtfertigt und jede Form von Realitätsflucht als Normalität des Lebens akzeptiert. Wenn man sich all dessen bewußt ist, ist man verwirrt, unsicher, was man tun, was man denken, welche Rolle man spielen soll. Was soll man tun? Sich den Aktivisten anschließen oder sich in eine Art innere Emigration begeben? Soll man sich wieder den alten religiösen Vorstellungen zuwenden? Soll man eine neue Sekte gründen oder einfach weiter entsprechend den eigenen Vorurteilen und Neigungen leben? Wenn man all das sieht, will man natürlich wissen, was man tun, was man denken soll, wie man auf andere Weise leben kann.

Wenn wir während dieser Gespräche ein Licht in uns selbst finden können, wenn wir eine Art zu leben entdecken können, die völlig frei von jeglicher Gewalt ist – eine Art zu leben, die absolut religiös und daher frei von Angst ist, wenn wir zu einer inneren Festigkeit finden können, die durch äußere Ereignisse nicht berührt wird, dann sind diese Gespräche außerordentlich wertvoll. Können wir dem, worüber wir hier sprechen werden, vollkommene, aufgeschlossene Aufmerksamkeit widmen? Wir arbeiten hier gemeinsam an der Frage, wie wir in Frieden leben können. Es geht nicht darum, daß der Redner Ihnen sagt, was Sie tun, was Sie denken sollen – er ist keine Autorität, hat keine «Philosophie».

Unser Problem besteht darin, daß unser Gehirn in alten, gewohnten Bahnen funktioniert – wie ein Tonband, das wieder und wieder die gleiche Melodie spielt. Während sich diese stets gleichen, gewohnten Töne wiederholen, sind wir nicht in der Lage, irgend etwas Neues zu hören. Unser Gehirn wurde konditioniert, auf eine bestimmte Weise zu denken, gemäß unserer Kultur, Tradition und Erziehung zu reagieren. Dieses Gehirn versucht, etwas Neues aufzunehmen, und ist doch nicht fähig dazu. Darin wird unsere Schwierigkeit liegen. Ein Tonband kann man löschen und wieder neu bespielen. Doch unglücklicherweise haben die Tonbandaufzeichnungen in unserem Gehirn sich diesem so nachhaltig eingeprägt, daß es sehr schwierig ist, sie zu löschen und ganz von vorn zu beginnen. Wir bewegen uns wieder und wieder in den gleichen Bahnen, den gleichen Vorstellungen und physischen Gewohnheiten, so daß wir nie etwas Neues aufnehmen können.

Ich versichere Ihnen, daß man das alte Tonband, die alte Art zu denken, zu fühlen, zu reagieren, die unzähligen Gewohnheiten hinter sich lassen kann. Man kann es, wenn man wirklich achtsam ist. Wenn man etwas ungeheuer Wichtiges, etwas Lebenswichtiges hört, dann lauscht man zwangsläufig so, daß durch diesen Akt des Lauschens das Alte ausgelöscht wird. Versuchen Sie es – nein, tun Sie es. Sie haben ein tiefes Interesse daran, sonst wären Sie nicht hier. Lauschen Sie absolut aufmerksam, so daß durch diesen Akt des Lauschens die alten Erinnerungen, die eingeschliffenen Gewohnheiten, die traditionellen Vorstellungen ausgelöscht werden.

Man muß sehr ernsthaft sein, wenn man mit dem Chaos, mit der Unsicherheit, mit Krieg und Zerstörung konfrontiert wird, mit einer Gesellschaft, die alle Werte über Bord geworfen hat, die sowohl in sexueller als auch in ökonomischer

Hinsicht völlig permissiv ist. Es gibt keine Moral, keine Religiosität; alles wird verworfen. Man muß zutiefst ernsthaft sein. Wenn man diese Ernsthaftigkeit im Herzen trägt, wird man wirklich hören. Es hängt von Ihnen ab, nicht vom Redner, ob Sie ernsthaft genug sind, um so total hören zu können, daß Sie in Ihrem Inneren ein Licht finden, das niemals mehr ausgelöscht werden kann, daß Sie zu einer Lebensweise finden, die nicht von irgendwelchen Vorstellungen oder Umständen abhängt – einer Lebensweise, die stets frei, neu, jung und lebendig ist.

Wenn Sie diese Eigenschaft haben, um jeden Preis fündig werden zu wollen, dann können Sie und der Redner zusammenarbeiten und gemeinsam auf dieses seltsame Etwas stoßen, das all unsere Probleme lösen wird – ganz gleich, ob es sich um das Problem der alltäglichen Monotonie des Lebens oder um große, ernste Schwierigkeiten handelt.

Wie sollen wir nun vorgehen? Ich meine, daß es nur einen Weg gibt: durch Negieren zum Positiven zu gelangen; durch Verstehen, was es nicht ist, herauszufinden, was es ist. Zu sehen, was man wirklich ist, und dann darüber hinauszugehen. Fangen Sie an, sich, die Welt und alles, was in der Welt geschieht, alles, was vor sich geht, zu betrachten; schauen Sie, ob Ihre Beziehung distanziert ist, ob Sie davon getrennt sind oder nicht. Wir können die Ereignisse in der Welt betrachten, als ob sie uns als Individuen nicht berührten, und dennoch versuchen, Einfluß auf sie zu nehmen. Dann existiert eine Trennung zwischen uns und der Welt. Auf diese Weise kann man die Welt durch die Brille der eigenen Erfahrungen, des eigenen Wissens, der eigenen Abneigungen, Vorurteile und so weiter betrachten, aber man schaut, als sei man von der Welt getrennt. Man muß einen Weg finden, so zu schauen, daß man alles, was im eigenen Inneren und im Äußeren geschieht, als einen untrennbaren Prozeß, als eine einzige ganzheitliche Bewegung wahrnimmt. Entweder betrachtet man die Welt von einem bestimmten Standpunkt aus – nimmt intellektuell, ideologisch einen bestimmten Standpunkt ein, der zu einer bestimmten Handlungsweise verpflichtet und deshalb vom ganzen Rest getrennt ist – oder man betrachtet dieses gesamte Phänomen als lebendigen, fließenden Prozeß, als eine alles umfassende Strömung, von der man nicht getrennt ist, von der man selbst ein Teil ist. Was immer man auch ist – das Ergebnis von Kultur, Religion, Erziehung, Propaganda, Klima, Nahrung –, man ist die Welt, und die Welt ist man selbst. Kann man das in seiner Ganzheit, in seiner Totalität sehen? Spürt man, daß die Menschheit ein Ganzes ist? Es geht nicht darum, sich mit der Welt zu identifizieren – man *ist* die Welt. Kriege resultieren aus uns selbst. Die Gewalttätigkeit, die Vorurteile, die ungeheure Brutalität, der wir überall begegnen, sind Teil von uns selbst.

Es hängt also von Ihnen ab, wie Sie dieses Phänomen – sowohl von innen als auch von außen – betrachten, und davon, wie ernsthaft Sie sind. Wenn Sie wirklich ernsthaft sind, dann verlieren während des Betrachtens die alten Impulse – die Wiederholung der alten Muster, der alten Denk-, Lebens- und Handlungsweisen – an Schwung, sie werden außer Kraft gesetzt. Sind Sie ernsthaft genug, um zu einer Lebensweise zu finden, in der dieser ganze Aufruhr, dieses Elend und Leid nicht existieren? Für die meisten von uns besteht die Schwierigkeit darin, sich von den alten Denkgewohnheiten zu befreien: «Ich bin jemand», «Ich will mich verwirklichen», «Ich will etwas werden», «Ich glaube an meine Überzeugungen», «Das ist der richtige Weg», «Ich gehöre dieser besonderen religiösen Gruppe an». In dem Augenblick, in dem Sie einen Standpunkt einnehmen, haben Sie sich abgetrennt und sind daher nicht mehr in der Lage, das Ganze, den gesamten Prozeß zu sehen.

Solange unser Leben – sowohl im Inneren als auch im Äußeren – fragmentarisch ist, wird es Chaos und Krieg geben. Bitte versuchen Sie, das mit dem Herzen zu sehen. Betrachten Sie den Krieg im Mittleren Osten. Sie wissen um all diese Dinge; es wurden zahllose Bücher geschrieben, um die Vorgänge dort zu erklären. Wir verstricken uns in den Erklärungen – obwohl keine Erklärung je irgendein Problem lösen wird. Es ist sehr wichtig zu erkennen, daß man sich nicht in

Erklärungen verlieren darf, und es spielt dabei keine Rolle, wer diese Erklärungen gibt. Wenn Sie sehen, «was ist», ist keine Erklärung nötig. Aber ein Mensch, der nicht sieht, «was ist», verliert sich in Erklärungen. Ich bitte Sie, dies zu sehen; bitte verstehen Sie dies auf einer so tiefen Ebene, daß Sie nicht an Worten hängenbleiben.

In Indien ist es üblich, das heilige Buch, die *Bhagavad-Gītā*, zur Erklärung von allem und jedem heranzuziehen. Tausende und Abertausende lauschen den Erklärungen, beispielsweise wie man leben soll, was man tun sollte, wie Gott beschaffen ist. Sie lauschen wie verzaubert – und leben weiter wie bisher. Erklärungen blenden, sie hindern daran, tatsächlich zu sehen, «was ist».

Es ist lebenswichtig, daß Sie selbst herausfinden, wie man dieses Problem der Existenz betrachten muß. Betrachten Sie es durch die Brille einer Erklärung, von einem bestimmten Standpunkt aus, oder schauen Sie, ohne gespalten zu sein? Finden Sie das heraus. Machen Sie alleine einen Spaziergang, und finden Sie es heraus; versuchen Sie mit ganzem Herzen herauszufinden, wie Sie all diese Dinge betrachten. Dann können wir die Einzelheiten gemeinsam herausarbeiten – und wir werden auf die subtilsten Einzelheiten eingehen, um fündig zu werden, um zu verstehen. Doch bevor wir das tun können, muß absolut klar sein, daß Sie frei von Trennung, frei von Spaltung sind, daß Sie nicht länger Engländer, Amerikaner, Jude sind – können Sie mir folgen? –, daß Sie frei von Ihrer aus einer bestimmten Religion oder Kultur resultierenden Konditionierung sind, die Sie bindet, innerhalb derer Sie Ihre Erfahrungen machen, die wiederum nur zu weiterer Konditionierung führen.

Betrachten Sie diesen ganzen Strom des Lebens als eine Einheit; darin liegen große Schönheit und ungeheure Möglichkeiten; dann ist Handeln vollständig, und es besteht Freiheit. Und der Geist muß frei sein, um herauszufinden, was Realität ist – nicht eine erdachte oder vorgestellte Realität. Es muß eine totale Freiheit sein, in der Zersplitterung nicht existiert. Das kann jedoch nur geschehen, wenn Sie wirklich vollkommen ernsthaft sind – aber nicht, indem Sie jemandem folgen, der sagt: «Dies ist die richtige Art, ernsthaft zu sein.» Werfen Sie all das über Bord, hören Sie gar nicht hin. Sie müssen es selbst herausfinden, und es spielt dabei keine Rolle, ob Sie alt oder jung sind.

Möchten Sie Fragen stellen? Bevor Sie fragen, überlegen Sie sich jedoch, weshalb Sie fragen und von wem Sie die Antwort erwarten. Geben Sie sich, wenn Sie fragen, bereits mit der Erklärung zufrieden, die die Antwort sein könnte? Wenn man eine Frage stellt – und man muß alles hinterfragen –, fragt man, weil man durch den Akt des Fragens selbst beginnt zu forschen und daher zu teilen, gemeinsam zu bewegen, zu erfahren und zu schaffen?

Was sollte man tun, wenn beispielsweise ein Verrückter frei herumläuft und Menschen tötet und man ihn aufhalten könnte, indem man ihn tötet?

KRISHNAMURTI: Lassen Sie uns also alle Präsidenten, alle Herrscher, alle Tyrannen, alle Nachbarn und Sie selbst töten! (*Gelächter*). Nein, nein, lachen Sie nicht. Wir sind ein Teil von all dem. Wir haben durch unsere eigene Gewalttätigkeit zum heutigen Zustand der Welt beigetragen. Wir sehen das nur nicht klar. Wir glauben, das gesamte Problem lösen zu können, indem wir uns einiger Leute entledigen, indem wir das Establishment hinwegfegen. Jede äußere Revolution beruhte auf dieser Vorstellung, die französische, die kommunistische und so weiter – und alle endeten schließlich als Bürokratie oder Diktatur.

Eine andere Lebensweise zu schaffen, meine Freunde, bedeutet also, sie nicht für andere, sondern für sich selbst zu schaffen, weil man selbst der «andere» ist. Es gibt kein «Wir» und kein «Sie»; es gibt nur uns selbst. Wenn man das wirklich sieht, nicht intellektuell, sondern mit dem Herzen, dann erkennt man, daß eine ganzheitliche Art des Handelns möglich ist, die völlig andere Ergebnisse hervorbringt, so daß eine neue soziale Ordnung entsteht und nicht einfach ein Establishment gestürzt und durch ein anderes ersetzt wird.

Man muß Geduld haben, um die Dinge zu hinterfragen, zu untersuchen; junge Leute haben keine Geduld, sie wollen sofort Ergebnisse sehen – sie wollen «Instant-Kaffee», «Instant-Tee», «Instant-Meditation» –, und das zeigt, daß sie überhaupt nicht verstanden haben, was Leben heißt. Wenn man die Ganzheit des Lebens versteht, gelangt man zu einer Unmittelbarkeit des Handelns, die sich sehr von dem aus Ungeduld resultierenden impulsiven Handeln unterscheidet. Schauen Sie sich einmal an, was in Amerika vor sich geht, die Rassenunruhen, die Armut, die Ghettos, die absolute Sinnlosigkeit der Erziehung, so wie sie ist – betrachten Sie die Unterschiede in den europäischen Ländern und wie lange es noch dauern wird, ein vereintes Europa zu schaffen. Und blicken Sie nach Indien, Asien, Rußland und China. Wenn man all das und die Trennung zwischen den verschiedenen Religionen sieht, dann gibt es nur eine Antwort, ein Handeln, ein totales Handeln, nicht ein partielles oder fragmentarisches Handeln. Dieses totale Handeln besteht nicht darin, den anderen zu töten, sondern darin, die Trennungen und Teilungen zu sehen, die diese Zerstörung des Menschen verursacht haben. Wenn man dies wirklich ernsthaft und sensibel tut, dann ergibt sich daraus ein völlig anderes Handeln.

Was hat ein Mensch zum Chaos dieser Welt beigetragen, der in einer Diktatur geboren, der total unterdrückt wurde und keine Möglichkeit hatte, irgend etwas aus sich selbst heraus zu tun – ich glaube, die meisten Anwesenden können sich das nicht vorstellen. Er wurde in diese Situation hineingeboren und seine Eltern ebenfalls – was hat er getan, um zum Chaos in dieser Welt beizutragen?

K.: Wahrscheinlich hat er überhaupt nichts getan. Was hat der arme Mann getan, der in der Wildnis Indiens oder in einem kleinen Dorf in Afrika oder in einem abgeschiedenen Tal lebt und nichts von all dem weiß, was im Rest der Welt vor sich geht? Auf welche Weise hat er zu dieser monströsen Struktur beigetragen? Wahrscheinlich hat er überhaupt nichts getan – der arme Bursche, was kann er tun?

Was heißt es, ernsthaft zu sein? Ich habe das Gefühl, daß ich nicht ernsthaft bin.

K.: Lassen Sie uns das gemeinsam herausfinden. Was bedeutet es, ernsthaft zu sein – so daß Sie sich einer Sache, einer Berufung total hingeben, daß Sie den Weg bis zum Ende gehen wollen. Ich definiere es nicht, akzeptieren Sie keine Definition. Man will herausfinden, wie man ein ganz anderes Leben führen kann, ein gewaltfreies Leben in völliger innerer Freiheit; man will das herausfinden und opfert alles dafür – seine Zeit, seine Energie, sein Denken. Einen solchen Menschen würde ich ernsthaft nennen. Er läßt sich nicht leicht vom Weg abbringen – er mag an den Vergnügungen des Lebens teilhaben, aber sein Kurs steht fest. Das bedeutet nicht, daß er dogmatisch oder stur ist, daß er sich nicht anpassen kann. Er wird anderen zuhören, wird abwägen, prüfen, beobachten. Seine Ernsthaftigkeit könnte ihn selbstbezogen werden lassen, und diese Selbstbezogenheit würde ihn daran hindern, die Dinge zu erforschen, aber er muß anderen zuhören, er muß den Dingen auf den Grund gehen, alles ständig hinterfragen, und das bedeutet, daß er höchst empfindsam sein muß. Er muß herausfinden, wie und wem er zuhört. Er wird also ständig lauschen, forschen, fragen, er macht seine Entdeckungen mit einem wachen Geist, einem empfindsamen Herzen – diese sind nicht voneinander getrennt –, er forscht mit der Totalität und Empfindsamkeit seines ganzen Wesens. Finden Sie heraus, ob Ihr Körper empfindsam ist, seien Sie sich seiner Gestik, seiner seltsamen Gewohnheiten bewußt. Sie können physisch nicht empfindsam sein, wenn Sie regelmäßig zuviel essen, aber auch nicht, wenn Sie hungern oder zu streng fasten. Man muß auf seine Ernährung achten, und man muß einen empfindsamen

Geist haben, das heißt einen Geist, der nicht nur in gewohnten Bahnen funktioniert und nur sein eigenes kleines Vergnügen, sei es sexueller oder anderer Art, verfolgt.

Sie sagten, wir sollten uns keine Erklärungen anhören. Was ist der Unterschied zu Ihren Reden und Erklärungen?

K.: Was glauben Sie? Gibt es einen Unterschied, oder ist es einfach die gleiche Wortemacherei?

Worte sind Worte.

K.: Wir erklären, beschreiben Ursache und Wirkung, sagen beispielsweise: Der Mensch hat die Brutalität vom Tier geerbt. Jemand erklärt dies; aber wenn Sie noch während der Erklärung handeln, nämlich aufhören, gewalttätig zu sein – ist das nicht ein Unterschied? Handeln ist gefragt, aber wird dies durch Erklärungen, durch Worte erreicht? Oder ist dieses totale Handeln nur möglich, wenn man empfindsam genug ist, den gesamten Strom des Lebens, das Ganze, zu sehen? Was tun wir hier? Geben wir Erklärungen über Ursachen ab, beschäftigen wir uns mit dem «Warum»? Oder versuchen wir, so zu leben, daß unser Leben nicht auf Worten beruht, sondern auf der Entdeckung dessen, was tatsächlich *ist* –was nicht von Worten abhängt.

Es besteht ein riesiger Unterschied zwischen beidem – obwohl ich die Dinge erkläre. Es ist wie mit einem hungrigen Menschen: Sie können ihm die Beschaffenheit und den Geschmack von Essen erklären, können ihm die Speisekarte zeigen, ihm durch das Schaufenster die ausgestellten Lebensmittel zeigen, doch was er will, ist: echte Nahrung. Und Erklärungen können ihm die nicht geben. Das ist der Unterschied.

2 Freiheit

«Die Abhängigkeit von jeglicher Form subjektiver Vorstellung, Phantasie oder subjektiven Wissens erzeugt Angst und zerstört Freiheit.»

Wir müssen über viele Dinge sprechen, aber zuerst, so scheint mir, müssen wir ernsthaft der Frage nachgehen, was Freiheit ist. Ohne zu verstehen, was Freiheit ist, nicht nur äußerlich, sondern tief im Innern und eigentlich – nicht nur intellektuell, sondern essentiell –, wird alles, worüber wir hier sprechen, bedeutungslos bleiben.

Kürzlich betrachteten wir die Beschaffenheit des Geistes. Es ist der ernsthafte Geist, der wirklich lebt und das Leben genießt – nicht jener, der nur sein Vergnügen oder eine bestimmte Art von Befriedigung oder Erfüllung sucht. Freiheit bedeutet das Verwerfen und Zurückweisen jeglicher inneren, in der Psyche verankerten Autorität. Die jüngere Generation meint, Freiheit bedeute, dem Polizisten ins Gesicht zu spukken, zu tun, was immer einem beliebt. Doch die Zurückweisung äußerer Autoritäten bedeutet nicht vollkommene Freiheit von allen inneren Autoritäten. Wenn wir die inneren Autoritäten durchschauen, werden Geist und Herz total frei. Dann sind wir in der Lage zu verstehen, was äußere Handlungsfreiheit ist.

Handlungsfreiheit im Äußeren ist nur möglich, wenn der Geist völlig frei von inneren Autoritäten ist. Dies erfordert viel geduldiges Prüfen und Überlegen. Es ist eine höchst bedeutsame Angelegenheit. Wenn wir sie verstehen, werden wir an andere mit dem Leben und dem Alltag verbundene Dinge mit völlig verändertem Bewußtsein herangehen.

Laut Wörterbuch bedeutet «Autorität» soviel wie «Initiator

einer originellen Idee», «Urheber von etwas völlig Neuem». Der Betreffende schafft eine Struktur, ein System, das auf seinen Vorstellungen, seinem Gedankenkonstrukt basiert. Andere folgen ihm und finden gewisse Befriedigung darin. Vielleicht gründet er auch eine religiöse Bewegung, der andere blind oder nach reiflicher Überlegung folgen. So werden innerlich und äußerlich Muster, Lebensstile, politische oder psychische Verhaltensweisen etabliert. Der menschliche Geist, der im allgemeinen ziemlich faul und träge ist, findet es einfach, dem zu folgen, was ein anderer gesagt hat. Der Anhänger akzeptiert die «Autorität» als Mittel, um das von dem betreffenden ideologischen System versprochene Ziel zu erreichen; er klammert sich daran, wird davon abhängig und bestätigt so die «Autorität». Ein Anhänger ist also ein Mensch aus zweiter Hand, und tatsächlich sind die meisten Menschen vollkommen «second hand». Sie glauben vielleicht, ein paar originelle Ideen beim Malen oder Schreiben zu haben, aber im wesentlichen sind sie zu Menschen aus zweiter Hand, zu absurden menschlichen Wesen geworden, weil sie darauf konditioniert sind zu folgen, zu imitieren, sich konformistisch zu verhalten. Das ist ein Aspekt der destruktiven Natur von «Autorität».

Sind Sie als Mensch von irgend jemandem psychisch abhängig? Wir sprechen nicht von formalem Gehorsam, nicht davon, Gesetze zu befolgen – aber folgen Sie jemandem innerlich, psychisch? Wenn ja, dann sind Sie in Ihrem Wesenskern ein Mensch aus zweiter Hand. Vielleicht leisten Sie gute Arbeit, führen ein angenehmes Leben, aber all das ist dann ziemlich bedeutungslos.

Es gibt auch die Autorität der Tradition. Tradition bedeutet: «Etwas aus der Vergangenheit in die Gegenwart übertragen» – die religiöse Tradition, die Familientradition oder die Tradition eines Volkes. Und es gibt die Tradition des Gedächtnisses. Wir können sehen, daß es auf manchen Ebenen einen Sinn hat, Traditionen zu folgen, auf anderen Ebenen aber völlig wertlos ist. Gute Manieren, Höflichkeit, Rücksichtnahme, die aus der Wachsamkeit eines beobachtenden Geistes hervorgegangen sind, können allmählich zur Tradition werden. Das Muster wurde eingeprägt, der Geist wiederholt es. Man öffnet jemandem die Tür, erscheint pünktlich zu den Mahlzeiten und so weiter. Aber es ist Tradition geworden und geschieht nicht mehr aus geistiger Wachheit, Klarheit und Achtsamkeit heraus.

Der Geist, der seine Erinnerungen kultiviert hat, funktioniert aus Tradition wie ein Roboter – er wiederholt die gleichen Dinge wieder und wieder. Er kann nie etwas Neues empfangen, niemals etwas auf völlig neue Art und Weise hören. Unsere Gehirne sind wie Tonbandgeräte: Bestimmte Erinnerungen wurden über die Jahrhunderte hinweg kultiviert, und wir fahren fort, sie zu wiederholen. Der durch diese Wiederholung verursachte Lärm macht uns unfähig, etwas Neues zu hören. Also fragt man: «Was soll ich tun?», «Wie kann ich diesen alten Mechanismus, dieses bespielte Tonband loswerden?» Das Neue kann nur gehört werden, wenn das alte Tonband mühelos vollkommen still wird, wenn man die Ernsthaftigkeit besitzt zu lauschen, zu forschen und aufmerksam zu sein.

Wir können also von der Autorität eines anderen, von der Autorität der Tradition oder der Autorität der vergangenen Erfahrungen in Form von Erinnerung, von Wissen abhängig sein. Es gibt auch die Autorität der unmittelbaren Erfahrung, die wir anhand unseres in der Vergangenheit angesammelten Wissens wiedererkennen – und wenn wir etwas wiedererkennen, ist es nicht mehr neu. Wie kann ein Geist, der so durch Autoritäten, durch Nachahmung, Konformität und Anpassung konditioniert ist, irgend etwas völlig Neues hören? Wie kann man die Schönheit des Tages sehen, wenn Geist und Herz und Verstand so von der Vergangenheit als Autorität vernebelt sind? Wenn man die Tatsache, daß der Geist die Last der Vergangenheit mit sich herumschleppt und durch die verschiedensten Formen von Autorität konditioniert ist, wirklich durchschauen kann, wenn man erkennen kann, daß er nicht frei und deshalb unfähig ist, wirklich zu sehen, dann läßt man die Vergangenheit mühelos hinter sich.

Freiheit bedeutet die vollständige Auflösung aller inneren Autoritäten. Aus dieser Bewußtseinsqualität heraus entsteht äußere Freiheit – eine Freiheit, die sich von der bloßen Reaktion, vom bloßen Opponieren absolut unterscheidet. Was wir hier sagen, ist wirklich sehr einfach, aber gerade weil es so einfach ist, werden Sie es nicht verstehen. Der Geist, das Gehirn, ist durch Autoritäten, durch Nachahmung und Konformität konditioniert – das ist eine Tatsache. Ein wirklich freier Geist ist frei von jeglichen inneren Autoritäten, er weiß, was es bedeutet, zu lieben und zu meditieren.

Wenn man versteht, was Freiheit ist, versteht man auch, was Disziplin ist. Das mag zunächst ziemlich paradox erscheinen, weil wir im allgemeinen denken, Freiheit bedeute Freiheit von jeglicher Disziplin. Welche Qualität besitzt ein hochdisziplinierter Geist? Freiheit kann ohne Disziplin nicht bestehen, was aber nicht bedeutet, daß man zuerst diszipliniert werden muß und dann frei sein wird. Freiheit und Disziplin gehören zusammen, sie sind nicht voneinander zu trennen. Was also bedeutet «Disziplin»? Laut Wörterbuch heißt «Disziplin» soviel wie «lernen» – das hat nichts mit einem Geist zu tun, der sich in ein bestimmtes ideologisches oder religiöses Denk- und Handlungsschema pressen läßt. Ein Geist, der fähig ist zu lernen, unterscheidet sich völlig von einem, der nur fähig ist zum Konformismus. Ein Geist, der lernfähig ist, der beobachtet, der tatsächlich sieht, «was ist», interpretiert «was ist» nicht entsprechend seinen eigenen Wünschen, seiner eigenen Konditionierung, seinen persönlichen Neigungen.

Disziplin bedeutet weder Unterdrückung und Kontrolle noch Anpassung an eine Gesellschaftsstruktur oder ein Denksystem; sie ist eine geistige Qualität, die befähigt zu sehen, «was ist», und von dem, «was ist», zu lernen. Ein solcher Geist muß außergewöhnlich achtsam und bewußt sein. Im gewöhnlichen Sinne bedeutet «sich selbst zu disziplinieren», daß man sich auf irgendeine vorgeschriebene Weise diszipliniert. Ich sage mir: «Ich muß früh am Morgen aufstehen und darf nicht faul sein» oder «Ich darf nicht wütend sein». Das ist ein dualistischer Prozeß. Da ist derjenige, der versucht,

Kontrolle über seinen Willen zu erlangen, um zu tun, was er tun sollte, im Gegensatz zu dem, was er tatsächlich tut. In diesem Zustand herrscht ein Konflikt.

Die Disziplin, die uns von den Eltern, von der Gesellschaft, von den religiösen Gemeinschaften auferlegt wird, bedeutet Konformität. Und wir rebellieren gegen Konformität – da sind die Eltern, die wollen, daß wir uns auf eine bestimmte Weise verhalten, und da ist die Rebellion dagegen und so weiter. Ein solches Leben beruht auf Gehorsam und Anpassung, und dann opponiert man dagegen, verweigert die Anpassung und will tun, was einem beliebt. Wir werden also herausfinden, wie der Geist beschaffen sein muß, der sich nicht anpaßt, der nicht nachahmt, nachfolgt und gehorcht und dennoch höchst diszipliniert ist – «diszipliniert» im Sinne fortwährenden Lernens.

Disziplin bedeutet Lernen, nicht Anpassung. Konformität bedeutet, daß ich mich mit anderen vergleiche, daß ich das, was ich bin oder denke, oder sein sollte, an dem Helden, dem Heiligen messe. Wo Konformität ist, kommt auch der Vergleich ins Spiel – ich bitte Sie, dies zu sehen. Finden Sie heraus, ob Sie, ohne zu vergleichen, das heißt, ohne sich anzupassen, leben können. Von Kindesbeinen an werden wir darauf konditioniert zu vergleichen – «Sei wie dein Bruder oder wie deine Großtante», «Sei wie der Heilige» oder «Folge Mao». Auch unser Bildungssystem ist von Vergleichen geprägt, in den Schulen werden Noten vergeben und Prüfungen abgelegt. Wir wissen nicht, was es bedeutet, ohne Vergleich und ohne Konkurrenz, also nicht aggressiv, nicht konkurrierend, gewaltlos zu leben. Sich mit jemand anderem zu vergleichen ist eine Form der Aggression, eine Form von Gewalttätigkeit. Gewalttätigkeit äußert sich nicht nur im Schlagen oder Töten, sondern auch in der vergleichenden, konkurrierenden Geisteshaltung: «Ich muß wie jemand anders sein» oder «Ich muß mich perfektionieren». Selbstverbesserung ist das absolute Gegenteil von Freiheit und Lernen. Finden Sie für sich selbst heraus, wie Sie leben können, ohne zu vergleichen, und Sie werden feststellen, daß etwas Außergewöhnliches geschieht.

Wenn Sie wirklich bewußt werden, wenn Sie nicht wählen, werden Sie sehen, was es heißt, ohne Vergleich zu leben und nie die Worte «Ich werde sein» zu gebrauchen.

Wir sind Sklaven des Verbs «sein», welches auch bedeutet: «Ich werde irgendwann in der Zukunft jemand sein.» Vergleich und Anpassung gehören zusammen, sie bringen nichts als Unterdrückung, Konflikte und endloses Leid mit sich. Es ist also wichtig, im Alltag zu einer Lebensweise zu finden, bei der wir nicht vergleichen. Tun Sie es, und Sie werden sehen, wie außergewöhnlich das ist: Es befreit Sie von vielen drückenden Lasten. Die bewußte Wahrnehmung dieser Tatsache führt zu einer geistigen Qualität, die sich durch außerordentliche Sensibilität und daher Disziplin auszeichnet, die den Menschen in die Lage versetzt, fortwährend zu lernen – nicht, was er lernen will, was ihm Vergnügen verschafft oder was zu lernen sich lohnt, sondern *lernen.* Sie werden sich also Ihrer inneren Konditionierung bewußt, die durch Autoritäten geprägt wurde, durch die Anpassung an ein Muster, eine Tradition, an Propaganda, an das, was andere Menschen gesagt haben, und Sie werden sich Ihrer angesammelten Erfahrungen und jener der Familie und der des gesamten Volkes bewußt. Alle diese Autoritäten haben Sie verinnerlicht. Wo Autoritäten existieren, kann der Geist niemals frei sein zu entdecken, was es zu entdecken gibt – etwas Zeitloses, völlig Neues.

Ein empfindsamer Geist ist durch keine vorgegebene Struktur begrenzt; er ist ständig in Bewegung, ist in Fluß, und in dieser ständigen Bewegung gibt es keine Unterdrückung, keine Konformität, keinen Wunsch, etwas zu erfüllen, etwas zu erreichen. Es ist ganz wichtig, daß wir sehr tief und klar verstehen, wie der Geist beschaffen sein muß, der frei und daher wahrhaft religiös ist. Ein freier Geist sieht, daß die Abhängigkeit von irgend jemandem oder irgend etwas – von anderen Leuten, Freunden, dem Ehemann oder der Ehefrau von Vorstellungen, Autoritäten und so weiter – Angst erzeugt: *dort* liegt die Quelle der Angst. Wenn mein Wohlergehen von dir abhängt, wenn meine Beziehung zu dir eine Flucht vor meiner eigenen Verlassenheit und Häßlichkeit, vor Oberflächlichkeit und Bedeutungslosigkeit ist, dann verursacht diese Abhängigkeit Angst. Die Abhängigkeit von jeglicher Form subjektiver Vorstellungen, Phantasien oder subjektiven Wissens gebiert Angst und zerstört Freiheit. Wenn Sie diese ganzen Zusammenhänge sehen – daß Freiheit unmöglich ist, wenn innere Abhängigkeit und daher Angst existieren, und daß nur ein verwirrter, unklarer Geist abhängig ist – dann fragen Sie sich: «Wie kann ich frei von Abhängigkeiten werden?» Und das ruft wiederum einen Konflikt hervor. Wenn Sie hingegen beobachten, daß ein abhängiger Geist verwirrt sein muß, wenn Sie sich der Tatsache bewußt sind, daß ein von inneren Autoritäten abhängiger Geist nur Verwirrung stiftet – wenn Sie das sehen, ohne zu fragen, wenn Sie sich von der Verwirrung befreien können –, dann hören Sie auf, abhängig zu sein. Dann wird Ihr Verstand außerordentlich scharf und daher lernfähig und diszipliniert sich selbst ohne irgendeine Form von Zwang oder Anpassung.

Sind diese Dinge nun etwas klarer – nicht verbal, sondern wirklich? Ich kann mir vorstellen oder glauben, daß ich ganz klar sehe, aber diese Klarheit ist sehr kurzlebig. Die tatsächliche Fähigkeit zu klarer Wahrnehmung entsteht nur, wenn keine Abhängigkeit existiert und man frei ist von jener Verwirrung, die durch Angst hervorgerufen wird. Können Sie sich aufrichtig, ernsthaft dazu bringen herauszufinden, ob Sie frei von Autoritäten sind? Dazu ist sehr tiefe Selbsterforschung, große Achtsamkeit nötig. Diese Klarheit führt zu einer vollkommen anderen Art des Handelns, zu einem nichtfragmentarischen Handeln, das nicht von politischen oder religiösen Trennungen bestimmt ist – zu einem *totalen* Handeln.

Nach dem, was Sie gesagt haben, scheint mir, daß die gleiche Handlung, die man im einen Fall als Reaktion auf irgendeine äußere Autorität betrachten kann, im anderen Fall, von einem anderen Individuum ausgeführt, eine totale Handlung sein kann.

KRISHNAMURTI: Auf der intellektuellen, verbalen Ebene können wir miteinander konkurrieren, uns gegenseitig wegerklären, aber das ist völlig bedeutungslos. Was für Sie eine vollständige Handlung sein mag, ist für mich vielleicht eine unvollständige Handlung – das ist nicht der Punkt. Das Wesentliche ist, ob Ihr Geist als Geist eines menschlichen Wesens ganzheitlich funktioniert. Ein menschliches Wesen dieser Welt – verstehen Sie? – ist kein Individuum. «Individuum» bedeutet unteilbar. Ein Individuum ist jemand, der in sich selbst ungeteilt, nicht gespalten, ganz, gesund, heil ist. «Heil» bedeutet auch heilig. Wenn Sie sagen: «Ich bin ein Individuum», sind Sie nichts dergleichen. Leben Sie Ihr Leben frei von Autoritäten, frei von Vergleichen, und Sie werden entdecken, was für eine außergewöhnliche Sache das ist; Sie haben ungeheure Energie, wenn Sie nicht konkurrieren, sich nicht vergleichen und nicht unterdrücken; dann sind Sie wirklich lebendig, ganz, heil und deshalb heilig.

Was Sie sagen, ist mir nicht recht klar. Was kann ich tun?

K.: Entweder ist das, was hier gesagt wird, an sich nicht sehr klar oder Sie verstehen nicht gut Englisch, oder Sie sind nicht die ganze Zeit über aufmerksam. Es ist sehr schwierig, eine Stunde und zehn Minuten lang aufmerksam zu bleiben; es gibt mehr Augenblicke, in denen Sie nicht total aufmerksam sind, und dann sagen Sie: «Ich habe nicht recht verstanden, wovon Sie sprechen.» Finden Sie heraus, ob Sie die ganze Zeit aufmerksam bleiben, lauschen, beobachten, oder ob Ihre Gedanken abschweifen. Was ist es?

Glauben Sie, daß es möglich ist, fortwährend zu lernen?

K.: Wenn Sie diese Frage in bezug auf sich selbst stellen, dann haben Sie es bereits schwierig gemacht. Indem Sie eine solche Frage stellen, hindern Sie sich selbst am Lernen – verstehen

Sie? Ich mache mir keine Gedanken darüber, ob ich die ganze Zeit lerne, ich werde es herausfinden. Mir ist wichtig: Lerne ich? Falls ich lerne, mache ich mir keine Gedanken darüber, ob es «die ganze Zeit» ist – es ist kein Problem für mich. Wenn ich lerne, wird diese Frage bedeutungslos.

Man kann von allem lernen.

K.: Das heißt, wenn Sie sich dessen bewußt sind, daß Sie lernen. Das ist sehr komplex: Darf ich das ein wenig genauer ausführen?

«Kann ich die ganze Zeit über lernen?» Welcher Aspekt ist hier wichtig? «Lernen» oder «die ganze Zeit über»? Ganz offensichtlich «lernen». Wenn ich lerne, mache ich mir keine Gedanken über «die restliche Zeit» – die Zwischenzeit und so weiter. Mir ist nur wichtig, was ich lerne. Natürlich schweifen die Gedanken ab, der Geist wird müde, unaufmerksam. Und wenn er unaufmerksam wird, macht er allen möglichen Unsinn. Es geht aber nun nicht darum, den unaufmerksamen Geist aufmerksam zu machen. Das Wesentliche ist, daß der unaufmerksame Geist sich seiner Unaufmerksamkeit bewußt wird. Ich bin bewußt, beobachte alles, die Bewegung der Bäume, das Fließen des Wassers, und ich beobachte mich selbst – ich korrigiere mich nicht, sage nicht, dies sollte sein und jenes sollte nicht sein – ich beobachte nur. Wenn der beobachtende Geist ermüdet und unaufmerksam wird, wird er sich plötzlich dessen bewußt und versucht, sich zur Aufmerksamkeit zu zwingen; so entsteht ein Konflikt zwischen Unaufmerksamkeit und Aufmerksamkeit. Ich sage: Tun Sie das nicht, sondern werden Sie sich einfach Ihrer Unaufmerksamkeit bewußt – das ist alles.

Können Sie beschreiben, wie Sie sich Ihrer Unaufmerksamkeit bewußt werden?

K.: Ich lerne über mich selbst – ohne einem Psychologen oder Experten zu folgen –, ich beobachte und sehe etwas in mir, aber ich verurteile es nicht, ich werte es nicht, ich verdränge es nicht – ich beobachte es einfach. Ich sehe, daß ich hochmütig bin – nehmen wir einmal dieses Beispiel. Ich sage nicht: «Ich muß das ablegen, wie häßlich ist es, hochmütig zu sein» – ich beobachte es einfach nur. Und während ich beobachte, lerne ich. Beobachten heißt lernen, erkennen, was mit diesem Hochmut zusammenhängt, wie er entstanden ist. Ich kann es nicht länger als fünf oder sechs Minuten beobachten – wenn man das kann, dann ist es schon ziemlich lange –, dann werde ich unaufmerksam. Weil ich aufmerksam war und weiß, was Unaufmerksamkeit ist, bemühe ich mich darum, meine Unaufmerksamkeit wieder zu Aufmerksamkeit werden zu lassen. Tun Sie das nicht, sondern beobachten Sie die Unaufmerksamkeit. Werden Sie sich bewußt, daß Sie unaufmerksam sind – das ist alles. Halten Sie hier inne. Sagen Sie nicht: «Ich muß die ganze Zeit über aufmerksam sein», sondern beobachten Sie einfach, wenn Sie unaufmerksam sind.

Hier tiefer einzudringen wäre eine ziemlich komplexe Angelegenheit. Es gibt eine Qualität des Geistes, eine Wachheit, bei der der Geist fortwährend beobachtet – beobachtet, obwohl es nichts zu lernen gibt. Ein solcher Geist ist außerordentlich ruhig, außerordentlich still. Was hat ein stiller, klarer Geist zu lernen?

Kann nicht das Kommunizieren mit Worten, mit Ideen zur Gewohnheit, zur Tradition werden?

K.: Die Kommunikation mit Worten wird nur dann zur Gewohnheit, zur Tradition, wenn die Worte als solche wichtig werden. Verbale Kommunikation ist notwendig, sie bedeutet, daß wir miteinander teilen, was wir gemeinsam betrachten – wie beispielsweise Angst; es bedeutet, daß Sie und der Redner sich auf derselben Ebene bewegen, zur gleichen Zeit, mit der gleichen Intensität beobachten, kooperieren, teilen. Dadurch entsteht eine nonverbale Kommunion, die nichts mit Gewohnheit zu tun hat.

Wie kann ein Individuum, das ganz und heil ist, das innerlich nicht zerrissen, sondern unteilbar ist, einen anderen Menschen lieben? Wie kann ein ganzes menschliches Wesen ein innerlich gespaltenes menschliches Wesen lieben? Wie kann ein heiles Individuum ein anderes heiles Individuum lieben?

K.: Sie können nicht ganz sein, wenn Sie nicht wissen, was Liebe ist. Wenn Sie ganz sind – in dem Sinne, in dem wir das Wort «ganz» hier gebrauchen –, dann stellt sich die Frage, wie man einen anderen lieben kann, überhaupt nicht. Haben Sie je eine Blume am Wegesrand beobachtet? Sie lebt einfach, sie existiert in der Sonne, im Wind, in der Schönheit von Licht und Farbe, und sie ruft Ihnen nicht zu: «Komm und atme meinen Duft, genieße mich, betrachte mich» – sie lebt einfach, und ihre Lebendigkeit ist Liebe.

3 Analyse

«Analyse ist niemals vollständig; das Negieren dieses unvollständigen Tuns bedeutet totales Handeln.»

Es ist wirklich sehr wichtig, daß wir die ganze Problematik unseres Lebens verstehen: Vom Augenblick unserer Geburt bis zu unserem Tod leben wir in einem unaufhörlichen Konflikt. Wir kämpfen ununterbrochen, und zwar nicht nur innerlich, sondern auch im Äußeren: Alle unsere Beziehungen sind von Spannungen und Hader geprägt, wir leben in immerwährender Spaltung und einem Gefühl der isolierten individuellen Existenz, die im Gegensatz zur Gemeinschaft steht. Selbst in den innigsten, intimsten Beziehungen ist jeder versteckt oder offen vor allem auf sein eigenes Vergnügen bedacht, jeder verfolgt seine eigenen Ziele, strebt nach Erfüllung seiner Wünsche und verursacht so Frustrationen. Was wir Leben nennen, ist ein einziger Schlamassel. Und in diesem Chaos versuchen wir, kreativ zu sein. Wenn man begabt ist, schreibt man vielleicht ein Buch oder ein Gedicht, malt ein Bild und so weiter, aber all das geschieht innerhalb dieses Musters von Hader, Leid und Verzweiflung, und dennoch wird es als kreative Lebensweise betrachtet. Ob wir zum Mond fliegen, unter der Meeresoberfläche forschen, Kriege führen – stets ist da dieser bittere Kampf des Menschen gegen den Menschen. Das ist unser Leben.

Ich meine, wir sollten sehr ernsthaft, sehr tief in diese Materie eindringen und uns, falls wir dazu in der Lage sind, in einen Bewußtseinszustand versetzen, in dem keinerlei Kampf existiert, weder auf der bewußten Ebene noch in den Schichten des Unbewußten.

Schönheit geht nicht aus Konflikt hervor. Wenn Sie die

Schönheit eines Berges oder eines Wildbaches sehen, so ist diese unmittelbare Wahrnehmung frei von Kampf und Anspannung. Aufgrund des ständig tobenden Kampfes ist nicht viel Schönheit in unserem Leben.

Es ist außerordentlich wichtig, daß wir zu einem Bewußtsein voller Schönheit und Klarheit finden, zu einer Ebene des Bewußtseins, die nie von Kampf berührt wurde. Wenn wir das verstehen – nicht nur intellektuell, sondern indem wir es tatsächlich in unserem Alltag leben –, können wir vielleicht etwas Frieden in uns selbst und in der Welt finden. Vielleicht gelingt es uns heute morgen, allmählich und mit großer Achtsamkeit diesen ständigen Lebenskampf, in den wir verstrickt sind, zu verstehen und frei davon zu sein.

Was ist die Ursache, die Wurzel dieses Konflikts? Stellen Sie sich diese Frage selbst. Versuchen Sie aber nicht, eine Erklärung in Worte zu fassen, sondern untersuchen Sie einfach nonverbal, falls Sie können, den Ursprung dieser Widersprüche, dieser Zerrissenheit, dieses Kampfes, dieser Konflikte. Entweder Sie gehen analytisch vor, oder Sie durchschauen die Ursache unmittelbar. Mit der analytischen Methode können Sie Schicht für Schicht aufdecken und bis zur Grundstruktur, Ursache und Wirkung dieses Kampfes vordringen, der in unserem Innern und zwischen Individuum und Gesellschaft tobt. Sie können die Ursache aber auch unmittelbar wahrnehmen. Auf diese Weise können wir den tiefsten Grund all dieser Konflikte tatsächlich entdecken und ihre wahre Natur augenblicklich durchschauen. Lassen Sie uns herausfinden, was es bedeutet, die Ursache dieses Konflikts zu analysieren, zu versuchen, sie auf intellektuellem, verbalem Wege zu erkennen. Denn wenn Sie den analytischen Prozeß einmal verstanden haben – seine Wahrheit oder Unwahrheit gesehen haben –, werden Sie für immer absolut frei davon sein. Doch das bringt nur ein Verstehen mit sich, bei dem Ihre Augen, Ihr Geist und Ihr Herz unmittelbar die Wahrheit einer Sache erkennen. Wir sind es gewohnt, analytisch vorzugehen, wir sind darauf und auf die philosophischen und psychologischen Ansätze verschiedenster Schulen konditioniert; es ist uns zur Gewohnheit geworden. Wir sind so konditioniert, daß wir versuchen, diesen gesamten, komplexen Vorgang des Lebens analytisch, intellektuell zu verstehen. Ich befürworte nicht das Gegenteil – die emotionale, sentimentale Sichtweise. Aber wenn Sie das Wesen, die Struktur des analytischen Prozesse wirklich verstehen, werden Sie zu einer ganz anderen Sichtweise gelangen. Sie werden in der Lage sein, jene Energie, die im analytischen Prozeß gebunden war, in eine völlig neue Richtung zu lenken.

Analyse impliziert Spaltung, Trennung. Da ist der Analysierende und das, was analysiert werden soll. Ganz gleich, ob Sie sich selbst analysieren oder ein Fachmann das für Sie tut, es ist mit Trennung, mit Spaltung verbunden und trägt daher den Konflikt bereits in sich. Wir können nur dann Großes vollbringen, wenn eine große Leidenschaft, große Energie in uns ist, und allein diese Leidenschaft befähigt uns dazu, in uns selbst und in der Welt eine völlig neue Lebensweise zu etablieren. Deshalb ist es sehr wichtig, daß wir den analytischen Prozeß, in dem der menschliche Geist sich seit Jahrhunderten verfangen hat, verstehen.

Von den vielen Bruchstücken, in die wir gespalten sind, beansprucht eines die Autorität des Analysierenden; das, was analysiert werden soll, ist ein anderes Bruchstück unseres Selbst. Dieser Analysierende wird zum Zensor, mit seinem angesammelten Wissen bestimmt er, was gut und was schlecht, was richtig und was falsch ist, was unterdrückt werden sollte und was nicht, und so weiter. Der Analysierende muß auch jede Analyse vollständig abschließen, sonst bleibt seine Auswertung, seine Schlußfolgerung bruchstückhaft. Er muß jeden Gedanken untersuchen – alles, was seiner Meinung nach analysiert werden sollte, und das nimmt eine Menge Zeit in Anspruch. Sie können Ihr ganzes Leben mit Analysieren verbringen – wenn Sie genug Geld haben und es Ihnen Spaß macht, oder Ihr Analytiker Ihnen gefällt. Sie können alle Ihre Tage mit Analysieren zubringen. Am Ende sind Sie genau dort, wo Sie vorher waren, und es gibt immer noch mehr zu analysieren.

Wir sehen also, daß Analyse die Trennung zwischen dem

Analysierenden und dem zu analysierenden Objekt oder Subjekt bedeutet und daß der Analysierende exakt und vollständig analysieren muß, weil seine Schlußfolgerungen sonst leicht die nächste Analyse nach sich ziehen. Wir sehen auch, daß der analytische Prozeß unendlich viel Zeit kostet und daß während dieser Zeit viele andere Dinge geschehen können. Wenn Sie also die gesamte Struktur der Analyse sehen, dann ist dieses Sehen bereits eine Verneinung der Analyse; indem Sie sehen, was damit verbunden ist, negieren Sie dieses Tun – und das ist vollständiges Tun.

Was meinen Sie mit «Tun»?

KRISHNAMURTI: Tun oder Handeln entsprechend einer Vorstellung, einer Ideologie, entsprechend der eigenen gesammelten Erfahrungen. Handeln mißt sich stets am Ideal, am Prototyp, und deshalb existiert eine Trennung zwischen Handlung und Ideal. Solches Handeln ist niemals vollständig, Analyse ist niemals vollständig; die Verneinung dieses unvollständigen Tuns ist totales Handeln. Wenn der Geist die Nutzlosigkeit, die Bedeutungslosigkeit der Analyse mit all den damit verbundenen Problemen gesehen hat, wird er sich nie mehr mit ihr beschäftigen, er wird nie versuchen, die «wahre» Analyse zu verstehen.

Das Bewußtsein, das den Prozeß der Analyse durchschaut hat, ist sehr scharf, lebendig und sensibel geworden, weil es das, was wir als Weg und Mittel zum Verstehen des Lebens betrachteten, über Bord geworfen hat.

Wenn Sie das wahre Wesen, die Unwahrheit oder Wahrheit der Analyse für sich selbst – nicht durch die Argumentation eines anderen – sehr klar sehen, dann ist Ihr Geist frei und hat eine Menge Energie zur Verfügung, um in eine andere Richtung zu schauen. Was ist diese «andere Richtung»? Es ist die Unmittelbarkeit der Wahrnehmung, die totales Handeln bedeutet. Wie wir bereits sagten, besteht eine Trennung zwischen dem Analysierenden und dem Objekt oder Subjekt, das analysiert werden soll, eine Trennung zwischen dem Beobachter und dem Beobachteten: Das ist die Wurzel unserer Konflikte. Wenn Sie beobachten, so tun Sie das stets von einem Zentrum aus, vor Ihrem Hintergrund an Erfahrung und Wissen; das «Ich» als Katholik, als Kommunist, als «Experte» und so weiter beobachtet. Es existiert also eine Trennung zwischen «mir» und dem Beobachteten. Dies zu verstehen erfordert keine große Intelligenz, es ist eine offensichtliche Tatsache. Wenn Sie einen Baum anschauen, Ihren Ehemann, Ihre Frau, dann existiert diese Trennung. Sie existiert zwischen Ihnen und der Gemeinschaft. Da ist also dieser Beobachter und das, was beobachtet wird: Diese Trennung beinhaltet unweigerlich einen Widerspruch, und dieser Widerspruch ist die Wurzel jeglichen Kampfes.

Wenn das die Ursache unserer Konflikte ist, dann stellt sich als nächste Frage: Kann man ohne das «Ich», ohne den Zensor, beobachten, ohne all die angesammelten Erfahrungen des Leids, der Konflikte, der Brutalität, der Eitelkeit, des Hochmuts, der Verzweiflung, die das «Ich» ausmachen? Können Sie ohne die Vergangenheit – die Erinnerungen, Schlußfolgerungen und Hoffnungen, ohne diesen ganzen Hintergrund – beobachten? Dieser Hintergrund als «Ich», als «Beobachter» trennt Sie vom Beobachteten. Haben Sie jemals ohne diesen Hintergrund beobachtet? Bitte tun Sie es jetzt. Spielen Sie damit. Betrachten Sie Ihre Umgebung objektiv: Lauschen Sie dem Rauschen des Flusses, betrachten Sie die Silhouette der Berge, die Schönheit und Klarheit all dieser Dinge. Das ist ziemlich einfach, wenn man ohne das «Ich», das die Vergangenheit repräsentiert, beobachtet. Aber können Sie auch Ihr inneres Wesen ohne den Beobachter betrachten? Bitte schauen Sie sich selbst an: Ihre Konditionierung, Ihre Erziehung, Ihre Denkweise, Ihre Schlußfolgerungen, Ihre Vorurteile – und zwar ohne die geringste Verurteilung oder Erklärung oder Rechtfertigung –, beobachten Sie einfach. Wenn Sie so beobachten, gibt es keinen «Beobachter» und daher keinen Konflikt.

Diese Art zu leben unterscheidet sich vollkommen von der

anderen – sie ist nicht das Gegenteil, keine Reaktion auf die andere, sie ist etwas völlig anderes. Und es liegt eine ungeheure Freiheit, ein ungeheurer Überfluß an Energie und Leidenschaft darin. Es ist totales Sehen, totales Handeln. Wenn Sie total gesehen und verstanden haben, ist Ihr Handeln immer von Klarheit bestimmt. Es ist so, als würden Sie die gesamte Landkarte anschauen, nicht nur den kleinen Ausschnitt der Gegend, wo Sie hinfahren wollen.

So findet man für sich selbst, als menschliches Wesen, heraus, daß es möglich ist, ein Leben frei von jeglichen Konflikten zu führen. Das erfordert eine ungeheure Revolution im eigenen Innern. *Da ist die einzige Revolution.* Jede äußere Form der Revolution – politisch, ökonomisch oder sozial – führt immer zur Diktatur – entweder zur Diktatur der Bürokraten oder der Idealisten oder der irgendeines Eroberers. Im Unterschied dazu bringt diese innere, radikale und totale Revolution, die durch das tiefe Verstehen all jener durch die Trennung zwischen Beobachter und Beobachtetem hervorgerufenen Konflikte geschieht, eine völlig andere Art von Leben mit sich.

Lassen Sie uns nun noch tiefer in diese Dinge eindringen, indem wir Fragen dazu stellen.

Wie kann man sich selbst von Problemen distanzieren, wenn man in einer Welt voller Probleme lebt?

K.: Sind Sie etwas anderes als die Welt? Sie sind die Welt – ist es nicht so?

Ich bin bloß ein Mensch, der in der Welt lebt.

K.: «Bloß ein Mensch, der in der Welt lebt» – beziehungslos, losgelöst von all den Dingen, die sich in der Welt ereignen?

Nein, ich bin Teil davon. Aber wie kann ich mich davon distanzieren, abtrennen?

K.: Sie können sich unmöglich von der Welt abtrennen – Sie sind die Welt. Wenn Sie in der christlichen Welt leben, sind Sie durch deren Kultur, Religion, Erziehung, durch die Industrialisierung, durch all das Leid ihrer Kriege konditioniert. Es gibt keine Möglichkeit, sich von dieser Welt abzutrennen. Die Mönche haben versucht, sich aus der Welt zurückzuziehen, indem sie sich in einem Kloster eingeschlossen haben, aber sie sind nichtsdestotrotz das Produkt der Welt, in der sie leben. Sie wollen dieser Kultur entfliehen, indem sie sich von ihr zurückziehen, indem sie sich jenen Idealen hingeben, die sie als die Wahrheit betrachten, indem sie sich Jesus hingeben und so weiter.

Wie kann ich in mich selbst hineinschauen, während meine Gedanken sich um all diese Alltagssorgen drehen, ums Gelderdienen, einen Hauskauf und dergleichen?

K.: Wie betrachten Sie Ihre Arbeit? Als was betrachten Sie sie?

Ich betrachte sie als Mittel, um in der Welt zu überleben.

K.: «Ich muß ein Auskommen haben, um überleben zu können.» Jedes Gesellschaftssystem basiert auf dem Streben ihrer Mitglieder, zu überleben um jeden Preis, darauf, den von der Gesellschaft vorgegebenen Rahmen auszufüllen. Aber wie können wir sicher und dauerhaft überleben, wenn zwischen uns eine Trennung besteht? Wenn Sie Europäer sind und ich Asiate bin, wenn zwischen uns Trennung herrscht, wenn jeder darum kämpft, auf der sicheren Seite zu sein, um zu überleben, und wenn wir deshalb auf der individuellen wie der kollektiven Ebene Gegner sind – wie ist da Überleben möglich? Ein vorübergehendes Überleben?

Es geht also in Wirklichkeit nicht um die Frage des Überlebens, sondern darum, ob es möglich ist, in dieser Welt ohne Teilung zu leben. Wenn keine Teilung existiert, werden wir überleben, und zwar vollkommen und ohne Angst. Es gab Religionskriege, es gab entsetzliche Kriege zwischen Katholiken und Protestanten – und jeder behauptete: «Wir müssen überleben.» Sie haben sich niemals gesagt: «Seht, wie absurd diese Trennung ist, der eine glaubt dies, der andere glaubt jenes»; sie haben nie die Absurdität ihrer Konditionierung gesehen. Können wir unsere ganze Energie, unser gesamtes Denken und Fühlen der Beantwortung der Frage widmen, ob es möglich ist, ohne diese Trennung zu existieren, um so in der Fülle, in vollkommener Sicherheit zu leben? Aber Sie sind ja gar nicht daran interessiert, Sie wollen einfach nur überleben. Sie tun es nicht – Ihr Überleben ist kein Überleben.

Schauen Sie, meine Damen und Herren, souveräne Regierungen haben die Welt unter sich aufgeteilt und bedrohen einander ständig, um ihr Prestige und ihr wirtschaftliches Überleben zu sichern. In den Händen unpolitischer, vernünftiger Menschen könnten Computer die gesamte Weltordnung verändern. Aber wir haben kein Interesse an einer geeinten Menschheit. Und darin besteht, politisch gesehen, das einzige Problem. Aber das kann nur gelöst werden, wenn es keine Politiker gibt, wenn es keine souveränen Regierungen gibt, wenn es keine religiösen Sekten gibt – und Sie, die Sie diesen Worten lauschen, Sie sind die Menschen, die dies verwirklichen müssen.

Ist nicht bewußte Analyse notwendig, um zu dieser Schlußfolgerung zu gelangen?

K.: Ist das eine Schlußfolgerung, zu der man durch Analysieren gelangt? Sie betrachten einfach diese Tatsache. Schauen Sie sich an, wie die Welt durch souveräne Regierungen und durch Glaubenslehren aufgeteilt, zersplittert ist; Sie können es sehen – ist das Analyse?

Glauben Sie nicht, daß wir auch eine äußere Revolution brauchen, um all das verändern zu können?

K.: Gleichzeitig eine innere und eine äußere Revolution. Nicht zuerst die eine und dann die andere; es muß gleichzeitig geschehen. Es muß eine unmittelbare innere und äußere Revolution stattfinden, ohne daß der Schwerpunkt auf der einen oder der anderen liegt. Wie kann das geschehen? Nur, indem Sie die Wahrheit vollkommen erkennen: daß die innere Revolution die äußere Revolution ist. Wenn Sie das sehen, dann geschieht es – und zwar nicht intellektuell, verbal, ideell. Aber findet denn in Ihnen eine vollständige innere Revolution statt? Wenn dem nicht so ist und Sie eine äußere Revolution wollen, dann werden Sie Chaos in die Welt hineintragen, und es herrscht bereits Chaos in der Welt.

Sie sprechen von Regierungen und Kirchen und von Nationalismus; deren Vertreter halten die Macht, das, was wir als Macht betrachten, in Händen.

K.: Die Bürokraten wollen Macht, und sie haben sie. Wollen Sie keine Macht haben – über Ihre Frau oder Ihren Mann? Alles, was Sie als richtig erachten, hat mit Macht zu tun; jeder Mensch strebt auf irgendeine Weise nach Macht. Attackieren Sie also nicht die Macht, die andere sich erworben haben, sondern werden Sie frei von Ihrem eigenen Machtstreben. Dann werden Sie auf völlig andere Art und Weise handeln. Wir wollen die Macht im Äußeren bekämpfen, wollen sie jenen, die sie besitzen, entreißen und sie jemand anderem übertragen, aber wir sagen uns nicht: «Wir wollen frei von jeglichem Dominanz- und Besitzstreben sein.» Wenn wirklich Ihr ganzes Streben darauf gerichtet wäre, frei von jeglicher Form von Macht zu sein – und das bedeutet, auf jeden Status zu verzichten –, dann würden Sie eine ganz andere Art von Gesellschaft schaffen.

Wenn Sie Hunger haben, können Sie nicht einmal daran denken, sich mit solchen Fragen zu befassen.

K.: Wenn Sie wirklich Hunger litten, würden Sie nicht hier sitzen! Wir sind nicht hungrig, und deshalb haben wir Zeit zuzuhören, Zeit zu beobachten. Vielleicht sagen Sie, wir sind nur eine ganz kleine Gruppe von Menschen, ein Tropfen im Ozean – was können wir tun? Ist das eine zwingende Frage, wenn wir mit diesem ungeheuer komplexen Problem der Welt, in der wir leben, konfrontiert werden? Was kann ich als menschliches Wesen, als einfaches Individuum tun? Würden Sie diese Frage stellen, wenn Sie wirklich mit dem Problem konfrontiert wären? Sie würden einfach arbeiten – verstehen Sie? Wenn Sie fragen: «Was kann ich tun?» liegt darin bereits ein Hauch von Verzweiflung.

Viele Menschen leiden Hunger, sie müssen unmittelbar ums Überleben kämpfen. Was bedeutet ihnen all das hier Gesagte?

K.: Nichts. Wenn ich hungrig bin, will ich Nahrung – und all das hier ist ziemlich bedeutungslos. Was ist also Ihre Frage?

Wir sind eine Minderheit, eine kleine Gruppe. Die große Mehrheit in Indien, in Asien, in Teilen von Europa und Amerika, leidet wirklich Hunger. Wie kann das, was wir hier reden, diese Menschen überhaupt berühren?

K.: Das hängt von Ihnen ab, davon, was Sie tun – selbst als kleine Minderheit. In der Welt findet eine ungeheure Revolution statt, wenn in einer Minderheit eine innere Veränderung stattfindet. Sie machen sich Sorgen wegen des Elends in der Welt, wegen der Armut, der Entwürdigung, des Hungers, und Sie fragen: «Was kann ich tun?» Entweder schließen Sie sich gedankenlos einer äußeren Revolution an, versuchen, die alten Strukturen aufzubrechen und ein neues Gesellschaftssystem aufzubauen – und verfestigen im Laufe dieses Prozesses wieder das gleiche Elend –, oder Sie ziehen eine totale Revolution in Betracht: keine partielle, die sich nur auf der äußeren, physischen Ebene abspielt, sondern eine, bei der die innere Struktur der Psyche eine völlig andere Art von Beziehung zur Gesellschaft entwickelt.

Sie sprechen, als ob eine innere Revolution plötzlich geschähe – geht das wirklich auf diese Weise vor sich?

K.: Ist die innere Revolution eine Frage der Zeit, geht es um allmählichen inneren Wandel? Das ist eine sehr komplexe Frage. Wir sind darauf konditioniert zu akzeptieren, daß Veränderung durch einen allmählichen inneren Wandel geschieht. Geschieht es Schritt für Schritt oder in einem einzigen Augenblick – wenn Sie die Wahrheit einer Sache erkennen? Wenn Sie eine Gefahr sehen, folgt unmittelbares Handeln – nicht wahr? Dann gehen Sie nicht Schritt für Schritt oder analytisch vor. Wenn Gefahr droht, handelt man unmittelbar. Wir zeigen die Gefahren auf – die Gefahr des analytischen Denkens, die Gefahr der Macht, die Gefahr des Aufschiebens, die Gefahr der Trennung. Wenn Sie diese Gefahren wirklich sehen, wirklich erkennen – nicht intellektuell, sondern tatsächlich physisch und psychisch –, dann geschieht unmittelbar etwas, dann vollzieht sich eine unmittelbare innere Revolution. Um diese in der Psyche liegenden Gefahren zu erkennen, brauchen Sie einen empfindsamen, wachen, achtsamen Geist. Wenn Sie fragen: «Wie kann mein Geist achtsam, empfindsam werden?» dann sind Sie schon wieder in die Falle der Allmählichkeit geraten. Aber wenn Sie die unmittelbare Notwendigkeit sehen, so, als wären Sie mit einer Gefahr konfrontiert – und die Gesellschaft ist eine Gefahr, alles, worin Sie verwickelt sind, ist gefährlich –, dann folgt unmittelbare, totale Aktion.

4 Zersplitterung

«Ein Problem taucht nur dann auf, wenn das Leben bruchstückhaft gesehen wird. Sehen Sie die Schönheit, die in dieser Wahrheit liegt.»

KRISHNAMURTI: Wenn wir unseren unzähligen Problemen gegenüberstehen, neigen wir dazu zu versuchen, jedes Problem einzeln zu lösen. Wenn es ein sexuelles Problem ist, behandeln wir es, als stünde es in keinem Zusammenhang mit anderen Problemen. Genauso gehen wir mit Problemen wie Gewalt oder Hunger um, die wir auf politischer, ökonomischer oder sozialer Ebene zu lösen versuchen. Ich frage mich, warum wir versuchen, jedes Problem einzeln zu lösen. Die Welt ist voller Gewalt; die verschiedenen Mächte versuchen, jedes Problem so zu lösen, als hätte es mit dem Rest des Lebens nichts zu tun. Wir betrachten diese Probleme nicht als ein Ganzes, sehen nicht, daß jedes Problem mit anderen Problemen zusammenhängt und nicht isoliert existiert.

Gewalttätigkeit, Teil unseres animalischen Erbes, ist, wie jeder an sich selbst beobachten kann, nach wie vor Teil unseres Wesens, und wenn wir das nicht sehen und verstehen, führt der Versuch, das Problem «Gewalt» isoliert zu lösen, nur zu weiterer Gewalt. Das muß von jedem von uns klar erkannt werden. Es gibt Tausende von Problemen, die scheinbar getrennt voneinander sind, die wir anscheinend nie miteinander verknüpft sehen, aber kein Problem kann isoliert für sich selbst gelöst werden. Wir müssen uns mit dem Leben als einem kontinuierlichen Fluß von Problemen und Krisen, großen oder kleinen, auseinandersetzen. Wir wollen dies sehr sorgfältig betrachten, weil wir, wenn wir über die Themen Angst, Liebe, Tod, Meditation und Wirklichkeit sprechen und diese nicht wirklich verstanden haben, auch nicht verstehen können, in welcher Beziehung sie zueinander stehen. Denn die Schönheit des Lebens, die Ekstase, die unermeßliche Weite, ist nicht von unseren täglichen Problemen getrennt. Wenn Sie sagen: «Ich beschäftige mich nur mit Meditation und mit der Wahrheit», werden Sie sie nie finden; Sie müssen verstehen, wie alle Probleme miteinander verknüpft sind.

Nehmen wir das Beispiel «Hungersnot»; dieses Problem kann nicht isoliert gelöst werden, weil es mit den nationalen, politischen, ökonomischen, sozialen, religiösen und psychischen Barrieren zwischen Mensch und Mensch zu tun hat. Wir kennen die Probleme persönlicher Beziehungen, das Problem des Leidens – nicht nur physischen, sondern auch psychischen Leidens –, das Problem großen Elends, nicht nur persönlichen Elends, sondern des Elends der Welt, ihre gesamte Misere und Verwirrung. Wenn wir versuchen, auf jedes spezielle Problem eine extra Antwort zu finden, verursachen wir nur weitere Zersplitterung, weitere Konflikte. Wenn Sie eine gewisse Ernsthaftigkeit und Reife besitzen, müssen Sie sich doch bereits gefragt haben, weshalb der menschliche Geist versucht, jedes Problem so zu lösen, als stünde es mit keinem anderen Problem in Zusammenhang. Warum teilt der menschliche Geist, der Verstand, die Welt stets in «mein» und «dein» ein, trennt zwischen «uns» und «ihnen», «Religion» und «Politik» und so weiter? Weshalb existiert diese permanente Trennung, dieses ständige Bemühen, jedes Problem einzeln, isoliert zu lösen?

Um diese Frage zu beantworten, müssen wir die Funktion des Denkens untersuchen, seine Bedeutung, sein Wesen und seine Struktur, denn es könnte sein, daß das Denken selbst trennt und daß gerade der Versuch, eine Antwort durch Denken, durch Argumente zu finden, Trennung hervorruft.

Die Menschen wünschen sich eine äußere Revolution, um eine bessere Gesellschaftsordnung zu schaffen, und vergessen dabei all das, was eine äußere Revolution mit sich bringt, vergessen die ganze psychische Natur des Menschen. Also muß man diese Frage stellen. Und die Antwort? Kommt die

Antwort aus dem Denken oder kommt sie aus dem Verstehen der Gesamtheit dieses riesigen Gewebes menschlichen Lebens? Wir wollen herausfinden, warum diese Teilung, diese Trennungen existieren. Wir haben uns erst neulich damit beschäftigt, als wir über den «Beobachter» und das «Beobachtete» sprachen. Wir wollen das beiseite lassen und uns der Sache von einer anderen Seite nähern. Ist es das Denken, das Trennung hervorruft? Falls wir entdecken, daß es so ist, dann ist es deshalb so, weil die Gedanken versuchen, eine Antwort auf ein spezielles Problem, getrennt von anderen Problemen, zu finden.

Bitte stimmen Sie mir nicht einfach zu; es geht nicht um Zustimmung, es geht darum, daß Sie für sich selbst die Wahrheit oder Unwahrheit des Gesagten sehen. Sie dürfen niemals, unter keinen Umständen, als gegeben hinnehmen, was der Redner sagt. Es gibt hier keine Autorität, weder Sie noch der Redner sind Autoritäten: Beide Seiten forschen, beobachten, schauen, lernen.

Wenn das Denken durch die ihm eigene Struktur das Leben in viele Probleme aufspaltet, dann kann der Versuch, eine Antwort durch Denken zu finden, nur zu einer isolierten Antwort führen, und so erkennen wir, daß dies nur weitere Verwirrung, weiteres Elend mit sich bringt. Man muß für sich selbst, frei, ohne vorgefertigte Meinung, ohne voreilige Schlußfolgerung herausfinden, ob das Denken auf diese Weise funktioniert. Die meisten von uns versuchen, auf intellektueller oder emotionaler Ebene eine Antwort zu finden, oder sagen: «Wir finden die Antwort intuitiv.» Doch dieses Wort «Intuition» muß man mit Vorsicht benutzen, denn es birgt die Gefahr großer Täuschung; unsere Intuition kann von unseren Hoffnungen, Ängsten, unserer Bitterkeit, unserem Wünschen und so weiter gefärbt sein. Wir versuchen, eine intellektuelle oder emotionale Antwort zu finden, als wäre der Intellekt etwas von den Emotionen Getrenntes und die Emotionen etwas, das nichts mit unseren physischen Reaktionen zu tun hat. Unsere Erziehung und Kultur mit all ihren philosophischen Konzepten beruhen auf diesem intellektuellen Zugang zum Leben, unser Gesellschaftssystem und unsere Moral beruhen auf dieser Teilung.

Wenn das Denken also trennt, dann stellt sich die Frage, wie es das tut. Wenn Sie das tatsächlich in Ihrem eigenen Innern beobachten, werden Sie etwas Erstaunliches entdecken. Sie werden sich selbst zum Licht, Sie werden ein integriertes menschliches Wesen; Sie schauen nicht auf andere, damit diese Ihnen sagen, was zu tun ist, was Sie denken und wie Sie denken sollen. Das Denken kann außerordentlich vernünftig sein; wir müssen logisch, objektiv, vernünftig schlußfolgern, der Denkapparat muß perfekt funktionieren wie ein Computer, der ohne Störung seine Arbeit tut. Logisches Denken ist notwendig, Vernunft ist Teil unserer Fähigkeit zum logischen Denken. Kann das Denken jemals neu, jemals frisch sein? Jedes menschliche Problem – ich spreche nicht von technischen oder wissenschaftlichen Problemen – ist stets neu, und unser Denkapparat versucht, es zu verstehen, es zu lösen, versucht, es umzumodeln, etwas dagegen zu tun.

Wenn wir wirklich tiefe Liebe füreinander empfänden – nicht als Lippenbekenntnis, sondern wirklich –, dann würde alles Trennende verschwinden. Das ist nur möglich, wenn keine Konditionierung, kein psychisches Zentrum in Form von «Ich» und «Du» existiert. Aber das Denken, das ja die Aktivität des Verstandes, des Intellekts ist, ist nicht fähig zur Liebe. Wir müssen das Denken verstehen, und wir fragen, ob das Denken irgend etwas Neues erkennen kann, oder ist das «neue» Denken stets alt, so daß es, wenn es mit einem Lebensproblem – das immer neu ist – konfrontiert wird, das Neue daran nicht sehen kann, weil es versucht, es im Rahmen seiner eigenen Konditionierung umzusetzen?

Denken ist notwendig, und doch sehen wir, daß Denken trennt, daß es die Welt in «Ich» und «Nicht-Ich» einteilt. Es versucht, das Problem der Gewalt isoliert, ohne Bezug zu allen anderen Problemen der Existenz zu lösen. Denken entspringt immer der Vergangenheit. Wenn wir kein Gehirn hätten, das wie ein Tonbandgerät alle Arten von Informationen und Erfahrungen aufgezeichnet hat, wären wir gar nicht in der Lage, zu denken oder zu antworten. Wenn der Denkapparat auf etwas Neues trifft, muß er es seinen eigenen alten Aufzeichnungen entsprechend verarbeiten und bewirkt auf diese Weise eine Trennung. Lassen Sie für den Augenblick alles andere beiseite und beobachten Sie Ihr Denken: Es ist eine Reaktion aus der Vergangenheit. Wenn Sie keine Gedanken hätten, gäbe es keine Vergangenheit. Sie befänden sich in einem Zustand der Amnesie. Das Denken teilt das Leben unweigerlich in Vergangenheit, Gegenwart und Zukunft ein. Solange das Denken als Vergangenheit existiert, ist das Leben in Zeiten aufgeteilt.

Wenn ich das Problem der Gewalt so vollkommen, so total verstehen will, daß der Geist absolut frei von Gewalt ist, kann ich das nur, indem ich die Struktur des Denkens verstehe. Es ist unser Denken, das Gewalt hervorbringt: «mein» Haus, «meine» Frau, «mein» Land, «mein» Glaube. Das ist absoluter Unsinn. Wer ist dieses unverwüstliche «Ich» im Gegensatz zum ganzen Rest? Wer schafft es? Die Erziehung, die Gesellschaft, das Establishment, die Kirche? Sie alle tun es, und ich bin Teil von all dem. Gedanken sind Materie, sind in der Struktur, in den Zellen des Gehirns, und so muß das Gehirn, wenn es arbeitet – ganz gleich, ob auf der psychischen, gesellschaftlichen oder religiösen Ebene –, unweigerlich im Rahmen seiner Konditionierung operieren. Wir sehen, daß Denken wichtig ist und daß es absolut logisch, objektiv, unpersönlich funktionieren muß, und gleichzeitig sehen wir, wie das Denken trennt.

Ich will Sie nicht überreden, dem zuzustimmen, aber sehen Sie, daß das Denken unweigerlich Trennung schafft? Schauen Sie doch, was geschehen ist: Der Denkapparat sieht, daß der Nationalismus zu vielen Kriegen geführt und viel Elend hervorgerufen hat, und so sagt er sich: «Laßt uns eine Völkergemeinschaft gründen, wir wollen alle vereint sein.» Aber das alte Denken funktioniert immer noch, es hält die Trennung immer noch aufrecht – Ihr, als Italiener, behaltet Eure italienische Staatsbürgerschaft und so weiter. Man spricht von Brüderschaft, und doch wird die Trennung aufrechterhalten. Das ist Heuchelei. Der Verstand spielt ein doppeltes Spiel mit sich selbst. Das ist charakteristisch für ihn. Das Denken bietet also keinen Ausweg – was aber nicht heißt, daß wir den Verstand töten sollen. Was in uns sieht jedes Problem bereits bei seinem Entstehen in seiner Totalität? Ein sexuelles Problem ist ein totales Problem, es steht in Zusammenhang mit der Kultur, mit dem Charakter, mit den verschiedenen anderen Lebensbereichen – es ist kein isoliertes Problem. Welche Qualität des Geistes läßt uns jedes Problem umfassend, total sehen?

Ich habe verstanden, aber eine Frage bleibt dennoch.

K.: Wenn Sie verstanden haben, wie das Denken auf höchster und auf niedrigster Ebene funktioniert, und wenn Sie dann sagen, daß dennoch eine Frage bleibt – wer ist es, der diese Frage stellt? Wenn das Gehirn, das gesamte Nervensystem, der Geist – der all dies umfaßt – sagt: «Ich habe das Wesen des Verstandes, die Struktur des Denkens begriffen», dann ist der nächste Schritt: Man schaut, ob dieser Geist das Leben in seiner Ganzheit, in all seiner Komplexität, mit seinem anscheinend nie endenden Leid sehen kann. Das ist die einzige Frage, und der Verstand stellt diese Frage nicht. Der Geist hat die gesamte Struktur des Denkens beobachtet und kennt seinen relativen Wert; kann dieser Geist mit einem Auge schauen, das nie durch die Vergangenheit getrübt wird? Das ist wirklich eine sehr wichtige Frage, nicht bloß ein intellektueller Zeitvertreib. Man muß seine ganze Energie, Leidenschaft, sein Leben dafür geben, um die Antwort zu finden, denn das ist der einzige Weg, der aus dieser furchtbaren Brutalität, diesem Elend, dieser Entwürdigung, aus jeglicher Korruption herausführt. Kann der Geist, kann das Gehirn – das selbst durch den Zeitfaktor korrumpiert ist – so still sein, daß es das Leben als Ganzes und daher ohne Probleme sehen kann? Ein Problem taucht nur auf, wenn das Leben bruchstückhaft gesehen wird. Sehen Sie die Schönheit, die in dieser Wahrheit liegt. Wenn Sie das Leben als Ganzes sehen, existieren keine Probleme. Nur ein fragmentarischer Geist, ein gespaltenes Herz schaffen

Probleme. Und der Mittelpunkt des Fragments ist das «Ich». Das «Ich» wird durch das Denken geschaffen; *es besitzt keine eigene Realität.* Das «Ich» – «mein» Haus, «meine» Enttäuschung, «mein» Wunsch, jemand zu werden –, dieses «Ich» ist das Produkt unseres trennenden Denkens. Kann der Geist ohne dieses «Ich» schauen? Dieses «Ich», das dazu nicht fähig ist, sagt: «Ich will mein Leben Jesus weihen» oder Buddha, oder diesem oder jenem – verstehen Sie? «Ich will Kommunist werden und mich um die ganze Welt kümmern». Das «Ich», das sich mit etwas, was es als größer betrachtet, identifiziert, bleibt dennoch das gleiche «Ich».

So stellt sich die Frage: Kann der Geist, das Gehirn, das Herz, das gesamte Wesen ohne dieses «Ich» schauen? Das «Ich» gehört der Vergangenheit an, in der Gegenwart gibt es kein «Ich». Die Gegenwart ist zeitlos. Kann der Geist frei von diesem «Ich» sein, um die Unermeßlichkeit des Lebens sehen zu können? Er kann es, total, absolut, wenn man mit seinem ganzen Wesen die Struktur des Denkens verstanden hat. Wenn Sie nicht Ihre ganze Aufmerksamkeit, alles, was Sie haben, der Frage, was Denken ist, widmen, wird es Ihnen niemals gelingen herauszufinden, ob es möglich ist, ohne das «Ich» zu beobachten. Und wenn Sie nicht in der Lage sind, ohne das «Ich» zu schauen, werden sich die Probleme endlos fortsetzen – ein Problem steht im Widerstreit mit dem nächsten. Doch all diese Probleme werden verschwinden, das versichere ich Ihnen, wenn der Mensch ein radikal anderes Leben lebt, wenn der Geist fähig ist, die Welt als eine totale Bewegung zu sehen.

Sie stellten zu Beginn die Frage, was uns veranlaßt zu versuchen, Probleme isoliert zu lösen. Ist nicht Dringlichkeit einer der Gründe, weshalb wir versuchen, Probleme einzeln zu lösen?

K.: Wenn Sie eine Gefahr sehen, handeln Sie. In diesem Handeln liegt keine Dringlichkeit, keine Ungeduld – Sie handeln. Die Dringlichkeit und die Forderung nach unmittelbarer

Aktion tauchen nur auf, wenn Sie die Gefahr als Gefahr für das «Ich» – als denkender Verstand – sehen. Wenn Sie die totale Gefahr, die in dem die Welt teilenden Denken liegt, sehen, dann ist dieses Sehen die Dringlichkeit und das Handeln. Wenn Sie wirklich Hungersnot sehen, so wie sie in Indien existiert, und wenn Sie sehen, wodurch die Hungersnot verursacht wurde, die Dickfelligkeit der Menschen, der Regierungen, die Unfähigkeit der Politiker, was tun Sie dann? Gehen Sie einen einzelnen Aspekt der Hungersnot an? Oder sagen Sie: «Das ist ein psychologisches Problem, es entspringt dem ‹Ich›, welches ein Produkt der Gedanken ist?» Wenn der Hunger in all seinen Formen vollkommen, total verstanden wird – nicht nur der physische Hunger, sondern auch der Hunger nach Liebe –, dann werden Sie zum richtigen Handeln finden. Die Veränderung selbst *ist* Dringlichkeit, aber die Veränderung wird nicht durch Dringlichkeit erreicht.

Sie scheinen auszudrücken, daß der Verstand, das Denken, funktionieren muß, und gleichzeitig sagen Sie, daß es nicht funktionieren kann.

K.: Der Verstand muß logisch, unpersönlich funktionieren, und dennoch muß er still sein. Wie kann das geschehen? Sehen oder verstehen Sie tatsächlich das Wesen des Denkens – nicht, indem Sie meine Worte oder die eines Experten übernehmen –, können Sie für sich selbst sehen, wie das Denken funktioniert? Schauen Sie: Wenn man Ihnen eine Frage über eine Angelegenheit stellt, die Ihnen vollkommen vertraut ist, dann antworten Sie unmittelbar. Stellt man Ihnen eine etwas kompliziertere Frage, brauchen Sie etwas länger für die Antwort. Wenn man dem Verstand eine Frage stellt, auf die er auch nach Durchsicht seiner gesamten Gedächtnisspeicher und Bücher keine Antwort finden kann, dann sagt er: «Ich weiß es nicht.» Hat er für diese Antwort das Denken gebraucht? Wenn Sie sagen: «Ich weiß nicht», dann sucht Ihr Geist nicht, er wartet auf nichts und erwartet nichts; der Geist, welcher sagt: «Ich weiß es nicht», unterscheidet sich völlig von jenem, der aufgrund von Wissen operiert. Kann der Geist also vollkommen frei von Wissen bleiben, und dennoch im Bereich des Bekannten funktional operieren? Beides ist nicht voneinander getrennt. Wenn Sie etwas Neues entdecken wollen, müssen Sie die Vergangenheit beiseite lassen. Das Neue kann nur stattfinden, wenn man frei vom Altbekannten ist. Diese Freiheit kann dauerhaft sein; was bedeutet, daß der Geist in vollkommener Stille, im Nichts lebt, existiert. Dieses Nichts, diese Stille ist unermeßlich, und von daher kann Wissen – technisches Wissen – eingesetzt werden, um die alltäglichen Dinge zu regeln. Aus dieser Stille heraus kann das Leben in seiner Ganzheit gesehen werden – ohne das «Ich».

Sie sagten zu Beginn, daß der Drang, die Dinge im Äußeren zu verändern, zur Diktatur durch eine Gruppe oder Person führen würde. Glauben Sie nicht, daß wir gegenwärtig unter der Diktatur von Geld und Wirtschaft leben?

K.: Natürlich. Wo Autorität ist, ist Diktatur. Um einen sozialen, religiösen oder menschlichen Wandel zu ermöglichen, muß zuallererst die gesamte Struktur des Verstandes, des Denkens als das «Ich», welches nach Macht strebt, verstanden werden – ganz gleich, ob ich es bin oder der andere ist, der nach Macht strebt. Kann der menschliche Geist leben, ohne nach Macht zu streben? Beantworten Sie bitte diese Frage.

Ist es nicht natürlich, nach Macht zu streben?

K.: Selbstverständlich ist es ein sogenanntes natürliches Streben. Der Hund will Macht über andere Hunde. Aber wir sollten doch kultiviert, gebildet, intelligent sein. Nach Tausenden von Jahren haben wir anscheinend immer noch nicht gelernt, ohne Macht zu leben.

Ich frage mich, ob der Geist je eine Frage über sich selbst stellen kann, auf die er nicht bereits die Antwort weiß.

K.: Wenn der Geist sich als «Ich», als separater Verstand eine Frage über sich selbst stellt, kennt er die Antwort bereits, weil er über sich selbst spricht; er schlägt die Glocke mit einem anderen Hammer an, aber es ist dieselbe Glocke.

Können wir ohne ein «Ich» überhaupt handeln? – Leben wir dann nicht nur in Kontemplation?

K.: Kann man in Isolation, in Kontemplation leben? Wer wird Sie mit Nahrung versorgen, Ihnen Kleidung bringen? Mönche und verschiedenen religiösen Gruppen angehörende Schwindler haben das getan. In Indien gibt es Menschen, die sagen: «Ich lebe in Kontemplation, füttert mich, kleidet mich, badet mich, ich bin losgelöst von der Welt.» Das ist so unglaublich unreif. Man kann sich überhaupt nicht isolieren, weil man stets mit der Vergangenheit oder mit den Dingen seiner Umgebung in Beziehung steht. In Isolation zu leben und das Kontemplation zu nennen ist nichts als Eskapismus, Selbsttäuschung.

5 Angst und Lust

«Wenn man die Angst verstehen und davon frei sein will, muß man die Lust verstehen – sie gehören zusammen.»

Bei unserem letzten Treffen sprachen wir über die Struktur des Verstandes und seine Aktivitäten, darüber, wie das Denken trennt und dadurch große Konflikte in menschlichen Beziehungen verursacht. Heute morgen wollen wir die Beschaffenheit von Lust und Angst betrachten – aber nicht intellektuell oder rein begrifflich – und dabei schauen, ob es überhaupt möglich ist, absolut frei von Leid zu sein. Wenn wir diese Frage untersuchen, müssen wir uns sehr gründlich mit dem Phänomen Zeit beschäftigen. Es ist eines der schwierigsten Unterfangen, etwas zu vermitteln, das nicht nur einen exakten Gebrauch von Wörtern erfordert, sondern auch eine Exaktheit der Wahrnehmung, die über diese Worte hinausgeht, sowie ein Gefühl, einen Sinn für den unmittelbaren Kontakt mit einer Realität.

Wenn Sie dem Redner zuhören und dabei seine Worte nur entsprechend Ihren persönlichen Vorlieben und Abneigungen interpretieren, ohne sich Ihrer eigenen Neigung zur Interpretation bewußt zu sein, dann wird das Wort zu einem Gefängnis, in dem leider die meisten von uns festsitzen. Wenn man sich aber der Bedeutung des Wortes und dessen, was hinter dem Wort steckt, bewußt ist, wird Kommunikation möglich. Kommunikation impliziert nicht nur verbales Verstehen, sondern einen gemeinsamen Weg, gemeinsames Forschen, Teilen, Schaffen. Das ist sehr wichtig, vor allem wenn wir über menschliches Leid, Zeit und das Wesen von Lust und Angst sprechen. Das sind sehr komplexe Fragen. Jedes menschliche Problem ist ziemlich komplex und erfordert, um durchschaut und verstanden werden zu können, eine gewisse Nüchternheit, Einfachheit.

«Nüchtern» wird hier nicht, wie sonst häufig, im Sinne von Härte, Strenge gebraucht, nicht im Sinne von Trockenheit oder Disziplin und Kontrolle. Wir meinen die nüchterne Einfachheit, die für das Erforschen und Verstehen dessen, worüber wir sprechen werden, notwendig ist. Der Geist muß wirklich sensibel sein. Sensibilität bedeutet Intelligenz jenseits der Interpretationen des Intellekts, jenseits von Emotionalität und Schwärmerei. Bei der Erforschung von Zeit, Lust, Angst und Leid, beim Zuhören, beim Lernen, muß man diese Qualität der Empfänglichkeit haben, die uns etwas unmittelbar als wahr oder unwahr erkennen läßt. Das ist nicht möglich, wenn der Intellekt mit seiner Gedankenaktivität trennt, spaltet und interpretiert. Ich hoffe, Sie haben bei unserem letzten Gespräch verstanden, wie das Denken seinem Wesen nach in menschlichen Beziehungen trennend wirkt – obwohl der Denkprozeß als vernünftiges, gesundes, klares, objektives Vorgehen notwendig ist.

Für die meisten von uns ist Angst ein ständiger Begleiter; ob wir uns dessen bewußt sind oder nicht, sie ist da, in einem dunklen Winkel unseres Geistes verborgen, und wir fragen, ob es dem Geist überhaupt möglich ist, vollkommen, absolut frei von dieser Last zu sein. Der Redner mag Ihnen diese Frage nahelegen, aber Sie müssen sie selbst beantworten, es ist Ihr Problem. Deshalb müssen Sie sowohl beharrlich als auch sensibel genug sein, um zu sehen, was es ist, damit Sie es bis zum Ursprung verfolgen können, so daß Ihr Geist – wenn Sie heute vormittag dieses Zelt verlassen – wirklich frei von Angst ist. Das ist vielleicht sehr viel verlangt, aber es ist möglich. Für einen Geist, der in einer Kultur der Angst konditioniert wurde, mit all den neurotischen, komplizierten Konsequenzen seiner Aktionen, ist es bereits ein Problem, überhaupt die Frage nach der Möglichkeit vollkommener Angstfreiheit zu stellen. Ein Problem existiert nur, wenn man etwas nicht bewältigen kann, wenn man etwas nicht durcharbeiten kann und es stets wiederkehrt. Sie meinen, Sie hätten dieses Problem der Angst gelöst, aber es taucht immer wieder in verschiedenen Formen auf. Wenn Sie sagen: «Es ist unmöglich», haben Sie sich bereits selbst blockiert. Man muß sehr aufpassen, daß man sich nicht selbst blockiert, daß man sich nicht selbst daran hindert, in dieses Problem der Angst einzutauchen und zu seiner vollständigen Lösung vorzudringen.

Jedes Gefühl von Angst führt zu allen möglichen destruktiven Aktivitäten, nicht nur auf der psychischen Ebene in Form von Neurosen, sondern auch in der äußeren Welt. Hier kommt das ganze Problem der Sicherheit ins Spiel, sowohl der physischen als auch der psychischen Sicherheit. Bitte folgen Sie aufmerksam, denn wir werden in etwas eindringen, das absolute Achtsamkeit erfordert – nicht Ihre Zustimmung, nicht Ihre Interpretation, sondern Ihre Wahrnehmung, Ihre Fähigkeit, etwas so zu sehen, wie es ist. Sie brauchen keinen Dolmetscher, untersuchen Sie selbst, finden Sie es für sich selbst heraus.

Die meisten von uns kennen mit der Physis zusammenhängende Ängste, entweder als Angst vor einer Krankheit, die Anspannung und zehrende Schmerzen mit sich bringt, oder als Konfrontation mit akuter Gefahr. Wenn Sie mit irgendeiner Gefahr für Leib und Leben konfrontiert sind – ist da Angst? Wenn man sich in Indien oder Afrika oder Amerika in die Wildnis begibt, kann man auf einen Bären, eine Schlange oder einen Tiger treffen; dann handelt man spontan, unmittelbar, nicht bewußt und überlegt, sondern instinktiv. Entspringt nun dieses Handeln der Angst oder der Intelligenz? Wir wollen versuchen herauszufinden, welches Handeln intelligent ist, im Unterschied zu jenem Handeln, das auf Angst beruht. Wenn Sie sich einer Schlange gegenübersehen, gibt es nur eine unmittelbare physische Reaktion: Sie rennen weg, Sie schwitzen, Sie versuchen, irgend etwas zu tun. Das ist eine konditionierte Reaktion, weil man uns seit Generationen beigebracht hat, sich vor Schlangen, vor wilden Tieren, in acht zu nehmen. Das Gehirn, das Nervensystem reagiert instinktiv, um sich zu schützen; das ist eine natürliche, intelligente Reaktion. Es ist notwendig, den physischen Organismus zu schützen. Die

Schlange stellt eine Gefahr dar, und eine Reaktion, die dem eigenen Schutz dient, ist eine intelligente Reaktion.

Betrachten wir nun physischen Schmerz. Sie kennen physischen Schmerz aus Erfahrung, und Sie fürchten sich davor, daß er zurückkehren könnte. Diese Angst wird durch das Denken verursacht, dadurch, daß wir an etwas denken, das vor einem Jahr oder gestern geschah und morgen wieder geschehen könnte. Setzen Sie sich damit auseinander, beobachten Sie Ihre eigenen Reaktionen und Ihre damaligen Aktivitäten. In diesem Fall ist die Angst das Produkt bewußter oder unbewußter Denkprozesse – Prozesse, bei denen es um Zeit geht, nicht um chronologische Zeit, aber um mit Zeit verknüpftes Denken: Man denkt an das, was geschehen ist, und erzeugt die Angst, es könne in Zukunft wieder geschehen. Also *ist* Denken Zeit. Und das Denken gebiert Angst: «Ich könnte morgen sterben», «Etwas, das ich in der Vergangenheit getan habe, könnte entdeckt werden»; die Gedanken darüber produzieren Angst. Sie haben in der Vergangenheit etwas getan, das nicht aufgedeckt werden soll, oder Sie wollen in der Zukunft etwas tun, was Sie nicht tun können; all dies ist das Produkt unseres Denkprozesses als Zeit.

Kann dieser Strom des Denkens, der in der Zeit und als Zeit Angst gebiert, zum Stillstand kommen? Haben Sie meine Frage verstanden? Auf der einen Seite ist da die intelligente Aktion des sich Schützens, der Selbsterhaltung, der physischen Notwendigkeit zu überleben, die eine natürliche, intelligente Reaktion darstellt. Auf der anderen Seite haben wir die Denkprozesse, das Nachdenken über etwas und das Projizieren der Möglichkeit, daß es sich in der Zukunft ereignet oder nicht ereignet – was Angst erzeugt. Die Frage lautet also: Können diese Denkprozesse, die so unmittelbar, so hartnäkkig, so überzeugend sind, auf natürliche Weise zum Stillstand kommen? Nicht durch Widerstand; wenn Sie Ihnen Widerstand leisten, so ist das immer noch ein Produkt des Denkens. Wenn Sie Ihren Willen einsetzen, um sie zu stoppen, ist auch das noch ein Produkt des Denkens. Wenn Sie sagen: «Ich werde mir nicht erlauben, diese Gedanken zu denken» – wer ist es, der sagt: «Ich werde nicht»? Es ist immer noch das Denken, der Verstand, der hofft, durch das Anhalten dieser Gedankenbewegungen sein Ziel zu erreichen – was immer noch ein Produkt des Denkens ist. Der Verstand mag es projizieren, aber nicht in der Lage sein, es zu erreichen; deshalb kommt wieder Angst auf.

Wir fragen also, ob die gesamte Aktivität des Denkens, welche die Angst produziert hat – und nicht nur eine Angst, sondern viele, viele Ängste –, auf natürliche Weise leicht und mühelos zum Stillstand kommen kann. Wenn Sie sich darum bemühen, ist es immer noch Denken und deshalb angsterzeugend – und es ist noch mit der Zeit verknüpft. Man muß einen Weg finden, auf welchem das Denken auf natürliche Weise zum Stillstand kommt und so keine Angst mehr produzieren kann.

Kommunizieren wir wirklich miteinander – nicht bloß verbal? Vielleicht haben Sie die Idee klar verstanden, aber es geht uns hier nicht um intellektuelles Verstehen der Idee, sondern um Ihre Verstrickung in Angst in Ihrem täglichen Leben. Es geht uns nicht um die Beschreibung Ihres Lebens, denn was beschrieben wird, ist nicht das Wirkliche, die Erklärung ist nicht das, was erklärt wird, das Wort ist nicht das Ding. Ihr Leben, Ihre Angst wird nicht durch die Worte des Redners aufgedeckt; *Sie* müssen beim Zuhören aufdecken, was Angst ist, und erkennen, wie das Denken diese Angst erzeugt.

Wir fragen, ob die Aktivität des Denkens – das Angst erzeugt, nährt und erhält – auf natürliche Weise ohne Widerstand zum Stillstand kommen kann. Bevor wir die wahre Antwort finden können, müssen wir uns auch mit dem menschlichen Streben nach Lust beschäftigen, denn es sind wiederum die Gedanken, die Lust aufrechterhalten. Vielleicht haben Sie einen wunderschönen Augenblick erlebt, beispielsweise als Sie einen herrlichen Sonnenuntergang betrachteten, sie hatten große Freude daran. Dann kommt der Verstand ins Spiel und sagt: «Wie wunderschön das war, dieses Erlebnis würde ich morgen gern noch einmal haben.» Es ist egal, ob es sich um einen Sonnenuntergang handelt oder ob Ihnen jemand schmeichelt, ob es eine sexuelle Erfahrung ist oder ob Sie irgend etwas erreicht haben, etwas, das Sie aufrechterhalten wollen, das Ihnen Vergnügen oder Lust verschafft. Es gibt eine Lust, die wir aus dem Erfolg ziehen, daraus, etwas erreicht zu haben; es gibt die Vorfreude auf etwas, das wir morgen tun werden, oder das Vergnügen, das uns das Wiederholen eines sexuellen oder künstlerischen Erlebnisses verschafft.

Die Moral unserer Gesellschaft beruht auf Lust und Vergnügen, und deshalb ist sie überhaupt keine Moral: Gesellschaftliche Moral ist Amoralität. Man findet das heraus, aber es bedeutet nicht, daß man gegen die gesellschaftliche Moral rebelliert und moralisch wird – man tut, was man möchte, schläft, mit wem man will. Wenn man die Angst verstehen und davon frei sein will, muß man auch die Lust verstehen – sie gehören zusammen. Das heißt nicht, daß man auf Lust oder Vergnügen verzichten muß. Alle organisierten Religionen – und sie sind der Fluch der Zivilisation – haben darauf bestanden, daß man kein Vergnügen, keinen Sex haben darf, daß man sich Gott als gequältes menschliches Wesen nähern muß. Sie haben gesagt, man dürfe keine Frau anschauen, überhaupt nichts, was einen an Sex erinnern könnte. Demnach darf man kein Vergnügen haben, was bedeutet, daß man kein Verlangen haben darf. Also nimmt man die Bibel zur Hand, wenn Verlangen auftaucht, und schon verschwindet es. Oder man wiederholt einige Worte aus der *Bhagavad-Gītā* – was für ein Unsinn.

Angst und Lust sind die beiden Seiten einer Medaille; Sie können nicht von der einen frei sein, ohne gleichzeitig von der anderen frei zu sein. Sie wollen im Leben nur Vergnügen haben und gleichzeitig frei von Angst zu sein – das ist Ihr ganzes Bestreben. Aber Sie sehen nicht, daß Sie frustriert sind, wenn Ihnen morgen das Vergnügen versagt wird, Sie fühlen sich unerfüllt, wütend, ängstlich und schuldig, und die ganze psychische Misere beginnt. Sie müssen sich Angst und Lust also gleichzeitig anschauen. Wenn Sie verstehen, was Vergnügen ist, müssen Sie auch verstehen, was Freude ist. Ist Vergnügen, ist Lust Freude? Ist das Entzücken der Existenz nicht etwas völlig anderes als Lust? Wir haben gefragt, ob die Denkprozesse mit all ihren Angst und Lust erzeugenden und erhaltenden Aktivitäten auf natürliche Weise, mühelos zum Stillstand kommen können. Es gibt die unbewußten Ängste, die in unserem Leben eine viel größere Rolle spielen als jene, die uns bewußt sind. Wie werden Sie diese unbewußten Ängste aufdecken – ans Licht bringen? Durch Analysieren? Wenn Sie sagen: «Ich werde meine Ängste analysieren» – wer ist dann der Analysierende? Ist er nicht selbst ein Teil, ein Fragment der Angst? Seine Analyse der eigenen Ängste ist daher völlig wertlos. Wenn Sie aber zu einem Analytiker gehen, so ist dieser, wie Sie selbst, konditioniert – durch Freud, Jung oder Adler: Er analysiert entsprechend seiner Konditionierung und hilft Ihnen daher nicht, frei von Angst zu sein. Wie wir bereits sagten, ist Analyse eine Verneinung des Handelns.

Wie werden Sie Ihre unbewußten Ängste aufdecken, wohlwissend, daß Analyse wertlos ist? Wenn Sie sagen: «Ich werde meine Träume deuten», taucht das gleiche Problem auf. Wer ist es, der die Träume deutet – ein Bruckstück unter den vielen anderen Bruchstücken? Also müssen Sie eine ganz andere Frage stellen, und zwar: «Warum träume ich überhaupt?» Träume sind nichts anderes als die Fortsetzung unserer täglichen Aktivitäten; stets geschieht dies oder jenes. Wie kann diese Aktivität verstanden werden und zum Stillstand kommen? Das heißt, kann der Geist während des Tages so achtsam sein, daß er all seine Motive, seine Impulse, seine Verstrickungen, seine Eitelkeit, seinen Ehrgeiz und seine Frustrationen, sein Streben nach Erfüllung, seinen Wunsch, jemand zu sein, durchschaut? Können diese ganzen Denkprozesse während des Tages ohne «den Beobachter» beobachtet werden? Denn wenn «der Beobachter» beobachtet, ist er ja ein Teil des Denkprozesses, der sich vom Rest abgetrennt hat und sich die Autorität des Beobachters anmaßt. Wenn Sie während des Tages den ganzen Strom Ihrer inneren Aktivitäten, Ihre Gedanken und Gefühle ohne zu interpretieren beobachten, dann werden Sie sehen, daß Träume ziemlich bedeutungslos sind. Dann werden Sie kaum noch träumen. Wenn Sie achtsam, wach, und nicht im Halbschlaf durch den Tag gehen, wenn Sie nicht in Ihren Glaubensmustern, in Ihren Vorurteilen, Ihren absurden kleinen Eitelkeiten, Ihrem mittelmäßigen Wissen gefangen sind, werden Sie sehen, daß nicht nur das Träumen aufhört, sondern daß auch der Gedankenstrom allmählich nachläßt.

Stets sucht oder erhält, oder vermeidet der Verstand Angst, aber er erzeugt auch Lust, nährt die Gedanken an das, was Vergnügen bereitet hat. Wie kann die Verstrickung in Angst und Lust, die Leid erzeugen, enden? Wie kann der Denkapparat – der diese Gedankenbewegungen von Lust und Angst produziert – auf natürliche Weise zum Stillstand kommen? Das ist das Problem. Was wird man tun? Wird man es aufgeben oder zwischen Lust und Schmerz weiterleben wie bisher, was genau dem bourgeoisen Geist entspricht – selbst wenn Sie langes Haar haben, unter der Brücke schlafen, rebellieren, Bomben werfen, «Frieden» schreien, obwohl Sie Ihren Lieblingskrieg führen? Tun Sie, was Sie wollen, es liegt in der innersten Natur des bourgeoisen Geistes, in Angst und Lust gefangen zu sein. Und Sie müssen sich dem stellen! Wie werden Sie dieses Problem lösen? Sie müssen es lösen, wenn Sie ein vollkommen anderes Leben leben wollen, wenn Sie eine vollkommen andere Gesellschaft, eine vollkommen andere Moral wünschen. Wenn Sie jung sind, sagen Sie vielleicht: «Es ist nicht wichtig», ich werde «spontane» Lust, «spontane» Angst haben. Aber es ist das gleiche, es sammelt sich an, und eines schönen Tages stellen Sie fest, daß Sie in der Falle sitzen. Es ist Ihr Problem, und keine Autorität kann es für Sie lösen. Sie hatten bereits Autoritäten – die geistlichen und psychologischen Autoritäten –, die nicht in der Lage waren, es zu lösen. Sie haben Ihnen Fluchtwege angeboten wie Drogen, Glaubenssysteme, Rituale und den ganzen Zirkus, der im Namen von Religion veranstaltet wird; all das haben sie Ihnen geboten, aber das grundlegende Problem von Angst und Lust haben sie nie gelöst. Sie selbst müssen es lösen. Wie? Was werden Sie tun? Setzen Sie Ihren Verstand ein, wohlwissend, daß niemand es für Sie lösen wird? Indem Sie sich dessen bewußt werden, daß niemand es für Sie lösen wird, beginnen Sie sich bereits von der bourgeoisen Welt zu befreien.

Solange Sie das Problem von Angst und Lust nicht lösen, ist Leid unvermeidlich – nicht nur Ihr persönliches Leid, sondern das Leid der Welt. Wissen Sie, was das Leid der Welt ist? Wissen Sie, was in der Welt vor sich geht? Nicht im Äußeren – die vielen Kriege, die Korruption der Politiker und so weiter –, sondern im Inneren: Die ungeheure Verlassenheit der Menschen, die tiefen Frustrationen, der absolute Mangel an Liebe in dieser riesigen, mitleidlosen, verhärteten Welt. Solange Sie dieses Problem nicht lösen, ist Leid unvermeidbar. Und die Zeit wird es nicht lösen. Sie können nicht sagen: «Ich werde morgen darüber nachdenken, jetzt will ich mein ‹Instant-Vergnügen› haben und die ganze Angst, die es mit sich bringt, ich werde schon damit fertig werden.»

Wer wird Ihnen eine Antwort liefern? Wie werden Sie reagieren – nun, da wir diese Frage gestellt haben und ihre ganze Komplexität sehen, da wir sehen, daß niemand auf dieser Welt, noch irgendeine göttliche Kraft, auf die wir uns früher verlassen haben, dieses grundlegende Problem lösen wird? Was sagen Sie, meine Herrschaften? Sie haben keine Antwort, nicht wahr? Wenn Sie wirklich ehrlich sind, nicht die Scheinheiligen spielen und nicht versuchen, das Problem, dieses wesentlichste aller Probleme, auszublenden, keinen Bogen darum machen, wenn Sie damit konfrontiert werden, dann müssen Sie zugeben, daß Sie keine Antwort haben. Wie wollen Sie also herausfinden, wie es auf natürliche Weise verschwinden kann? Ohne Methode, denn jede Methode bringt den Faktor Zeit ins Spiel. Wenn jemand Ihnen eine Methode, ein System vermittelt und Sie es praktizieren, wird Ihr Geist immer mechanischer, entsteht eine ständig größer werdende Kluft zwischen dem, «was ist», und dem betreffenden System. Das System verspricht etwas, aber Tatsache ist, daß Sie Angst haben. Indem Sie die Methode praktizieren, entfernen Sie sich mehr und mehr von dem, «was ist», und so wird Ihr Konflikt bewußt oder unbewußt immer größer. Was also werden Sie tun?

Nun, was ist mit dem Geist, mit dem Verstand geschehen, der all dies gehört hat – der nicht bloß ein paar Worte gehört hat, sondern tatsächlich zugehört, geteilt, kommuniziert, gelernt hat? Was ist mit Ihrem Geist geschehen, der mit großer Aufmerksamkeit die Komplexität des Problems wahrgenommen hat, der sich seiner eigenen Ängste bewußt ist und gesehen hat, wie das Denken sowohl Angst als auch Lust erzeugt und auch aufrechterhält? Was ist mit der Qualität dieses Geistes, der auf diese Weise zugehört hat, geschehen? Besitzt er nun eine völlig andere Qualität als heute morgen, oder ist er immer noch der gleiche repetitive Geist, der in Lust und Angst verstrickt ist? Existiert da eine neue Bewußtseinsqualität? Ist es ein Geist, der sich nicht sagt: «Man muß der Angst oder der Lust ein Ende setzen«, sondern der vielmehr durch Beobachten lernt? Ist Ihr Geist nicht ein wenig empfänglicher, sensibler geworden? Zuvor haben Sie einfach diese Last von Angst und Lust mit sich herumgeschleppt. Haben Sie die Last, indem Sie etwas über ihr Gewicht erfahren haben, nicht ein wenig beiseite geschoben? Haben Sie sie nicht fallenlassen – und bewegen sich deshalb jetzt sehr vorsichtig?

Falls Sie das Gesagte wirklich nur durch Beobachten verstanden haben – nicht durch Bemühen oder Entschlossenheit –, dann ist Ihr Geist sehr empfänglich, sehr sensibel, und daher sehr intelligent geworden. Das nächste Mal, wenn Angst auftaucht – und sie wird auftauchen –, wird Ihre Intelligenz darauf reagieren, aber weder durch Flucht in die Lust noch durch Unterdrückung. Diese Intelligenz und Sensibilität sind dadurch zustande gekommen, daß Sie diese Last angeschaut und dann beiseite geräumt haben. Der Geist ist erstaunlich lebendig geworden; er kann jetzt eine ganz andere Frage stellen: Wenn Lust nicht das Ziel des Lebens ist – was es für die meisten von uns war –, ist das Leben dann öde und leer? Heißt das, daß ich das Leben niemals genießen kann?

Ist da nicht ein Unterschied zwischen Lust und Freude? Bisher lebten Sie zwischen Lust und Angst – «der Instant-Lust» an Sex, am Trinken und daran, ein Tier zu töten und sich mit seinem Fleisch vollzustopfen, und an sonstigen «Vergnügungen« dieser Art. Das war Ihr Leben, und plötzlich entdekken Sie durch gründliches Prüfen, daß Lust und Vergnügen überhaupt nicht der Weg sind, weil sie zu Angst, Frustration, Elend, Leid, gesellschaftlichen und persönlichen Schwierigkeiten führen. Also stellen Sie jetzt eine ganz andere Frage: «Gibt es eine Freude, die unberührt ist von Lust und Denken?» Denn wenn sie von den Gedanken berührt wird, wird sie wieder zu Lust und folglich zu Angst. Kann man also, wenn man Lust und Angst verstanden hat, seinen Alltag voller Freude leben – ohne Lust und Angst von einem Tag zum nächsten weiterzuschleppen? Diese Berge, die Schönheit des Tales, das Licht auf den Hügeln, die Bäume und den fließenden Strom anschauen und sich daran erfreuen! Aber nicht, wenn Sie sagen: «Oh, wie wunderbar das ist», nicht, wenn das Denken sie als Mittel zur Lusterzeugung benutzt.

Sie können einen Berg, die Bewegung eines Zweiges, das Gesicht einer Frau oder eines Mannes anschauen und eine ungeheuer große Freude darüber empfinden. Und wenn Sie sie empfunden haben, dann ist es abgeschlossen. Aber wenn Sie es in Ihren Gedanken fortsetzen, dann setzt der Mechanismus von Schmerz und Vergnügen ein. Können Sie so schauen und damit abschließen? Seien Sie sehr aufmerksam, sehr achtsam dabei. Können Sie einen Berg anschauen und die Freude daran genug sein lassen? Ohne sie in Gedanken in den morgigen Tag hineinzutragen – was bedeuten würde, daß Sie die damit verbundene Gefahr sehen. Vielleicht erleben Sie etwas sehr Schönes und sagen: «Es ist vorbei»; aber – ist es wirklich vorbei? Denkt der Geist nicht bewußt oder unbewußt daran und wünscht sich, daß es wieder geschieht? Wir sehen also, daß das Denken nicht das geringste mit Freude zu tun hat. Diese ungeheure Entdeckung müssen Sie selbst machen – es ist nicht etwas, das man Ihnen gesagt hat, nicht etwas, worüber man schreiben kann, nichts, was man für einen Leser interpretieren kann. Es besteht ein riesiger Unterschied zwischen Entzücken, Freude und Glückseligkeit auf der einen und Lust, Vergnügen auf der anderen Seite.

Ich weiß nicht, ob Ihnen schon einmal aufgefallen ist, daß

auf frühen religiösen Abbildungen der westlichen Welt die Darstellung sinnlicher Lust in jeglicher Form vermieden wird; man sieht überhaupt keine Landschaften, nur den gemarterten menschlichen Körper oder die Jungfrau Maria und so weiter. Es gibt keine Landschaft, weil ihre Betrachtung Vergnügen bereiten und uns von der Figur und ihrer Symbolik ablenken könnte. Erst viel später wurden auch Landschaften abgebildet, während dies in China und Indien schon immer selbstverständlich dazugehörte.

Sie können all das beobachten und die Schönheit eines Lebens entdecken, in dem es überhaupt kein Bemühen gibt, ein Leben voller Ekstase, in dem Lust und Denken und Angst überhaupt nicht vorkommen.

Wenn ich träume, sehe ich manchmal zukünftige Ereignisse, die dann wirklich eintreten. Ich träumte, daß ich Sie zu dieser Zusammenkunft kommen sah, und sah im Traum, wie Sie den braunen Mantel dorthin legten und das Mikrofon einstellten; das war definitiv ein Traum von etwas, das am nächsten Morgen geschehen würde.

Krishnamurti: Wie erklären Sie sich das? Zunächst einmal: Warum messen Sie zukünftigen Ereignissen eine so ungeheure Bedeutung bei? Warum? Die Astrologen, die Wahrsager, die Handleser – was sagen Sie Ihnen nicht für wundervolle Dinge voraus! Weshalb beschäftigt Sie das so sehr? Warum kümmern Sie sich nicht um Ihr aktuelles tägliches Leben, in dem alle Schätze enthalten sind? Sie sehen das nicht! Wissen Sie, wenn Ihr Geist dadurch, daß Sie hier zugehört haben, ein wenig sensibler geworden ist – ich sage nicht, vollkommen sensibel, aber ein wenig –, dann nimmt er natürlich mehr wahr, ganz gleich, ob vom heutigen oder vom morgigen Tag. Es ist, als schauten Sie aus einem Flugzeug hinunter und sähen zwei Boote, die sich auf einem Fluß aus entgegengesetzten Richtungen einander näherten; man sieht, daß sie sich an einem bestimmten Punkt treffen werden – und das ist die Zukunft.

Da er etwas sensibler geworden ist, nimmt der Geist bestimmte Dinge wahr, die morgen geschehen können, aber auch solche, die jetzt geschehen. Den meisten von uns ist das, was morgen geschehen wird, so viel wichtiger als alles, was tatsächlich jetzt geschieht. Wenn Sie sehr tief in diese Dinge eindringen, werden Sie feststellen, daß überhaupt nichts «geschieht»: jegliches «Ereignis» ist Teil des Lebens. Weshalb verlangen Sie überhaupt nach «Erfahrungen»? Braucht ein empfänglicher, lebendiger, vollkommen klarer Geist überhaupt «Erfahrungen»? Bitte beantworten Sie sich diese Frage selbst.

Sie fordern uns auf, unser Handeln im täglichen Leben zu beobachten, doch wer ist dieses Wesen, das entscheidet, was und wann beobachtet werden soll? Wer entscheidet, ob man beobachten sollte?

K.: Treffen Sie die Entscheidung zu beobachten? Oder beobachten Sie einfach? Treffen Sie eine Entscheidung und sagen Sie: «Ich werde beobachten und lernen»? Denn dann stellt sich die Frage: «Wer trifft die Entscheidung?» Ist es der Wille, der sagt: «Ich muß»? Und wenn er versagt, bestraft er sich und sagt: «Ich muß, ich muß.» Das erzeugt einen Konflikt, und deshalb hat der Zustand des Geistes, der sich entschieden hat zu beobachten, mit wahrer Beobachtung überhaupt nichts zu tun.

Sie schlendern die Straße entlang, jemand geht an Ihnen vorüber, Sie beobachten und sagen vielleicht zu sich selbst: «Wie häßlich er ist; wie er riecht; ich wollte, er würde nicht dies oder jenes tun.» Sie sind sich Ihrer Reaktionen auf diesen Vorübergehenden bewußt, Sie sind sich bewußt, daß Sie werten, verurteilen oder rechtfertigen: Sie beobachten, Sie sagen nicht: «Ich darf nicht urteilen, ich darf nicht rechtfertigen.» Sie sind sich Ihrer Reaktionen bewußt, das hat überhaupt nichts mit Entscheidung zu tun. Sie sehen jemanden, der Sie gestern beleidigt hat. Sofort sträuben sich Ihre Nackenhaare, Sie werden nervös und angespannt, Abneigung kommt auf. Seien

Sie sich Ihrer Abneigung bewußt, seien Sie sich all dessen bewußt, «entscheiden» Sie sich nicht, bewußt zu sein. Beobachten Sie, und in diesem Beobachten existiert weder der «Beobachter» noch das «Beobachtete» – es gibt nur das Beobachten. Der «Beobachter» existiert nur, wenn Sie während des Beobachtens speichern; wenn Sie sagen: «Er ist mein Freund, weil er mir geschmeichelt hat» oder «Er ist nicht mein Freund, weil er etwas Häßliches über mich gesagt hat oder etwas Wahres, das ich nicht hören mag». Das ist Speichern durch Beobachten, und diese Ansammlung ist der Beobachter. Wenn Sie beobachten, ohne zu speichern, dann urteilen Sie nicht. Sie können das jederzeit tun – während des Beobachtens werden natürlich bestimmte Entscheidungen gefällt, aber diese Entscheidungen sind natürliche Resultate, es sind keine Entscheidungen des Beobachters, der etwas angesammelt hat.

Sie sagten zu Beginn, daß die instinktive Reaktion des Selbstschutzes angesichts eines wilden Tiers Intelligenz und nicht Angst ist und daß das Denken, welches Angst erzeugt, sich davon völlig unterscheidet.

K.: Unterscheiden sie sich nicht? Sehen Sie nicht den Unterschied zwischen den Denkprozessen, die Angst erzeugen und aufrechterhalten, und jener Intelligenz, die sagt: «Achtung!» Unser Denken hat Nationalismus, Rassismus, die Akzeptanz bestimmter moralischer Wertvorstellungen hervorgebracht, aber es erkennt nicht die darin liegenden Gefahren. Würde es die Gefahren erkennen, dann erfolgte die Reaktion nicht aus Angst, sondern aus Intelligenz, und es wäre das gleiche wie beim Zusammentreffen mit einer Schlange. Wenn man auf eine Schlange trifft, erfolgt eine natürliche Reaktion des Selbstschutzes; wenn man auf Nationalismus trifft, der das Produkt unseres Denkens ist, der Menschen trennt und einer der Gründe für kriegerische Auseinandersetzungen ist, erkennt der Verstand die Gefahr nicht.

6 Die mechanische Aktivität des Denkens

«Ein menschlicher Geist, der die gesamte Struktur des Denkens verstanden hat, wird außerordentlich still, absolut still.»

Wir sprachen über die Wichtigkeit des Denkens und auch über seine Unwichtigkeit; darüber, wie der Denkapparat ständig in Aktion ist und innerhalb seines eigenen Rahmens doch nur begrenzte Freiheit besitzt. Wir sprachen von einem vollkommen unkonditionierten Zustand des Geistes. Heute morgen wollen wir uns näher mit diesem Problem der Konditionierung beschäftigen; nicht nur mit der oberflächlichen, kulturellen Konditionierung, sondern mit der Frage, warum überhaupt Konditionierung stattfindet. Wir können die Qualität eines menschlichen Geistes untersuchen, der nicht konditioniert ist, der die Konditionierung überwunden hat. Wir müssen sehr tief in diese Dinge eindringen, um herauszufinden, was Liebe ist. Und indem wir verstehen, was Liebe ist, werden wir vielleicht fähig, die volle Bedeutung des Todes zu verstehen.

Zunächst wollen wir also herausfinden, ob der Geist vollkommen frei von Konditionierung sein kann. Es ist ziemlich offensichtlich, wie wir an der Oberfläche durch unsere Kultur, die Gesellschaft, die uns umgebende Propaganda, durch unsere Nationalität, durch eine bestimmte Religion, durch Erziehung und Umwelteinflüsse konditioniert werden. Ich denke, es ist ziemlich klar und einfach zu sehen, daß die meisten Menschen, ganz gleich welchem Land oder welchem Volk sie angehören, durch die jeweilige Kultur oder Religion konditioniert sind. Sie sind geformt, auf ein bestimmtes Muster festgelegt. Eine solche Konditionierung kann man ziemlich leicht ablegen.

Dann gibt es noch eine tiefere Konditionierung – beispielsweise eine aggressive Haltung dem Leben gegenüber. Aggression impliziert ein Streben nach Dominanz, nach Macht, nach Eigentum und Prestige. Man muß sehr tief gehen, um vollkommen frei davon zu sein, weil es sehr subtil ist und viele verschiedene Formen annimmt. Man meint vielleicht, man sei nicht aggressiv, aber wenn man ein Ideal hat, eine Meinung, ein Werturteil, verbal oder nonverbal, dann besteht eine gewisse Tendenz zur Anmaßung, die allmählich aggressiv und gewalttätig wird. Man kann das an sich selbst beobachten. Schon hinter dem Wort «Aggression» – auch wenn man es sehr sanft ausspricht – steckt eine Stoßkraft, steckt eine verborgene, dominante, zwanghafte Aktivität, die grausam und gewalttätig wird. Diese aggressive Konditionierung muß man aufdecken, ganz gleich, ob sie noch Teil unserer animalischen Natur ist oder ob man durch seine eigene Lust an der Selbstbehauptung aggressiv geworden ist. Ist man aggressiv im absoluten Sinn dieses Wortes, welches «Vorwärtsschreiten» bedeutet?

Eine andere Form der Konditionierung ist das Vergleichen. Man vergleicht sich mit etwas, das man als edel oder heldenhaft betrachtet, mit etwas, das man sein möchte, im Gegensatz zu dem, was man ist. Der Drang zu vergleichen ist eine Form der Konditionierung, die ebenfalls außerordentlich subtil ist. Ich vergleiche mich mit jemandem, der ein wenig intelligenter oder schöner ist. Man führt, insgeheim oder offen, ein ständiges Selbstgespräch, in dem man sich unablässig vergleicht. Beobachten Sie dies bei sich selbst.

Wo verglichen wird, existiert eine Form der Aggression als Gefühl, etwas erreichen zu müssen, oder, wenn man es nicht erreichen kann, als ein Gefühl der Frustration und der Minderwertigkeit. Von Kindesbeinen an werden wir dazu erzogen zu vergleichen. Unser gesamtes Bildungssystem beruht auf dem Vergleich, auf Noten, auf Prüfungen. Indem man sich mit jemandem vergleicht, der klüger ist, entstehen Neid, Eifersucht und alle damit verbundenen Konflikte. Sich vergleichen bedeutet, sich zu messen; ich messe mich an etwas, das ich als besser oder edler betrachte.

Man fragt sich: «Kann der menschliche Geist jemals frei von

dieser gesellschaftlichen und kulturellen Konditionierung sein, von der Geisteshaltung des Messens und Vergleichens, der Konditionierung durch Angst und Lust, durch Belohnung und Bestrafung?» Unsere gesamten moralischen und religiösen Strukturen beruhen darauf. Warum sind wir konditioniert? Wir sehen die äußeren Einflüsse, die uns konditionieren, und die innere Bereitschaft, konditioniert zu werden. Warum akzeptieren wir diese Konditionierung? Weshalb hat der Geist es zugelassen, konditioniert zu werden? Was ist der Faktor X hinter all dem? Warum akzeptiere ich, der ich in ein bestimmtes Land, in eine bestimmte Kultur hineingeboren wurde und mich als Hindu bezeichne – mit all dem Aberglauben und den Traditionen, die mir von der Familie und der Gesellschaft eingetrichtert wurden –, diese Konditionierung? Welcher Drang steckt dahinter? Was bringt uns dazu, ständig nach dieser Konditionierung zu verlangen, sie stillschweigend hinzunehmen, ihr nachzugeben oder sie zu bekämpfen? Man will sich in der Gemeinschaft, die einem bestimmten Muster folgt, sicher und geschützt fühlen. Entspricht man nicht diesem Muster, könnte man seine Arbeit verlieren, ohne finanzielle Mittel dastehen, als Mensch betrachtet werden, der keine Achtung verdient. Gegen all das gibt es auch Rebellion, aber diese Rebellion bringt ihre eigene, besondere Form der Konditionierung mit sich.

Man muß herausfinden, was hinter dem Drang, sich konformistisch zu verhalten, steckt. Solange man das nicht für sich selbst aufgedeckt hat, wird man immer auf die eine oder andere Art, positiv oder negativ, konditioniert sein. Dieser Prozeß beginnt im Augenblick der Geburt und setzt sich fort bis zum Tod. Man mag dagegen rebellieren, man mag versuchen, sich in eine andere Konditionierung zu flüchten, man mag sich in ein Kloster zurückziehen, wie die Menschen, die ihr Leben der Kontemplation, der Philosophie widmen. Aber es ist und bleibt die gleiche Richtung. Welcher Mechanismus ist da ständig in Bewegung und paßt sich an die verschiedenen Formen der Konditionierung an?

Unser Denken ist ein für allemal konditioniert, weil es eine

Reaktion auf die Vergangenheit in Form des Gedächtnisses darstellt. Unser Denken ist stets mechanisch; es verfällt sehr leicht in ein Muster, verfolgt eine bestimmte Bahn, und dann betrachten Sie sich als ungeheuer aktiv, ganz gleich, ob Sie auf die kommunistische Schiene, die katholische Schiene oder was auch immer beschränkt sind. Es ist die bequemste, die mechanischste Art zu sein – und wir meinen, wir würden leben! Obwohl also das Denken im Rahmen seiner Möglichkeiten über eine bestimmte Freiheit verfügt, ist es doch immer mechanisch. Schließlich ist es eine ziemlich mechanische Angelegenheit, zum Mond zu fliegen, denn es ist das Ergebnis des angesammelten Wissens von Jahrhunderten. Die Beschäftigung mit technischem Denken läßt uns auf den Mond gelangen oder in die Tiefen des Meeres und so weiter. Der Verstand will einer vorgegebenen Bahn folgen, will mechanisch sein, denn auf diese Weise hat er Sicherheit, wird er nicht gestört. Eine mechanische Lebensweise wird nicht nur von der Gesellschaft, sondern auch von jedem einzelnen von uns gefördert, weil es die bequemste Art zu leben ist.

Da unser Denken also eine mechanische, repetitive Angelegenheit ist, akzeptiert es jede Form der Konditionierung, die es ihm ermöglicht, seine mechanische Aktivität beizubehalten. Ein Philosoph erfindet eine neue Theorie, ein Ökonom ein neues Wirtschaftssystem, und wir akzeptieren diese Schiene und folgen ihr. Unsere Gesellschaft, unsere Kultur, unsere religiösen Eingebungen – alles scheint mechanisch zu funktionieren, und dennoch ist eine gewisse Stimulierung damit verbunden. Wenn Sie zur Messe gehen, ist da eine gewisse Erregung, Emotion, und diese wird zum inneren Muster. Ich weiß nicht, ob Sie jemals folgendes ausprobiert haben – tun Sie es, und Sie werden den Witz der Sache entdecken: Nehmen Sie einen Stock oder einen Stein, irgendeinen beliebigen, schön geformten, legen Sie ihn auf den Kaminsims und stellen Sie jeden Morgen eine Blume daneben. Innerhalb eines Monats werden Sie feststellen, daß es Ihnen zur Gewohnheit geworden ist wie ein religiöses Ritual, und daß Sie bereits begonnen haben, sich damit zu identifizieren.

Das Denken ist eine Reaktion aus der Vergangenheit. Wenn man Maschinenbau studiert hat, erweitert man sein Wissen und bringt es auf den neuesten Stand, aber man ist auf diese Schiene festgelegt. Das gleiche gilt natürlich für einen Mediziner und so weiter. Innerhalb eines bestimmten Rahmens verfügt das Denken zwar über eine gewisse Freiheit, aber es bewegt sich dennoch innerhalb der Grenzen seiner mechanischen Funktion. Können Sie das sehen? Nicht nur intellektuell, sondern wirklich? Nehmen Sie das so bewußt wahr wie das Geräusch eines Zuges? (*Man hört das Geräusch eines vorüberfahrenden Zuges.*)

Kann der Geist sich von den Gewohnheiten, die er entwikkelt hat, befreien, kann er sich von bestimmten Meinungen, Urteilen, Einstellungen und Werten freimachen? Was bedeutet: Kann der Geist frei von Gedanken sein? Wenn dies nicht vollkommen verstanden wird, dann hat das, worüber ich als nächstes sprechen werde, keinerlei Bedeutung. Das Verstehen dieser Dinge führt zur nächsten Frage, die unvermeidlich ist, wenn Sie in die Tiefe gehen. Wenn das Denken mechanisch ist, wenn es sich unweigerlich an die Konditionierung des Verstandes anpaßt – was ist dann Liebe? Ist Liebe ein Produkt der Gedanken? Wird Liebe durch das Denken genährt, kultiviert, hängt Liebe vom Denken ab? Was ist Liebe? Rufen wir uns in Erinnerung, daß die Beschreibung nicht das Beschriebene, das Wort nicht das Ding ist. Vermag der Geist frei von der mechanischen Aktivität des Denkens zu sein, so daß er herausfinden kann, was Liebe ist? Die meisten von uns assoziieren Liebe mit Sex oder setzen sie damit gleich. Das ist eine Form der Konditionierung. Wenn Sie dieses wirklich sehr komplexe, komplizierte und außerordentlich wunderbare Phänomen untersuchen, müssen Sie herausfinden, wie das Wort «Sex» den Verstand konditioniert hat.

Wir sagen, wir töten nicht – wir weigern uns, in irgendeinen Krieg zu ziehen, aber es macht uns nichts aus, Tiere zu töten. Wenn Sie das Tier, das Sie essen, selbst töten müßten und sehen würden, wie häßlich das ist – würden Sie dieses Tier essen? Das bezweifle ich sehr. Aber es macht Ihnen nichts aus, wenn der

Metzger es für Sie tötet, damit Sie es essen können: Darin liegt eine große Heuchelei.

Man fragt sich also nicht nur, was Liebe ist, sondern auch, was Mitgefühl ist. Laut christlicher Tradition haben die Tiere keine Seele, sie wurden von Gott geschaffen, damit Ihr sie essen könnt; das ist christliche Konditionierung. In manchen Teilen Indiens wird es als Sünde betrachtet, irgendein Lebewesen zu töten, ganz gleich ob es sich um eine Fliege oder ein größeres Tier handelt. Sie töten dort nicht das geringste Lebewesen. Und diese Übertreibung ist wiederum ihre besondere Form der Konditionierung.

Was bedeutet es, mitfühlend zu sein? Nicht als Lippenbekenntnis, sondern wirklich mitzufühlen? Ist Mitgefühl eine Sache der Gewohnheit, des Denkens, der mechanischen Wiederholung einer erlernten Freundlichkeit, Höflichkeit, Sanftheit, Zärtlichkeit? Kann der Geist, der in der Aktivität des Denkens mit seiner Konditionierung, seiner mechanischen Wiederholung gefangen ist, überhaupt mitfühlend sein? Er kann darüber sprechen, er kann gesellschaftliche Reformen unterstützen, er kann freundlich zu dem armen Schlucker sein und so weiter – aber ist das Mitgefühl? Ist überhaupt Raum da für Mitgefühl, wenn der Verstand dominiert, wenn der Denkapparat aktiv ist? Mitgefühl hat kein Motiv, kein Eigeninteresse, kennt keine Angst, keine Lust.

Man fragt sich also: «Ist Liebe gleich Lust?» Sex ist natürlich Lust, aber wir verspüren auch Lust an der Gewalt, am Erfolg, an der Selbstbehauptung, an der Aggression. Und es verschafft uns Lust, jemand zu sein. All das ist das Produkt des Denkens, das Ergebnis unseres Messens – «Ich war das» und «Ich werde jenes sein». Ist Lust, in dem Sinne, in dem wir das Wort gebraucht haben, Liebe? Wie kann ein Geist, der in Gewohnheiten, in Messen und Vergleichen verstrickt ist, wissen, was Liebe ist? Man kann sagen, Liebe ist dies oder jenes, aber all das ist ein Produkt der Gedanken.

Aus dieser Beobachtung ergibt sich die Frage: Was ist der Tod? Was bedeutet es zu sterben? Es muß die wunderbarste Erfahrung sein! Es muß etwas sein, das vollkommenes Ende, vollkommenen Stillstand bedeutet. Der Bewegungsablauf, der in Gang gesetzt wurde, das Ringen, der Kampf, der Aufruhr, die Verzweiflung und die Frustrationen – all das hört plötzlich auf. Der Mensch, der berühmt werden wollte, der sich durchsetzt, der gewalttätig, brutal ist – all das ist mit einem Schlag vorbei! Haben Sie bemerkt, wie alles, was sich psychisch fortsetzt, mechanisch, repetitiv wird? Nur wenn die psychische Kontinuität endet, kann es etwas vollkommen Neues geben – Sie können das in sich selbst beobachten. Schöpfung ist nicht die Fortsetzung dessen, was ist, oder dessen, was war, sondern das Ende dessen, was ist oder was war.

Kann man also auf der psychischen Ebene sterben? Verstehen Sie meine Frage? Kann man in bezug auf das Bekannte, auf das, was gewesen ist, sterben – nicht, um etwas anderes zu werden –, was sowohl das Ende als auch die Freiheit vom Bekannten bedeutet? Das ist letztendlich die Bedeutung von Tod.

Der physische Organismus wird natürlich sterben; er wurde mißbraucht, mißhandelt, frustriert; er hat alles Mögliche gegessen und getrunken. Sie wissen, wie man es sich gut gehen läßt, und Sie fahren damit fort, bis der Körper stirbt. Durch Unfälle, durch das Altern, durch verschiedene Krankheiten, durch die Anspannung der ständigen emotionalen Kämpfe im Inneren und Äußeren wird der Körper entstellt, häßlich, und schließlich stirbt er. Dieses Sterben ist mit Selbstmitleid verbunden, und wir bemitleiden uns auch selbst, wenn jemand anders stirbt. Ist die Trauer, die wir empfinden, wenn jemand stirbt, den wir zu lieben glauben, nicht mit großer Angst verbunden? Denn wir werden allein zurückgelassen, wir werden auf uns selbst zurückgeworfen, wir haben niemanden mehr, auf den wir uns verlassen, stützen können, niemanden, der uns tröstet. Unsere Trauer hat einen Beigeschmack dieses Selbstmitleids und dieser Angst, und man neigt natürlich dazu, in dieser Unsicherheit jede Art von Glauben zu akzeptieren.

In ganz Asien glaubt man an die Reinkarnation, daran, daß wir wieder in ein anderes Leben hineingeboren werden. Wenn Sie nun fragen, was das denn ist, das da im nächsten Leben wiedergeboren wird, dann stoßen Sie auf Schwierigkeiten. Was ist es? Sie selbst? Was sind Sie? Eine Menge Worte, eine Menge Meinungen, ein Haften an Ihren «Besitztümern», an Ihren «Möbeln», an Ihrer Konditionierung. Wird all das, was Sie Seele nennen, im nächsten Leben wiedergeboren? Reinkarnation heißt, Ihr Leben heute bestimmt, was Sie im nächsten Leben sein werden. Seien Sie also hilfreich, edel und gut! Nicht morgen, sondern heute, denn für alles, was Sie heute tun, werden Sie im nächsten Leben bezahlen. Aber Menschen, die an Reinkarnation glauben, scheren sich jedoch keinen Deut um Edelmut, es ist einfach nur ein Glaubenssystem, völlig wertlos. Inkarnieren Sie sich heute aufs neue – nicht im nächsten Leben! Ändern Sie Ihr Leben jetzt total, ändern Sie es mit großer Leidenschaft, lassen Sie Ihren Geist sich von allem befreien, von jeglicher Konditionierung, jeglichem Wissen, von allem, was er als «richtig» betrachtet – lassen Sie ihn leer werden. Dann werden Sie wissen, was sterben heißt, und Sie werden auch wissen, was Liebe ist. Denn Liebe hat nichts mit der Vergangenheit, mit Denken, mit Kultur und auch nichts mit Vergnügen zu tun. Ein menschlicher Geist, der die gesamte Struktur des Denkens, die gesamten Funktionen des Denkens verstanden hat, wird außerordentlich still, absolut still. Diese Stille ist der Anfang von Neuem.

Kann Liebe ein Objekt haben?

KRISHNAMURTI: Wer stellt diese Frage? Das Denken oder die Liebe? Liebe stellt diese Frage nicht. Wenn Sie lieben, lieben Sie! – Sie fragen nicht: «Ist da ein Objekt oder keines, ist es persönlich oder überpersönlich?» Oh, Sie wissen, was es bedeutet, Sie kennen die Schönheit der Liebe! Unsere Liebe, so wie sie ist, ist eine solche Prüfung, unsere Beziehungen untereinander sind so konfliktbeladen. Unsere Liebe beruht auf deinem Bild von mir und meinem Bild von dir. Schauen Sie sich das sehr sorgfältig an – die Beziehung zwischen diesen beiden isolierten Bildern, die zueinander sagen: «Wir lieben.» Die

Bilder sind Produkte der Vergangenheit, der Erinnerungen, Erinnerungen an das, was du zu mir gesagt hast und was ich zu dir gesagt habe. Diese Beziehung zwischen zwei Bildern mündet unweigerlich in einen Isolationsprozeß. Und das nennen wir Beziehung. In Beziehung sein bedeutet, in Kontakt sein – nicht bloß physisch –, was aber nicht möglich ist, wenn da ein Bild ist, wenn der durch das Denken ausgelöste Prozeß der Selbstisolierung stattfindet, der das «Ich» vom «Du» trennt. Wir fragen: «Hat Liebe ein Objekt?» oder «Ist Liebe göttlich oder profan?» – Können Sie mir folgen? Wenn Sie lieben, dann geben Sie nicht und empfangen nicht.

Wenn man über diese Worte «Schönheit» und «Liebe» hinausgeht – verschwinden dann nicht all diese Trennungen?

K.: Haben Sie jemals ganz still, nicht tagträumend, sondern ganz still, vollkommen bewußt, dagesessen? In dieser Bewußtheit gibt es kein Verbalisieren, keine Wahl, keine Begrenzung oder Richtung. Haben Sie einmal bemerkt, welche Stille entsteht, wenn der Körper vollkommen entspannt ist? Dazu muß man sehr in die Tiefe gehen, denn unser Geist ist niemals still, er plappert unaufhörlich und ist deshalb gespalten. Wir spalten das Leben in Bruchstücke auf.

Kann diese Spaltung, diese Zersplitterung enden? Im Bewußtsein, daß das Denken für diese Zersplitterung verantwortlich ist, fragen wir: «Kann der Verstand völlig still werden, kann er, wenn er gebraucht wird, gewaltlos, objektiv, vernünftig und rational funktionieren – und dennoch zulassen, daß diese Stille alles durchdringt? Das ist die einzige Möglichkeit: Für sich selbst diese Bewußtseinsqualität zu finden, in der keine Spaltung, keine Trennung zwischen dem «Du» und dem «Ich» existiert.

Hat das Töten einer Fliege die gleiche Bedeutung wie das Töten eines Menschen?

K.: Wo beginnt für Sie das Töten? Sie sagen, Sie würden nicht in den Krieg ziehen und Menschen töten (ich weiß nicht, ob Sie das sagen oder nicht, das ist Ihre Sache). Aber es macht Ihnen nichts aus, Partei zu ergreifen – Ihre Gruppe, meine Gruppe. Es macht Ihnen nichts aus, an etwas zu glauben und für Ihren Glauben einzutreten. Es macht Ihnen nichts aus, Menschen mit Worten zu töten, mit einer Geste – aber Sie achten darauf, keine Fliege zu töten! Vor einigen Jahren hielt sich der Redner in einem Land auf, in dem der Buddhismus die vorherrschende Religion ist. Wenn Sie praktizierender Buddhist sind, leben Sie mit dem in dieser Religion akzeptierten Grundsatz, daß man nicht töten darf. Damals kamen zwei Leute auf den Redner zu und sagten: «Wir haben ein Problem: Wir wollen nicht töten. Wir sind glühende Anhänger des Buddhismus, und wir wurden dazu erzogen, nicht zu töten. Aber wir essen gern Eier, und wir möchten kein befruchtetes Ei töten – was sollen wir also tun?» Verstehen Sie? Solange man sich innerlich nicht vollkommen darüber im klaren ist, was Töten bedeutet – nicht nur mit einem Gewehr, sondern mit einem Wort, mit einer Geste, durch Trennen, dadurch, daß man sagt «mein Land», «dein Land», «mein Gott», «dein Gott», werden unweigerlich irgendwelche Formen des Tötens existieren. Machen Sie kein großes Aufhebens um das Töten einer Fliege, wenn Sie dann hingehen und Ihren Nachbarn mit einem Wort «töten».

Der Redner hat in seinem ganzen Leben kein Fleisch gegessen, er weiß nicht einmal, wie es schmeckt, aber er trägt Lederschuhe. Man muß leben, und selbst wenn man wirklich aus tiefstem Herzen niemanden töten, niemanden verletzen will – und es einem wirklich ernst damit ist –, muß man dennoch das Gemüse «töten», das man ißt, denn wenn man gar nichts ißt, ist man sehr schnell am Ende. Man muß innerlich sehr klar werden, ohne zu wählen, ohne Vorurteile, man muß höchst sensibel und intelligent sein und dann aus dieser Intelligenz heraus handeln – nicht behaupten «Ich töte keine Fliegen» und dann etwas Gemeines über den Ehepartner sagen.

7 Religion

«Religion ist jene Qualität, die zu einem Leben führt, in dem nicht die geringste Spaltung existiert.»

Ich meine, wir sollten heute morgen noch einmal über Religion sprechen. Viele Menschen mögen dieses Wort nicht, sie betrachten es als ziemlich altmodisch und glauben, daß es in unserer modernen Welt sehr wenig Bedeutung habe. Dann gibt es jene Leute, die am Wochenende religiös werden; sie zeigen sich am Sonntag fein herausgeputzt, und unter der Woche sind sie so gemein wie nur möglich. Wenn wir aber hier das Wort «Religion» gebrauchen, haben wir absolut nichts mit organisierten Religionen, Kirchen, Dogmen, Ritualen oder der Autorität von Erlösern, Gottesvertretern und all diesen Dingen im Sinn. Wir sprechen über etwas ganz anderes.

Die Menschen haben sich, in der Vergangenheit wie auch heute, stets gefragt, ob es irgend etwas Transzendentes gibt, etwas, das sehr viel wirklicher ist als das Alltagsleben mit seiner ermüdenden Routine, seiner Gewalttätigkeit, seiner Verzweiflung und seinem Leiden. Da sie es aber nicht finden konnten, beteten sie ein Symbol an und maßen ihm große Bedeutung bei.

Um herauszufinden, ob es etwas wirklich Wahrhaftes und Heiliges – ich gebrauche dieses Wort ein wenig zögernd – gibt, müssen wir nach etwas Ausschau halten, das nicht aus Wünschen und Hoffnungen, Angst und Verlangen besteht, das nicht von Umgebung, Kultur und Erziehung abhängig, sondern vom Denken völlig unberührt ist. Nach etwas, das total und unfaßbar neu ist. Vielleicht können wir heute morgen einige Zeit darauf verwenden, in diese Frage einzudringen, und versuchen herauszufinden, ob es etwas Unermeßliches, eine

Ekstase, ein unauslöschliches Leben gibt. Wenn man das nicht findet, hat das Leben sehr wenig Bedeutung, ganz gleich wie tugendhaft, gesittet, gewaltlos man ist. Religion – in dem Sinne, wie wir das Wort gebrauchen, und da hat es nichts mit Angst und Glauben zu tun – ist jene Qualität, die zu einem Leben führt, in dem nicht die geringste Spaltung existiert. Wenn wir das genauer betrachten, müssen wir nicht nur frei von jeglichen Glaubenssätzen sein, sondern auch sehr klar den verzerrenden Einfluß jeglichen Bemühens, jeglicher Ziele und jeglichen Zweckes sehen. Bitte sehen Sie, wie bedeutsam das ist; wenn es Ihnen damit nur im geringsten ernst ist, ist es sehr wichtig, daß Sie verstehen, wie jegliche Form des Bemühens die direkte Wahrnehmung verzerrt. Und ganz offensichtlich führt auch jegliche Form der Unterdrückung zu Verzerrung, ebenso wie jede Wahl einer Richtung, jegliches zweckgebundene, von eigenen Wünschen motivierte Handeln – all das macht den menschlichen Geist absolut unfähig, die Dinge so zu sehen, wie sie sind.

Wenn wir uns eingehender mit der Frage beschäftigen, was Wahrheit ist, ob es so etwas wie Erleuchtung gibt, ob etwas jenseits der Zeit existiert, eine Realität, die nicht von den eigenen Bedürfnissen bestimmt ist, dann müssen Freiheit und ein gewisses Maß an Ordnung bestehen. Wir assoziieren Ordnung im allgemeinen mit Disziplin – Disziplin im Sinne von Konformität, Nachahmung, Anpassung, Unterdrückung und so weiter, die den Geist zwingt, einem bestimmten Kurs, einem bestimmten Muster zu folgen, das als moralisch betrachtet wird. Aber Ordnung hat nicht das geringste mit dieser Form von Disziplin zu tun; Ordnung entsteht ganz natürlich und unvermeidlich, wenn wir all die Störfaktoren, das Chaos und die Konflikte sowohl im eigenen Innern als auch im Äußeren verstehen. Wenn wir uns dieser Unordnung bewußt sind, uns all die Boshaftigkeit, den Haß, den Drang zu vergleichen anschauen – wenn wir all das verstehen, entsteht ganz von selbst Ordnung, und diese Ordnung hat nichts mit Disziplin zu tun. Ordnung ist notwendig; schließlich ist Ordnung Tugend (es kann sein, daß Sie dieses Wort nicht mögen). Tugend ist nicht etwas, das man kultiviert; wenn es ein Produkt des Verstandes, des Willens, der Unterdrückung ist, dann ist es keine Tugend mehr. Aber wenn Sie die Unordnung in Ihrem Leben, die Verwirrung, die absolute Bedeutungslosigkeit unserer Existenz verstehen, wenn Sie all das sehr klar sehen – nicht nur intellektuell –, es aber nicht verdammen, nicht davor weglaufen, sondern es in Ihrem Leben beobachten, dann entsteht aus dieser bewußten Wahrnehmung auf natürliche Weise Ordnung, die dasselbe ist wie Tugend.

Diese Tugend unterscheidet sich völlig von dem, was die Gesellschaft als Tugend betrachtet, von der gesellschaftlichen Achtbarkeit, den Tugenden der Religionen mit ihrer Heuchelei, sie unterscheidet sich völlig von der selbstauferlegten Disziplin. Es muß eine Ordnung existieren, damit wir herausfinden können, ob es eine Wirklichkeit jenseits von Zeit gibt oder nicht – etwas, das nicht korrumpierbar und von nichts abhängig ist. Wenn Ihnen damit wirklich ernst ist, in dem Sinne, daß es ein so wichtiger Teil Ihres Lebens wird wie das Geldverdienen oder das Verlangen nach Vergnügungen, wenn es für Sie etwas Lebenswichtiges ist, dann werden Sie feststellen, daß man es nur durch Meditation finden kann. Laut Wörterbuch bedeutet dieses Wort «über etwas nachdenken», «etwas überdenken», «untersuchen»; es bedeutet, daß Ihr Geist fähig ist zu beobachten, daß er intelligent, gesund und nicht pervertiert oder neurotisch ist und nach nichts strebt.

Gibt es irgendeine Methode, irgendein System, irgendeinen Weg, den Sie verfolgen können, um zu verstehen, was Meditation oder die Wahrnehmung der Realität ist? Unglücklicherweise kommen die Leute aus dem Osten mit ihren Systemen, Methoden und so weiter hierher. Sie sagen: «Tut dies» und «Tut jenes nicht», «Praktiziert Zen und ihr werdet zur Erleuchtung gelangen». Manche der hier Anwesenden sind vielleicht nach Indien oder Japan gereist und haben dort Jahre damit verbracht, ein religiöses System zu studieren, sich selbst zu disziplinieren, zu versuchen, sich der eigenen Fußzehe oder Nase bewußt zu werden und unablässig zu praktizieren. Vielleicht haben sie auch bestimmte Worte wiederholt, um den

Geist ruhig zu stellen, damit in dieser Ruhe die Wahrnehmung einer Realität jenseits des Denkens möglich würde. Ein sehr dummer, unsensibler Geist kann solche Tricks einüben. Ich gebrauche das Wort «dumm» im Sinne von «abgestumpft». Ein abgestumpfter Geist kann jeden dieser Tricks praktizieren. Vielleicht interessiert Sie das alles nicht, aber Sie müssen etwas herausfinden. Nachdem Sie hier sehr achtsam gelauscht haben, gehen Sie vielleicht hinaus in die Welt und lehren andere Menschen; das könnte Ihre Berufung sein, und ich hoffe, daß es so ist. Sie müssen die Essenz, den Gehalt, die Fülle, die Schönheit, die Ekstase all dessen kennen.

Ein unsensibler Geist, ein Geist, der durch «Praktizieren» abgestumpft wurde, kann unter keinen Umständen verstehen, was Wirklichkeit ist. Man muß total frei von Gedanken sein. Man braucht einen unverzerrten, absolut klaren Geist, der nicht abgestumpft ist, der nicht länger eine Richtung, ein Ziel verfolgt. Sie werden fragen: «Ist es möglich, einen Bewußtseinszustand zu erlangen, in dem es keine Erfahrung gibt?» «Erfahren» setzt eine Entität, ein Wesen voraus, das etwas erfährt, deshalb existiert «Dualität»: der Erfahrende und die Erfahrung, der Beobachter und das Beobachtete. Die meisten von uns wünschen sich tiefe, wunderbare und mystische Erfahrungen, unsere eigenen alltäglichen Erfahrungen sind so trivial, so banal, so oberflächlich, wir wollen aufregende Erfahrungen. Diese bizarre Vorstellung von einer wunderbaren Erfahrung impliziert die Dualität zwischen dem Erfahrenden und der Erfahrung. Solange diese Dualität existiert, ist Verzerrung unvermeidlich, denn der Erfahrende ist nichts als angehäuftes Wissen, Erinnerungen aus der Vergangenheit. Da ihn diese nicht zufriedenstellen, wünscht er sich etwas viel Großartigeres; er projiziert also erst eine Vorstellung und dann findet er diese Projektion; doch es ist immer noch Dualität und Verzerrung.

Aber Wahrheit kann nicht erfahren werden. Wahrheit kann man nicht suchen und finden. Sie existiert jenseits von Zeit. Und das Denken, unser Verstand, der ein Produkt der Zeit ist, kann sie nicht suchen und erfassen. Man muß dieses Problem unseres Verlangens nach Erfahrungen in seiner ganzen Bedeutung verstehen. Bitte erkennen Sie, wie ungeheuer wichtig das ist. Jegliches Bemühen, jegliches Verlangen, jegliche Suche nach Wahrheit, jeglicher Wunsch nach Erfahrung ist der Beobachter selbst, der nach etwas Transzendentem verlangt und sich darum bemüht, es zu erreichen; deshalb ist der Geist nicht klar, ursprünglich, unmechanisch. Ein Geist, der nach Erfahrungen – ganz gleich nach welch wunderbaren – strebt, impliziert, daß das «Ich» diese Erfahrung sucht, das «Ich», welches die Vergangenheit mit all ihren Frustrationen, Leiden und Hoffnungen repräsentiert.

Bitte beobachten Sie selbst, wie der Verstand funktioniert. Er ist der Speicher der Erinnerungen, der Vergangenheit. Und es ist dieser Gedächtnisspeicher, der stets reagiert – in Form von Zuneigung und Abneigung, Rechtfertigung, Verurteilung und so weiter. Er reagiert gemäß seiner Konditionierung, gemäß der Werte der spezifischen Kultur, Religion oder Erziehung, die er gespeichert hat. Dieser Gedächtnisspeicher, aus dem das Denken hervorgeht, bestimmt unser Leben zum größten Teil. Er gestaltet unser Leben bewußt oder unbewußt in jeder Minute des Tages. Er erzeugt die Gedanken, das «Ich», welches ja die Essenz unserer Gedanken und Worte ist. Kann dieser Verstand mit seinen angesammelten Inhalten absolut still sein – nur dann reagieren, wenn es absolut notwendig ist zu sprechen, zu handeln, zu funktionieren, aber die ganze restliche Zeit völlig inaktiv sein?

Meditation bedeutet herauszufinden, ob der Verstand mit all seinen Aktivitäten, all seinen Erfahrungen, absolut still sein kann. Nicht durch Zwang, denn in dem Moment, in dem man Zwang ausübt, ist man schon wieder in der Dualität, existiert jene Entität, die sagt: «Ich würde so gern wunderbare Erfahrungen machen, deshalb muß ich meinen Verstand zwingen, still zu sein» – Sie werden es nie erreichen. Aber wenn Sie anfangen, alle Regungen Ihres Verstandes, seine Konditionierungen, seine Bestrebungen, seine Ängste und seine Vergnügungen zu erforschen und zu beobachten, wenn Sie beobachten, wie der Verstand funktioniert, dann werden Sie feststellen, daß er außerordentlich still wird. Diese Stille hat nichts mit Schlaf gemein, sondern ist ungeheuer aktiv und deshalb still. Ein großer Dynamo, der perfekt funktioniert, macht kaum ein Geräusch – nur wenn Reibung existiert, entstehen Geräusche.

Man muß herausfinden, ob der eigene Körper ohne Zwang absolut still sein, ohne die geringste Regung sitzen oder liegen kann. Können Körper und Geist still sein? – Denn zwischen ihnen besteht eine psychosomatische Wechselwirkung. Es gibt verschiedene Praktiken, um den Körper still werden zu lassen, aber sie sind wiederum mit Unterdrückung verbunden. Der Körper möchte aufstehen, aber Sie wollen, daß er still sitzen bleibt, und schon beginnt der Kampf – das Verlangen aufzustehen gegen den Wunsch, still dazusitzen.

Das Wort «Yoga» bedeutet «zusammenfügen». Schon das Wort «zusammenfügen» ist falsch, denn es impliziert Dualität. Yoga, das eine bestimmte Reihe von Übungen und Atemtechniken umfaßt, wurde wahrscheinlich vor vielen Tausenden von Jahren in Indien erfunden. Es soll dazu dienen, die Körperdrüsen, das Nervensystem, den gesamten Organismus ohne Medizin geschmeidig und gesund zu erhalten und ihm ein hohes Maß an Sensibilität zu verleihen. Der Körper muß empfindsam sein, denn wenn er das nicht ist, kann auch der Geist nicht klar sein. Sie können die einfache Tatsache feststellen, daß man einen sehr gesunden, sensiblen, wachen Körper haben muß und einen Verstand, der vollkommen klar, emotionslos, unpersönlich funktioniert; ein solcher Verstand kann absolut still sein. Nun, wie läßt sich das bewirken? Wie kann der Verstand, der unablässig aktiv ist – und zwar nicht nur am Tag, sondern auch während des Schlafens –, so vollkommen entspannt, so vollkommen still sein? Ganz offensichtlich ist es nicht durch irgendeine Methode möglich; eine Methode beruht auf mechanischer Wiederholung, die den Verstand stumpf werden läßt, und in dieser Dumpfheit meinen Sie, wunderbare Erfahrungen zu machen!

Wie kann der Verstand, der unablässig mit sich selbst oder anderen plappert, der stets urteilt, wertet, zustimmt oder ablehnt, der sich unablässig wie eine Mühle dreht – wie kann dieser Verstand vollkommen still sein? Können Sie, für sich selbst, sehen, wie außerordentlich wichtig es ist, daß der Verstand vollkommen still wird? Denn in dem Moment, wo er aktiv ist, stellt er eine Reaktion aus der Vergangenheit in Form von Gedanken dar. Nur ein Geist, der vollkommen still zu sein vermag, kann eine Wolke, einen Baum, einen fließenden Fluß betrachten. Sie können dieses außergewöhnliche Licht auf jenen Hügeln sehen, und dennoch kann der Geist vollkommen still sein – Sie haben das bemerkt, nicht wahr? Was ist geschehen? Wenn der Geist mit etwas außerordentlich Großartigem konfrontiert wird – beispielsweise einem Wunderwerk der Technik, einem komplizierten Computer oder einem herrlichen Sonnenuntergang –, wird er vollkommen still, selbst wenn diese Stille nur für den Bruchteil einer Sekunde anhält. Sie haben schon erlebt, wie ein Kind sich verhält, wenn es ein Spielzeug geschenkt bekommt, wie es völlig absorbiert ist, sich ausschließlich damit beschäftigt. Auf die gleiche Weise absorbieren die Berge, die Schönheit eines Baumes, das fließende Wasser durch ihre Großartigkeit den Geist und lassen ihn still werden. Aber auf diese Weise wird der Verstand durch etwas Bestimmtes dazu gebracht, still zu sein. Kann er auch still sein, ohne durch einen äußeren Faktor beeinflußt zu werden? Nicht, indem man «einen Weg findet». Die Menschen hoffen auf Gottes Gnade, sie beten, sie glauben und verlieren sich in Jesus, in diesem oder jenem. Wir stellen fest, daß dieses Absorbiertwerden von etwas Äußerem einem abgestumpften, dumpfen Geist widerfährt.

Das Gehirn ist aktiv von dem Moment an, in dem Sie morgens aufwachen, bis zu dem Augenblick, in dem Sie abends einschlafen. Und selbst dann setzt sich seine Aktivität noch fort. Die Gehirnaktivität, die sich in Träumen zeigt, ist die gleiche wie am Tage. Das Gehirn hat nie einen Augenblick Ruhe, nie sagt es: «Für heute bin ich fertig!» Es hat die Probleme, die es im Laufe des Tages gespeichert hat, mit in den Schlaf genommen. Und wenn Sie aufwachen, sind diese Probleme immer noch da. Es ist ein Teufelskreis. Wenn der Geist still sein soll, darf er überhaupt nicht träumen. Wenn er während des Schlafs still ist, tritt eine absolut andere Bewußtseinsqualität ins Gehirn ein. Wie kann es geschehen, daß der Geist, der so ungeheuer, so überschäumend aktiv ist, auf natürliche Weise leicht und ohne Anstrengung und Unterdrückung still wird? Ich werde es Ihnen zeigen.

Wie wir bereits sagten, ist er tagsüber unablässig aktiv. Sie wachen auf, schauen aus dem Fenster und sagen zu sich selbst: «Oh, schrecklich, es regnet» oder «Ein wunderbarer Tag, aber viel zu heiß» – Sie sind wieder aktiv. Sagen Sie also in dem Moment, in dem Sie zum Fenster hinausschauen, kein einziges Wort. Unterdrücken Sie keine Worte, aber seien Sie sich einfach bewußt, daß dadurch, daß Sie sagen: «Was für ein wunderschöner Morgen» oder «Ein schrecklicher Tag», der Verstand mit seiner Aktivität beginnt. Wenn Sie aber beobachten, wenn Sie aus dem Fenster schauen und kein einziges Wort zu sich selbst sagen – was nicht heißt, daß Sie das Wort unterdrücken –, wenn Sie einfach beobachten, ohne daß der Verstand zu rattern beginnt, dann haben Sie einen Anhaltspunkt, dann haben Sie den Schlüssel in der Hand. Wenn das alte Denken nicht reagiert, dann entsteht eine neue geistige Qualität. Sie können die Berge, den Fluß, die Täler, die Schattenspiele, die schönen Bäume und die wunderbaren, lichtbeschienenen Wolken jenseits der Berge betrachten – Sie können schauen, ohne ein Wort, ohne zu vergleichen.

Sehr viel schwieriger wird es allerdings, wenn Sie einen anderen Menschen betrachten, denn hier haben Sie bereits ein festgefügtes Bild. Beobachten Sie doch einfach! Wenn Sie so beobachten, wenn Sie klar sehen, werden Sie feststellen, daß dieser Akt außerordentlich lebendig ist; es wird zu einer abgeschlossenen Handlung, die nicht in den nächsten Moment hineingetragen wird. Verstehen Sie?

Man hat Probleme, große oder kleine, man schläft nicht gut, hat Streit mit seiner Frau, und man trägt diese Probleme von einem Tag zum nächsten weiter. Träume sind die Wiederholung dieser Probleme, die endlose Wiederholung von Angst und Lust. Dadurch stumpft der Geist offensichtlich ab, der

Verstand wird schwerfällig. Ist es also möglich, mit jedem Problem abzuschließen, wenn es auftaucht – es nicht mit sich herumzuschleppen? Nehmen wir folgendes Problem: Jemand hat mich beleidigt, mich einen Narren genannt – in diesem Augenblick reagiert das alte Denken unmittelbar und hält dagegen: «Selbst einer.»

Wenn ich mir, bevor der Verstand reagiert, vollkommen dessen bewußt bin, was gesagt wurde – etwas Unerfreuliches –, dann habe ich einen zeitlichen Zwischenraum, eine Lücke, so daß der Verstand sich nicht unmittelbar in den Kampf stürzt.

Wenn Sie während des Tages den Strom der Gedanken in Aktion beobachten, stellen Sie fest, daß das Denken Probleme schafft und daß Probleme etwas Unabgeschlossenes sind, das fortgeführt werden muß. Wenn Ihr Verstand aber während des Beobachtens einigermaßen still ist, dann werden Sie sehen, daß das Handeln zu etwas Vollständigem, Unmittelbarem wird; ein Problem wird nicht fortgesetzt, die Beleidigung oder das Lob nicht mit in den nächsten Augenblick genommen – es ist abgeschlossen. Dann führt das Gehirn auch während des Schlafs die alten Aktivitäten des Tages nicht mehr fort, es hat vollkommene Ruhe. Und wenn das Gehirn während des Schlafs still ist, erneuert, verjüngt sich seine gesamte Struktur. Es bekommt etwas Unschuldiges – und der unschuldige Geist kann sehen, was wahr ist; der komplizierte Verstand, der Geist der Philosophen oder der Priester, kann das nicht.

Der unschuldige Geist umfaßt jenes Ganze, das den Menschen ausmacht, den Körper, das Herz, das Gehirn und den Verstand. Dieser unschuldige Geist, der nie von Gedanken berührt wird, kann sehen, was Wahrheit ist, was Wirklichkeit ist; er kann sehen, ob es etwas jenseits des Meßbaren gibt. Das ist Meditation. Um zu dieser außergewöhnlichen Schönheit der Wahrheit mit ihrer Ekstase zu finden, müssen Sie zuerst das Fundament legen. Und das Fundament besteht darin, die Struktur des Denkens, welches Angst erzeugt und Lust aufrechterhält, zu durchschauen und zu verstehen, was Ordnung und daher Tugend ist, so daß daraus eine Freiheit von allen

Konflikten, von jeglicher Aggression, Brutalität und Gewalttätigkeit erwächst. Wenn man dieses Fundament der Freiheit einmal gelegt hat, verfügt man über eine Sensibilität, eine Empfänglichkeit, die höchste Intelligenz darstellt, und das ganze Leben verändert sich total.

Ich glaube, um zu verstehen, was Sie sagen, *ist es sehr wichtig, daß wir* Sie *verstehen. Was Sie über Yoga sagten, überraschte mich, vor allem die Tatsache, daß Sie es täglich zwei Stunden praktizieren. Das hört sich für mich absolut nach Disziplin an. Noch wichtiger als das ist allerdings die Frage der Unschuld – mich interessiert die Unschuld Ihres Geistes.*

KRISHNAMURTI: Um die Unschuld des Geistes, ganz gleich ob Ihres oder meines Geistes, sehen zu können, müssen Sie zuerst einmal unschuldig sein. Ich will den Spieß nicht umdrehen, aber um die Unschuld des Geistes sehen zu können, müssen Sie frei sein, dürfen keine Angst haben und müssen jene Bewußtseinsqualität besitzen, die ein leicht und mühelos funktionierender Geist hervorbringt.

Ist es keine Form der Disziplin, täglich zwei Stunden Yoga zu praktizieren? Sie wissen, daß der Körper Ihnen mitteilt, wenn er müde ist; der Körper sagt zu Ihnen: «Laß es heute morgen sein.» Wenn wir den Körper mißbraucht haben, indem wir ihn auf alle mögliche Weise angetrieben und dabei seine ureigene Intelligenz zerstört haben – durch falsche Ernährung, durch Rauchen, Trinken und all das –, dann stumpft er ab. Und der Verstand sagt: «Ich muß den Körper zwingen.» Dieses Antreiben, Zwingen des Körpers wird zur Disziplin. Wenn man diese Dinge dagegen regelmäßig, leicht, ohne jegliche Anstrengung praktiziert, dann wird die Regelmäßigkeit von der Sensibilität des Körpers bestimmt. Sie praktizieren an einem Tag, aber am nächsten ist der Körper vielleicht erschöpft, und Sie sagen: «In Ordnung, heute lassen wir es bleiben.» Es ist keine mechanische Regelmäßigkeit. Aber das erfordert eine gewisse Intelligenz, und zwar nicht nur des

Geistes, sondern auch des Körpers, und diese Intelligenz wird Ihnen sagen, was Sie tun und was Sie lassen sollten.

Vielleicht wollen wir ja, daß unser Geist still ist, aber manchmal müssen wir Entscheidungen treffen; dadurch entstehen Schwierigkeiten und Probleme.

K.: Wenn der Geist nicht klar entscheiden kann, entstehen Probleme; die Entscheidung an sich ist ein Problem. Wenn Sie sich entscheiden, dann fällen Sie eine Entscheidung zwischen diesem und jenem – Sie wählen. Wenn wir wählen, entsteht ein Konflikt, und das schafft Probleme. Aber wenn Sie sehr klar sehen, dann wählen Sie nicht und fällen daher auch keine Entscheidung. Sie kennen den Weg von hier zu Ihrem Wohnort ganz genau; Sie folgen der Straße, die Sie klar sehen können. Da Sie auf dieser Straße schon hundertmal gefahren sind, müssen Sie nicht wählen, obwohl Sie vielleicht eine Abkürzung finden, die Sie nächstes Mal nehmen werden. Das ist etwas Mechanisches, da gibt es kein Problem. Der Verstand will, daß immer wieder das gleiche geschieht, damit er automatisch, mechanisch funktionieren kann und Probleme gar nicht erst auftauchen. Der Verstand verlangt nach mechanischen Abläufen. Deshalb sagt er: «Ich werde mich disziplinieren, damit ich mechanisch funktionieren kann», «Ich muß ein Glaubenssystem, ein Ziel, eine Richtung haben, damit ich einen Kurs bestimmen und ihm folgen kann», und dann folgt er dieser Vorgabe. Was geschieht? Das Leben wird dies nicht zulassen, alle möglichen Dinge passieren; also baut das Denken einen Widerstand auf, es baut eine Mauer aus Überzeugungen und Glaubenssätzen auf, und es ist dieser Widerstand, der die Probleme hervorruft. Wenn Sie zwischen diesem und jenem entscheiden müssen, entsteht Verwirrung: «Sollte ich das tun oder besser bleiben lassen?» Diese Frage stelle ich mir nur, wenn ich nicht klar sehe, was zu tun ist. Wir wählen aus unserer Verwirrung, nicht aus der Klarheit heraus. In dem Moment, in dem Sie klar sind, ist Ihr Handeln vollständig, ganz.

Aber es kann nicht immer vollständig sein.

K.: Warum nicht?

Manchmal geht es um eine komplexe Entscheidung, und man braucht Zeit. Man muß eine Sache von allen Seiten betrachten.

K.: Ja, nehmen Sie sich Zeit, betrachten Sie alles geduldig. Sie müssen vergleichen – was vergleichen? Zwei Stoffe, blau und weiß? Sie fragen sich, ob Sie diese oder jene Farbe bevorzugen, ob Sie diesen oder jenen Hügel hinaufsteigen wollen. Sie entscheiden sich: «Heute will ich lieber auf diesen Hügel steigen, und morgen gehe ich auf den anderen.» Das Problem entsteht, wenn es um psychische Inhalte geht, wenn die Entscheidungen innere Prozesse betreffen. Betrachten Sie zunächst einmal, was «Entscheidung» bedeutet. Auf was beruht eine Entscheidung, wenn Sie sich für dieses oder jenes entscheiden? Offensichtlich auf einer Wahl. Sollte ich dies oder jenes tun? Ich erkenne, daß Wählen Verwirrung mit sich bringt. Also sehe ich die Wahrheit dieser Angelegenheit, die Tatsache, ich sehe, «was ist», und das heißt: Wo gewählt wird, muß Verwirrung existieren. Aber weshalb bin ich verwirrt? Weil ich nicht weiß, was ich tun soll, oder weil ich eine Sache, die besser zu sein scheint, einer anderen vorziehe; sie verspricht vielleicht bessere Ergebnisse, mehr Glück oder was auch immer. Also wähle ich das. Aber indem ich dem einen Weg folge, stelle ich fest, daß auch das mit Frustration, also mit Schmerz verbunden ist. Und so bin ich wieder zwischen Angst und Lust gefangen. Ich sehe, daß ich verstrickt bin und frage mich: «Kann ich handeln, ohne zu wählen?» Das heißt: Ich muß mir aller Implikationen der Verwirrung und aller Implikationen der Entscheidung bewußt sein, denn hier finden wir uns in der Dualität: es gibt den «Wählenden» und die Dinge, für die er sich entscheidet. Und deshalb existiert ein Konflikt, und die Verwirrung setzt sich fort. Sie werden sagen, daß es Zeit erfordert, sich all dieser verzwickten Zusammenhänge bewußt zu werden. Braucht es wirklich Zeit? Oder kann es unmittelbar gesehen werden und man folglich unmittelbar handeln? Es braucht nur Zeit, wenn ich nicht bewußt bin. Mein konditionierter Verstand sagt: «Ich muß entscheiden» – der Vergangenheit entsprechend entscheiden, das ist seine Gewohnheit. «Ich muß entscheiden, was richtig, was falsch ist, was Pflicht, was Verantwortung, was Liebe ist.» Die Entscheidungen des Verstandes schaffen neue Konflikte – die Politiker überall in der Welt tun das. Kann dieser Geist also still sein, so daß er das Problem der Verwirrung unmittelbar erkennen und aus der Klarheit heraus handeln kann? Dann findet überhaupt keine Entscheidung statt.

Können wir aus Erfahrung lernen?

K.: Auf gar keinen Fall. Lernen bedeutet Freiheit, neugieriges Forschen. Wenn ein Kind etwas lernt, dann ist es neugierig, es will etwas herausfinden, seine Impulse sind frei, sie kommen nicht aus gespeichertem Wissen. Wir machen unzählige Erfahrungen; wir haben eine fünftausendjährige Geschichte der kriegerischen Auseinandersetzungen hinter uns. Wir haben nicht das geringste daraus gelernt, außer noch tödlichere Waffen zu erfinden, mit denen wir uns gegenseitig umbringen. Wir haben viele Erfahrungen mit unseren Freunden, mit unseren Ehefrauen oder Ehemännern, mit unserem Land gemacht – wir haben nichts gelernt. Lernen ist in der Tat nur möglich, wenn wir frei von Erfahrungen sind. Wenn Sie etwas Neues entdekken, muß der Geist doch frei vom Alten sein. Aus diesem Grunde wird bei der Meditation der Geist vom Bekannten in Form von Erfahrungen geleert, denn Wahrheit ist nicht etwas, das Sie erfinden, es ist etwas völlig Neues und hat nichts mit dem Vergangenen, «Bekannten» zu tun. Dieses Neue ist nicht das Gegenteil des Alten, es ist etwas unglaublich Neues: Ein Geist, der ihm mit Erfahrungen beladen begegnet, kann es nicht sehen.

Teil II

Gespräche und Dialoge

Gespräch 1

Über die Notwendigkeit, sich selbst zu kennen. Wissen und lernen: Lernen setzt einen Geist voraus, der frei von der Vergangenheit ist. Die Flucht vor der Angst und das Lernen über die Angst. Die Schwierigkeit, sich die Angst anzuschauen. Wer schaut?

KRISHNAMURTI: Wir wollen hier sieben Gespräche führen, zu denen jeder von uns seinen Teil beitragen wird. Es geht allerdings nicht darum, ein paar Worte voneinander zu hören und an den eigenen Meinungen und Urteilen festzuhalten, vielmehr wollen wir, indem wir Dinge gemeinsam durchsprechen, beginnen, für uns selbst herauszufinden, wie wir denken, aus welcher Perspektive wir das Leben betrachten, wie Formeln und Schlußfolgerungen unser Denken beeinflussen oder kontrollieren. Während dieser sieben Gespräche können wir viele Probleme durcharbeiten, indem wir uns jeden Morgen ein ganz bestimmtes Thema vornehmen und so vollständig und gründlich wie möglich in dieses Thema eindringen, damit wir alle es ganz verstehen –, und zwar nicht nur intellektuell (was natürlich nichts mit wirklichem Verstehen zu tun hat) –, und dann darüber hinausgehen können. An welchem Thema sollen wir also heute morgen arbeiten?

Frage 1: Sollen wir über den Ursprung, die Wurzeln des Denkens sprechen?

Frage 2: Könnten wir uns näher mit dem Unterschied zwischen Geist und Verstand beschäftigen?

Frage 3: Kann man in sich selbst ein System der Meditation finden, oder ist es dann eine Methode?

Frage 4: Gebrauchen wir unsere persönlichen Anlagen und Fähigkeiten auf die richtige Art und Weise?

Frage 5: Könnten Sie etwas über zwischenmenschliche Beziehungen sagen?

Frage 6: Könnten wir über das Loslassen und Aufgeben jeglicher Konditionierung sprechen?

Frage 7: Was ist Erleuchtung?

Frage 8: Weshalb ist es so schwierig für uns, einen Zustand der Glückseligkeit zu erreichen, dessen Fundament Wahrheit und Schönheit sind?

K.: Können wir all diese Fragen zusammenfassen? Ich meine, wenn wir darüber sprechen würden, was Selbsterkenntnis ist – würden damit nicht alle diese Fragen beantworten? Fragen wie beispielsweise: Was ist Meditation – ist sie ein System? Worin besteht der Unterschied zwischen Geist und Verstand? Weshalb ist es so schwer, Erleuchtung zu erlangen oder zu verstehen, was dies bedeutet? Warum müssen die meisten von uns auf die verschiedenste Weise kämpfen? Können wir über Selbsterkenntnis sprechen, ein Thema, das all dies beinhaltet? Gibt es eine Methode oder ein System, mit dessen Hilfe man sich selbst erkennen kann? Gibt es eine Möglichkeit, für sich selbst die Antwort auf alle Fragen, die wir heute morgen gestellt haben, zu finden, ohne irgend jemand anderen zu fragen? Das ist nur möglich, wenn ich selbst den Mechanismus des Denkens durchschaut habe, wenn ich weiß, wie der Verstand funktioniert, wie der Geist in Konditionierung gefangen ist, wie er verhaftet ist, wie er sich selbst befreien will. Im Inneren wie im Äußeren findet ein ständiger Kampf statt. Ist es also nicht wesentlich, sich selbst zu verstehen, um all die

Fragen, die man sich selbst stellt, beantworten und die äußeren Probleme lösen zu können? Könnten wir darüber sprechen?

Zunächst einmal – wie beobachte ich mich selbst? Betrachte ich mich entsprechend den Aussagen von Autoritäten, Experten, Psychologen, die ganz offensichtlich meinen Geist konditioniert haben? Es kann sein, daß ich Freud, Jung, Adler und die modernen Psychologen und Analytiker nicht mag, aber da ihre Feststellungen in meinen Geist eingedrungen sind, betrachte ich mich mit ihren Augen. Kann ich mich selbst objektiv, ohne irgendeine emotionale Reaktion anschauen, einfach, um zu sehen, was ich bin? Und – ist Analyse nötig, damit ich sehen kann, was ich bin?

Wenn ich sage, daß ich mich selbst kennen muß, kommen alle diese Fragen ins Spiel. Wenn ich mich selbst nicht wirklich kenne, hat mein Handeln keine Basis. Wenn ich mich selbst nicht kenne und verwirrt bin, führt jede meiner Handlungen zwangsläufig zu weiterer Verwirrung. Also *muß* ich mich kennen. Ich muß mein Wesen in seiner Tiefe ergründen. Ich muß das Gerüst meiner Aktivitäten, die Muster, nach denen ich funktioniere, die Richtlinien, denen ich folge, die Ziele, die ich für mich selbst oder die Gesellschaft aufgestellt habe, sehen. Ich muß verstehen, was mich dazu bringt, folgerichtig oder widersprüchlich zu handeln. Um all diese Probleme zu verstehen, ob es einen Gott gibt, ob es Wahrheit gibt, was Meditation ist, wer der Meditierende ist – was viel wichtiger ist als Meditation –, muß ich mich selbst wirklich kennen. Sehen Sie, wie wichtig es ist, daß Sie für sich selbst erkennen, wer und was Sie sind? Denn ohne sich selbst zu kennen, wird jede Ihrer Handlungen aus Unwissenheit heraus geschehen und folglich illusionär und widersprüchlich sein. Also werden Verwirrung, Leid und Schmerz daraus hervorgehen. Ist das klar? Man muß sich nicht nur auf der bewußten Ebene, sondern auch in den tieferen Schichten des Selbst kennen. Das muß klar sein, und Sie müssen es für sich selbst erkennen – nicht, weil ich es sage.

Nun, wie soll ich mich selbst erkennen? Wie soll ich vorgehen? Soll ich den Autoritäten folgen, den Experten, die anscheinend Forschungen angestellt haben und zu bestimmten

Schlüssen gelangt sind, welche später von anderen Psychologen oder Philosophen bestätigt oder modifiziert werden? Sagen Sie nicht vorschnell «Nein». Alle Ergebnisse der alten Philosophen und Lehrer – der indische Geist ist in diese Dinge sehr tief eingedrungen – sowie jene der modernen Forscher prägen meinen Geist, bewußt oder unbewußt. Soll ich ihnen also folgen, weil ich erst am Anfang stehe und sie bereits weiter gelangt sind, und dann über das von ihnen Gefundene hinausgehen? Oder folge ich niemandem, sondern schaue mich selbst an? Wenn ich mich selbst anschauen und sehen kann, «was ist», dann sehe ich mich als Produkt all der Feststellungen dieser Philosophen, Lehrer und Erlöser. Deshalb brauche ich überhaupt niemandem zu folgen. Ist das klar? Bitte sehen Sie das, und kommen Sie später nicht darauf zurück.

Mein Bewußtsein ist das Produkt dessen, was diese Menschen gesagt haben. Diese Dinge wurden nicht nur akzeptiert, sie überschwemmten uns wie eine Flutwelle, die aber nicht nur aus der Gegenwart, sondern auch von vielen verschiedenen Lehrern aus der Vergangenheit stammt. Ich bin das Produkt all dessen. Alles, was ich also tun muß, ist: mich selbst beobachten, in jenem Buch lesen, das ich selbst bin. Wie soll ich lesen, wie kann ich so klar beobachten, daß mein Blick durch nichts getrübt wird? Vielleicht habe ich eine getönte Brille auf, vielleicht habe ich bestimmte Vorurteile, bestimmte Überzeugungen, die mich daran hindern, mich selbst anzuschauen und alles, was damit verknüpft ist, zu sehen. Was soll ich also tun? Da ich konditioniert bin, kann ich mich nicht in völliger Freiheit anschauen, und deshalb muß ich mir meiner Konditionierung bewußt werden. Also muß ich fragen: Was bedeutet es, bewußt zu sein?

Gehen wir nun weiter. Ich kann mich selbst nicht in völliger Freiheit anschauen, weil mein Geist nicht frei ist. Ich habe Dutzende von Meinungen und Überzeugungen, trage unzählige Erfahrungen in mir, habe eine Erziehung genossen – all das ist Teil meiner Konditionierung, und deshalb muß ich mir dieser Konditionierungen, die Teil von mir sind, bewußt sein. Also muß ich zunächst einmal verstehen, was es bedeutet, bewußt zu sein. Was bedeutet es für Sie, bewußt zu sein? Kürzlich sagte der Redner: «Bitte machen Sie keine Notizen» – Sie hörten das, und einige Leute fuhren fort, Notizen zu machen. Ist das Bewußtheit?

Ich weiß schon, daß ich nicht länger als zwei Minuten bewußt bleiben kann, und dann beginnt das Chaos.

K.: Wir kommen noch darauf zu sprechen, ob man diese Momente der Bewußtheit ausdehnen kann oder ob Bewußtheit nur für kurze Augenblicke möglich ist. Doch bevor wir diese Frage beantworten, wollen wir herausfinden, was es bedeutet, bewußt zu sein. Bin ich mir der Geräusche dieses Flusses bewußt? Bin ich mir all der verschiedenen Farben bewußt, die die Kleidung der in diesem Zelt anwesenden Männer und Frauen aufweist? Bin ich mir der Konstruktion und Form dieses Zeltes bewußt? Nehme ich die Umgebung des Zeltes wahr, die Hügel, die Bäume, die Wolken, die Hitze – bin ich objektiv, äußerlich all dieser Dinge gewahr? Wie nehmen Sie wahr?

Wir nehmen innerlich und äußerlich gleichzeitig wahr.

K.: Bitte gehen Sie Schritt für Schritt vor. Nehmen Sie dieses Zelt wahr, die verschiedenen Farben der Kleidung der Anwesenden, die Hügel, die Bäume, die Wiesen? Nehmen Sie all das wahr in dem Sinne, daß Sie sich dessen bewußt sind? Das tun Sie doch – nicht wahr?

Wenn ich meine Aufmerksamkeit darauf richte, dann nehme ich diese Dinge wahr.

K.: Wenn Sie Ihre Aufmerksamkeit darauf richten, nehmen Sie sie wahr. Folglich nehmen Sie sie nicht wahr, wenn Sie unaufmerksam sind. Also sind Sie nur bewußt, wenn Sie aufmerksam sind. Bitte hören Sie genau zu.

Wenn ich meine Aufmerksamkeit auf eine Sache richte, bin ich davon in Anspruch genommen und kann die anderen Dinge um mich herum nicht ebenso aufmerksam wahrnehmen.

K.: Ihre Aufmerksamkeit wird von einer bestimmten Sache absorbiert und alles andere verblaßt. Ist Ihnen klar, daß Sie beim aufmerksamen Betrachten des Zeltes, der Bäume, der Berge alles, was Sie sehen, in Worte fassen? Sie sagen: «Das ist ein Baum, das ist eine Wolke, das ist ein Zelt, ich mag diese Farbe, ich mag jene Farbe nicht» – nicht wahr? Bitte engagieren Sie sich ein wenig – fangen Sie nicht an, sich zu langweilen. Denn wenn Sie sehr tief in diese Sache eindringen, werden Sie, wenn Sie das Zelt verlassen, etwas für sich selbst sehen. Sind Sie sich also während des Schauens, des Beobachtens, Ihrer Reaktionen bewußt?

Die Aufmerksamkeit scheint sich auszuweiten.

K.: Ich frage etwas, und Sie antworten auf etwas anderes. Ich nehme dieses Kleid wahr. Meine Reaktion ist: «Wie schön» oder «Wie häßlich». Ich frage Sie: Sind Sie sich Ihrer Reaktionen bewußt, wenn Sie diese rote Farbe anschauen? Nicht eines ganzen Dutzend von Reaktionen, sondern jener speziellen Reaktion, wenn Sie etwas Rotes sehen? Warum nicht? Gehört das nicht zur Bewußtheit?

Wenn man die Sache benennt, ist man nicht bewußt.

K.: Ich werde herausfinden, was es bedeutet. Schnappen Sie nicht danach! Ich möchte bewußt sein, und ich weiß, daß ich nicht bewußt bin. Ab und zu bin ich aufmerksam, aber meistens befinde ich mich im Halbschlaf. Ich denke an etwas anderes, während ich einen Baum oder eine Farbe betrachte. Wie ich bereits sagte, will ich mich selbst vollständig erkennen, weil ich sehe, daß mein Handeln keine Basis hat, wenn ich mich nicht selbst kenne. Also *muß* ich mich selbst erkennen. Wie werde ich mir meiner selbst bewußt, wie beobachte ich mich selbst? Durch Beobachten werde ich lernen. Zur Bewußtheit gehört also Lernen. Lerne ich etwas über mich selbst gemäß dem, was jemand anders gesagt hat? – Gemäß den Aussagen der Philosophen, der Lehrer, der Erlöser, der Priester? Ist das Lernen? Wenn mein Lernen sich nach den Aussagen anderer richtet, habe ich aufgehört, etwas über mich selbst zu lernen, nicht wahr? Als erstes muß ich also etwas über mich selbst lernen. Und was bedeutet es, etwas über mich selbst zu lernen? Untersuchen Sie es, gehen Sie da hinein, finden Sie heraus, was es bedeutet – über sich selbst zu lernen.

Meine Reaktion zu sehen.

K.: Nein, das meine ich nicht. Was bedeutet es zu lernen?

Anscheinend sucht man verzweifelt nach einem praktischen System, durch das man zu solcher Bewußtheit gelangen kann. Einmal kam mir der Gedanke, wir könnten versuchen, uns selbst zu lehren, indem wir all unsere Gedanken niederschrieben und später beim Lesen wie einen Film betrachteten. Vielleicht könnten wir auf diese Weise etwas lernen.

K.: Sie meinen, wir sehen den Grund für die Notwendigkeit, uns selbst zu kennen, wir wollen verzweifelt herausfinden, wie wir das tun können, aber wir verlangen aus dieser Verzweiflung heraus nach einem System, einer Methode, weil wir nicht wissen, was wir mit uns selbst anfangen sollen. Also wünschen wir uns, daß jemand uns sagt: «Tu dies oder jenes, und du wirst dich selbst erkennen».

Nein, meine Herrschaften, bitte hören Sie mir zu. Hier bin ich: Ich bin das Produkt der Gesellschaft, der Kultur, in der ich lebe, der Religionen, der Geschäftswelt, der Wirtschaftsstruktur, des Klimas, der Nahrung – ich bin das Produkt all dessen, sowohl der endlosen Vergangenheit als auch der Gegenwart. Ich will mich selbst erkennen, das heißt, ich will etwas über mich lernen. Was bedeutet das Wort «lernen»? Sehen Sie die darin liegende Schwierigkeit? Ich bin der deutschen Sprache nicht mächtig, das heißt, ich muß die Bedeutung der Wörter lernen, muß Verben auswendig lernen und mir die Syntax aneignen. Das heißt, ich muß Wissen über Wörter speichern und all das, ich bin dann vielleicht in der Lage, Deutsch zu sprechen. Ich speichere und dann agiere ich, verbal oder auf andere Weise; also bedeutete Lernen in diesem Fall Speichern. Was geschieht nun, wenn ich etwas über mich selbst lerne? Ich erkenne etwas über mich selbst und sage: «Ich habe das gelernt.» Ich habe gesehen, daß «das so ist», ich habe etwas darüber gelernt. Ein Rest dieses Wissens blieb in mir zurück; ich untersuche das nächste Ereignis mit Hilfe dieses Wissens – und füge dem gespeicherten Wissen noch etwas hinzu. Je mehr ich mich also beobachte und über mich selbst lerne, desto mehr Wissen über mich selbst sammle ich an. Nicht wahr?

Ich verändere mich.

K.: Ich sammle Wissen an und verändere mich während dieses Prozesses. Aber ich speichere beim Beobachten Wissen und Erfahrungen. Was geschieht nun? Ich betrachte mich selbst mit Hilfe dieses angesammelten Wissens. Das Wissen verhindert also ein freies Beobachten. Können Sie das erkennen? Nehmen wir an, Sie haben etwas gesagt, das mich verletzt hat. Dieses Wissen ist in mir gespeichert, und wenn ich Sie das nächste Mal sehe, kommt das Wissen darum, daß ich von Ihnen verletzt wurde, heraus, um Sie zu treffen. Die Vergangenheit erscheint, um die Gegenwart zu treffen. Wissen ist also Vergangenheit, und ich schaue mit den Augen der Vergangenheit die Gegenwart an – verstehen Sie? Damit ich aber etwas über mich selbst lernen kann, damit ich mich selbst betrachten kann, muß ich frei von vergangenem Wissen sein. Das heißt, das Lernen über mich selbst muß ständig frisch, neu sein. Sehen Sie die Schwierigkeit?

Ich meine, es gibt Konstanten im Leben, die sich nicht verändern.

K.: Mit dem Problem der Veränderung werden wir uns später befassen. Ich beobachte, ich will etwas über mich lernen. «Ich» bedeutet Bewegung, «ich» ist nicht statisch, es ist lebendig, aktiv, bewegt sich in verschiedene Richtungen. Wenn ich also mit jenem Geist und Verstand lerne, der die Vergangenheit ist, dann hindert mich das daran, etwas über mich selbst zu lernen. Wenn Sie das einmal erkannt haben, stellt sich als nächstes die Frage: Wie kann sich der Geist von der Vergangenheit befreien, damit er etwas über sich selbst lernen kann – was ständig neu ist? Sehen Sie die Schönheit, die darin liegt, sehen Sie, wie aufregend das ist! Ich will etwas über mich selbst lernen, und «ich» bin ein lebendiges Wesen, nichts Totes. Heute denke ich so, und am nächsten Tag will ich etwas anderes; das ist etwas Lebendiges, in ständiger Bewegung. Um dies zu beobachten, etwas darüber zu lernen, muß der Geist frei sein. Und deshalb kann er nicht beobachten, wenn er die Last der Vergangenheit mit sich herumschleppt. Was kann man also tun?

Es geht nicht darum, das Gedächtnis zu verlieren, sondern darum, frei von den Auswirkungen der Vergangenheit zu sein.

K.: Genau, das ist es, was wir meinen. Was soll ich also tun? Ich beobachte folgendes: Ich sehe diese rote Farbe, und ich sage: «Ich mag sie nicht.» Das heißt, die Vergangenheit reagiert. Die Vergangenheit reagiert unmittelbar und verhindert deshalb das Lernen. Was soll man also tun?

Man muß das Denken vergessen – darf keine Gedanken haben.

K.: Sie verstehen nicht, was ich sage. Sie sind zu einer Schlußfolgerung gelangt, wenn Sie sagen «keine Gedanken haben». Sie lernen nicht wirklich.

Wir müssen uns leer machen.

K.: Das ist eine weitere Schlußfolgerung. Wie machen Sie sich leer? Wer ist dieses Wesen, das den Geist leer macht?

Das muß man auch leer machen. Man muß alles leer machen.

K.: Wer macht es leer? Schauen Sie, Sie hören nicht zu – verzeihen Sie, daß ich das sage. Ich sagte, ich will etwas über mich lernen. Ich kann nichts über mich lernen, wenn die Vergangenheit ins Spiel kommt. «Lernen» impliziert das aktive Präsens des Verbs «lernen»; «lernen» heißt «aktiv in der Gegenwart sein», und das ist nicht möglich, wenn der Geist, wenn der Verstand die ganze Last der Vergangenheit mit sich herumschleppt. Sagen Sie mir also, was man tun kann.

Ich muß aufmerksam sein.

K.: Sehen Sie! Wie kann ich aufmerksam sein?

Ich muß in der Gegenwart leben.

K.: Wie kann ich in der Gegenwart leben, wenn die Last meiner Vergangenheit mich niederdrückt?

Indem ich mir des ablaufenden Prozesses bewußt bin.

K.: Und das heißt? Sich bewußt zu sein, daß die Vergangenheit dazwischenkommt und den Verstand am Lernen hindert? Nicht so schnell, bitte! Sind Sie sich dieses Prozesses bewußt, während wir reden? Und falls Sie sich dieses Vorgangs bewußt sind, während wir sprechen – was geschieht? Raten Sie nicht! Sagen Sie nicht «könnte sein», «könnte nicht sein» – das ist bedeutungslos. Was geschieht tatsächlich, wenn Sie sich dieses Vorgangs bewußt sind, bei dem die Vergangenheit störend in die Gegenwart eingreift und deshalb Lernen – in dem Sinne, in dem wir das Wort gebrauchen – verhindert? Was geschieht dann, wenn Sie sich dieses gesamten Prozesses bewußt sind?

Man sieht sich selbst als Produkt der Vergangenheit.

K.: Wir sehen diese Tatsache. Wir haben gefragt, was dabei herauskommt, was geschieht, wenn Sie sich bewußt sind, daß Sie ein Produkt der Vergangenheit sind und daß Sie das in der Gegenwart am Lernen hindert? Raten Sie nicht. Was geht in Ihrem Inneren vor, wenn Sie sich dieses Prozesses bewußt sind?

Antwort 1: Der Prozeß kommt zum Stillstand.
Antwort 2: Das Denken kommt zum Stillstand.
Antwort 3: Da ist Angst.

K.: Jemand sagt, das Denken hört auf, jemand anders sagt, es herrscht Stille, und ein Dritter sagt, da ist Angst.

Da scheint nichts als die Gegenwart zu existieren.

K.: Welche dieser Aussagen ist also wahr?

Wir sind verwirrt.

K.: Das ist richtig. Wir sind verwirrt.

Aussage 1: Sie sind bewußt.
Aussage 2: Sie lernen.
Aussage 3: Ich habe das Gefühl, daß da ein Widerspruch besteht, der durch unmittelbares Handeln aufgelöst werden muß.

K.: Schauen Sie, meine Herrschaften, ich bitte Sie, keine Schlüsse zu ziehen, denn Schlußfolgerungen hindern Sie am Lernen. Und wenn Sie sagen: «Unmittelbares Handeln ist notwendig», so ist das eine Schlußfolgerung. Wir lernen. Ich sehe, daß ich das Produkt der Vergangenheit bin. Die Vergangenheit mag gestern oder die vergangene Sekunde sein, welche eine Spur in Form von Wissen hinterlassen hat. Dieses Wissen, das ja die Vergangenheit darstellt, hindert mich daran, in der Gegenwart zu lernen; es ist wie eine Schwungkraft, die nie zum Stillstand kommt. Was geschieht also, wenn ich mir dieser Bewegung bewußt bin? Ich will nicht Ihre Schlußfolgerungen hören. Wenn ich Ihre Schlußfolgerungen akzeptiere, sind Sie der neue Philosoph! Ich will keinen neuen Philosophen! Ich will lernen; deshalb muß ich erkennen, was tatsächlich geschieht, wenn der Verstand sich dieses Prozesses bewußt ist. Kann der Verstand sich dieses Prozesses bewußt sein, oder fürchtet er sich davor, etwas Neues bewußt wahrzunehmen?

Der Prozeß kommt zum Stillstand.

K.: Und dann? Habe ich gelernt? Findet Lernen statt?

Wenn ich still genug bin, kann ich wahrscheinlich erkennen, was ich wahrnehme und was aus mir selbst kommt.

K.: Ja, bitte beobachten Sie das. Ich will etwas über diesen Vorgang lernen, und um lernen zu können, muß ich neugierig sein. Wenn ich einfach Schlüsse ziehe, verschwindet meine Neugier. Neugier ist also eine Voraussetzung für das Lernen, ebenso wie Leidenschaft und Energie. Ohne diese Dinge kann ich nicht lernen. Wenn ich Angst habe, habe ich keine Leidenschaft. Also muß ich das beiseite lassen und fragen: Warum macht es mir Angst, etwas zu lernen, das für mich neu sein könnte? Ich muß die Angst untersuchen. Ich habe mich vom Schwungrad der Vergangenheit entfernt und werde jetzt etwas über Angst lernen. Können Sie dem folgen? Also – warum habe ich Angst?

Wir haben Angst, das Bild, das wir von uns selbst haben, zu verlieren.

K.: Ich habe Angst, das Bild, das ich mir von mir selbst gemachte habe, zu verlieren – von diesem Selbst, das mit Wissen vollgestopft ist, das etwas Totes ist. Nein! Ich will keine Erklärung hören. Ich stelle fest, daß ich Angst habe – warum? Habe ich Angst, weil ich sehe, daß ich tot bin? Ich lebe in der Vergangenheit, und ich weiß nicht, was es bedeutet, in der Gegenwart zu beobachten und zu leben. Deshalb ist das für mich etwas vollkommen Neues, und ich fürchte mich davor, irgend etwas Neues zu tun. Und das heißt? Daß mein Verstand und mein Geist beim Leben und Arbeiten dem alten Muster, dem alten Weg, der alten Denkschablone gefolgt sind. Um lernen zu können, muß der Geist jedoch frei von der Vergangenheit sein – wir haben das als Wahrheit erkannt. Nun schauen Sie, was geschehen ist. Ich habe die Tatsache als wahr erkannt, daß Lernen unmöglich ist, wenn die Vergangenheit störend eingreift. Und ich stelle fest, daß ich Angst habe. Also besteht ein Widerstreit zwischen der Erkenntnis, daß der Geist sich von der Vergangenheit befreien muß, um lernen zu können, und meiner Angst, das zu tun. Das ist Dualität. Ich sehe, und ich habe Angst zu sehen.

Haben wir immer Angst davor, etwas Neues zu sehen?

K.: Ist es nicht so? Haben wir keine Angst vor der Veränderung?

Das Neue ist das Unbekannte. Wir haben Angst vor dem Unbekannten.

K.: Also klammern wir uns an das Alte, aber das löst ebenso unweigerlich Angst aus, weil das Leben sich ständig verändert; es gibt gesellschaftliche Umwälzungen, es gibt Ausschreitungen, es gibt Kriege. Also herrscht Angst. Wie kann ich etwas über die Angst lernen? Wir haben uns von der vorangegangenen Strömung entfernt; jetzt wollen wir etwas über die Dynamik der Angst wissen.

Worin besteht die Dynamik der Angst? Nehmen Sie bewußt wahr, daß Sie Angst haben? Sind Sie sich bewußt, daß Sie Ängste haben?

Nicht immer.

K.: Wissen Sie es *jetzt,* sind Sie sich jetzt Ihrer Ängste bewußt? Sie können sie an die Oberfläche bringen und sagen: «Ich habe Angst davor, daß die Leute über mich reden könnten.» Sie sind sich also bewußt, daß Sie Angst vor dem Tod haben, Angst, Geld zu verlieren, Ihre Frau zu verlieren? Sind Sie sich dieser Ängste bewußt? Auch Ihrer physischen Ängste? Daß Sie morgen Schmerzen haben könnten und so weiter? Und falls Sie sich dessen bewußt sind – welche Regungen bringt das mit sich? Was geschieht, wenn Sie sich bewußt sind, daß Sie Angst haben?

Ich versuche die Angst loszuwerden.

K.: Was geschieht, wenn Sie versuchen, sie loszuwerden?

Man unterdrückt sie.

K.: Entweder unterdrücken Sie sie, oder Sie fliehen vor ihr; es besteht ein Konflikt zwischen unserer Angst und dem Wunsch, sie loszuwerden – nicht wahr? Also unterdrücken wir sie oder fliehen vor ihr, und der Versuch, sie loszuwerden, ruft einen Konflikt hervor, der die Angst nur noch verstärkt.

Darf ich eine Frage stellen? Ist das «Ich» nicht der Verstand? Der Verstand wird der Suche nach neuen Erfahrungen überdrüssig und will sich entspannen.

K.: Wollen Sie damit sagen, daß der Verstand selbst Angst hat loszulassen und die Ursache der Angst darstellt? Schauen Sie, ich möchte etwas über Angst lernen; das heißt, ich muß neugierig, ich muß leidenschaftlich sein. Vor allem muß ich neugierig sein, und ich kann nicht neugierig sein, wenn ich Schlüsse ziehe. Um etwas über Angst zu lernen, darf ich mich nicht davon ablenken, indem ich davor weglaufe; es darf auch keine Unterdrückungsmechanismen geben, denn diese stellen wiederum eine Ablenkung von der Angst dar. Das Gefühl «Ich muß sie loswerden» darf gar nicht da sein. Wenn ich solche Empfindungen habe, kann ich nicht lernen. Habe ich also diese Empfindungen, wenn ich sehe, daß Angst da ist? Ich sage nicht, Sie sollten sie nicht haben – sie sind da. Was soll ich tun, wenn ich mir ihrer bewußt bin? Meine Ängste sind so stark, daß ich davor weglaufen will. Aber gerade dieses Weglaufen vor den Ängsten bringt noch mehr Angst mit sich – können Sie dem folgen? Erkenne ich die Wahrheit und die Tatsache, daß das Sich-Entfernen von der Angst die Angst verstärkt? Deshalb kann man sich nicht von ihr entfernen – nicht wahr?

Ich verstehe das nicht, denn wenn ich merke, daß ich eine bestimmte Angst habe und mich davon wegbewege, dann bewege ich mich auf etwas zu, das diese Angst beenden wird, etwas, das mir aus der Angst heraushelfen wird.

K.: Wovor haben Sie Angst?

Geld.

K.: Sie haben Angst davor, Geld zu verlieren, nicht Angst vor Geld. Je mehr desto besser! Aber Sie haben Angst, es zu verlieren – nicht wahr? Was tun Sie also? Sie setzen alles daran, Ihr Geld sicher anzulegen, aber die Angst bleibt bestehen. Vielleicht ist es nicht sicher in dieser sich ständig verändernden Welt, die Bank könnte bankrott gehen. Obwohl Sie eine Menge Geld haben, ist diese Angst stets da. Sie läßt sich nicht verscheuchen, indem Sie davor weglaufen oder sie unterdrükken und sich sagen «Ich werde nicht darüber nachdenken.» Denn in der nächsten Sekunde *werden* Sie darüber nachdenken. Weglaufen, vermeiden, alles, was Sie gegen die Angst tun, erhält die Angst aufrecht. Das ist eine Tatsache. Nun haben wir zwei Tatsachen festgestellt: Daß man neugierig und frei von der Last der Vergangenheit sein muß, um lernen zu können. Und daß man, um etwas über Angst lernen zu können, nicht vor ihr weglaufen darf. Das ist ebenfalls eine Tatsache; das ist die Wahrheit. Deshalb – *laufen Sie nicht weg.* Was geschieht nun, wenn ich nicht vor ihr weglaufe?

Ich höre auf, mich damit zu identifizieren.

K.: Ist das Lernen? Sie haben aufgehört.

Ich weiß nicht, was Sie meinen.

K.: Aufhören ist nicht lernen. Weil Sie keine Angst haben wollen, wollen Sie davor fliehen. Sehen Sie nur, wie diffizil das ist. Ich habe Angst, und ich will etwas darüber lernen. Ich weiß nicht, was geschehen wird, ich will die Dynamik der Angst kennenlernen. Was geschieht also? Ich laufe nicht weg, ich unterdrücke sie nicht, ich vermeide sie nicht: Ich will sie kennenlernen.

Ich denke darüber nach, wie ich sie loswerden kann.

K.: Wenn Sie sie loswerden wollen – wie ich gerade erklärt habe –, wer ist es dann, der sie loswird? Sie wollen sie loswerden, und das heißt, Sie bauen einen Widerstand dagegen auf – und deshalb wird die Angst größer. Wenn Sie diese Tatsache nicht sehen können, dann kann ich Ihnen nicht helfen, tut mir leid.

Wir müssen die Angst akzeptieren.

K.: Ich akzeptiere Angst nicht – wer ist es, wer ist jenes Wesen, das Angst akzeptiert?

Wenn man nicht davor fliehen kann, muß man sie akzeptieren.

K.: Davor zu fliehen, sie zu vermeiden, ein Buch zur Hand zu nehmen und zu lesen, was andere Leute tun, fernzusehen, in den Tempel oder die Kirche zu gehen – all das ist immer noch Vermeidung von Angst und jegliches Vermeiden verstärkt die Angst. Das ist eine Tatsache. Nachdem ich diese Tatsache erkannt habe, werde ich nicht weglaufen, nichts unterdrücken. Ich lerne, ich laufe nicht weg. Was geschieht also, wenn man die Angst bewußt wahrnimmt?

Man versteht den Prozeß der Angst.

K.: Das tun wir. Ich verstehe den Prozeß, ich beobachte ihn, ich lerne etwas darüber. Ich habe Angst, und ich laufe nicht davor weg – was geschieht nun?

Sie schauen der Angst ins Gesicht.

K.: Was geschieht dann?

Es gibt keine Bewegung in irgendeine Richtung.

K.: Stellen Sie diese Frage nicht? Bitte hören Sie mir zwei Minuten zu. Ich laufe nicht weg, ich unterdrücke nicht, ich vermeide nicht, ich leiste keinen Widerstand. Da ist die Angst, ich beobachte sie. Die Frage, die sich daraus von selbst ergibt, ist: *Wer* beobachtet diese Angst? Bitte, raten Sie nicht. Wenn Sie sagen: «Ich beobachte die Angst, ich lerne etwas über die Angst» – wer ist es, wer ist jenes Wesen, das sie beobachtet?

Die Angst selbst.

K.: Beobachtet die Angst sich selbst? Bitte raten Sie nicht. Ziehen Sie keine Schlüsse, finden Sie es heraus. Der Verstand flieht nicht vor der Angst, er errichtet keine Mauer aus Mut dagegen. Was geschieht, wenn ich beobachte? Natürlich frage ich mich: Wer beobachtet diese Sache, genannt Angst? Bitte antworten Sie mir nicht. Ich habe die Frage gestellt, nicht Sie. Finden Sie heraus, wer diese Angst beobachtet: Ein weiteres Bruchstück meiner selbst?

Jenes beobachtende Wesen kann nicht das Produkt der Vergangenheit sein, es muß neu sein – geschehen in diesem Augenblick.

K.: Ich spreche nicht davon, ob das Beobachten ein Resultat der Vergangenheit ist. Ich beobachte, ich nehme die Angst bewußt wahr, ich nehme bewußt wahr, daß ich mich davor fürchte, Geld zu verlieren, krank zu werden, von meiner Frau verlassen zu werden und Gott weiß was sonst noch. Und ich will darüber etwas lernen, deshalb beobachte ich, und meine selbstverständliche Frage ist: *Wer* beobachtet diese Angst?

Mein Bild von mir selbst.

K.: Was geschieht, wenn ich frage «Wer beobachtet?» – Die Frage an sich beinhaltet eine Spaltung, nicht wahr? Das ist eine Tatsache. Wenn ich sage: «Wer beobachtet?» so bedeutet das, daß hier die Sache ist und daß ich beobachte, deshalb existiert eine Spaltung. Warum existiert eine Spaltung? Beantworten Sie mir das, raten Sie nicht, wiederholen Sie nicht, was jemand anders gesagt hat – einschließlich ich selbst –, finden Sie heraus, warum diese Spaltung in dem Augenblick, in dem Sie die Frage «Wer beobachtet?» stellen, existiert. Finden Sie es heraus.

In mir ist der Wunsch zu beobachten.

K.: Und das bedeutet, daß der Wunsch sagt: «Beobachte, um fliehen zu können» – können Sie folgen? Sie sagten vorhin: «Ich habe verstanden, daß ich nicht fliehen darf», und jetzt finden Sie heraus, daß der Wunsch eine subtile Form der Flucht darstellt; das heißt, Sie beobachten die Angst immer noch als Außenstehender. Sehen Sie, wie bedeutsam das ist. Sie beobachten mit der Absicht, die Angst loszuwerden. Und wir sagten vor ein paar Minuten, daß der Versuch, die Angst loszuwerden, ein Zensieren der Angst voraussetzt. Ihr Beobachten beinhaltet also den Versuch, die Angst loszuwerden, deshalb existiert eine Spaltung, die die Angst nur verstärkt. Ich stelle also noch einmal die Frage: *Wer* beobachtet die Angst?

Gibt es da nicht noch einen anderen Punkt? Wer stellt die Frage: «Wer beobachtet die Angst?»

K.: Ich stelle diese Frage.

Aber wer stellt die Frage?

K.: Das ist das Gleiche, sie verschieben es nur noch weiter nach hinten. Bitte hören Sie zu: Das ist die praktischste Vorgehensweise. Wenn Sie dem Gesagten sehr achtsam folgen, werden Sie feststellen, daß der Geist frei von Angst ist, aber Sie tun es nicht.

Ich fürchte mich davor, Geld zu verlieren – was tue ich also? Ich fliehe, indem ich vermeide, daran zu denken. Ich erkenne, wie dumm diese Vermeidungstrategie ist, weil die Angst immer stärker wird, je mehr ich Widerstand leiste. Ich beobachte sie also, und die Frage taucht auf: Wer beobachtet sie? Ist es mein Verlangen, das sie beobachtet – das Verlangen, sie loszuwerden, darüber hinauszugehen, frei von ihr zu sein? *Ja.* Und ich weiß, daß diese Art und Weise sie zu beobachten nur zur Spaltung führt und daher die Angst verstärkt. Ich erkenne also diese Wahrheit, und deshalb ist der Wunsch, die Angst loszuwerden, verschwunden – können Sie mir folgen? Es ist wie bei der Konfrontation mit einer giftigen Schlange: Der Wunsch, sie zu berühren, ist verschwunden. Der Wunsch, Drogen zu nehmen, ist verschwunden, sobald ich ihre wirkliche Gefährlichkeit erkenne; ich werde sie nicht anfassen. Solange ich ihre Gefährlichkeit nicht sehe, werde ich weitermachen. Und ebenso werde ich nicht aufhören wegzulaufen, solange ich nicht sehe, daß das Weglaufen vor der Angst diese Angst nährt. In dem Augenblick, in dem ich das erkenne, höre ich auf zu rennen. Was geschieht dann?

Wie kann man schauen, wenn man Angst hat, sich zu stellen? Man fürchtet sich doch.

K.: Ich will es Ihnen klarmachen. In dem Moment, in dem Sie sich davor fürchten, die Angst anzuschauen, werden Sie nichts darüber lernen; wenn Sie also etwas über Angst lernen wollen, müssen Sie aufhören, sich zu fürchten. So einfach ist das. Wenn ich nicht schwimmen kann, springe ich nicht in den Fluß. Wenn ich weiß, daß die Angst auf keinen Fall verschwinden wird, wenn ich mich fürchte, sie anzuschauen – und wenn ich wirklich hinschauen will –, dann sage ich mir: «Es ist mir egal, ich werde hinschauen.»

Es wurde gesagt, der Wunsch, der Angst zu entfliehen, würde die Angst unablässig verstärken. Wenn ich Angst habe, dann will ich davon wegkommen, deshalb stelle ich einen Bezug dazu her, um mich damit identifizieren zu können, um innerlich eins zu werden.

K.: Sehen Sie! Solche Spiele spielen wir mit uns selbst. Hören Sie zu. Wer sagt all das? Sie versuchen, sich mit der Angst zu identifizieren.

Ich bin diese Angst.

K.: Oh! Einen Moment. Wenn Sie, wie Sie sagen, diese Angst sind – was geschieht dann?

Wenn ich damit ins reine komme, wird die Angst schwächer.

K.: Nein. Nicht ins reine kommen! Wenn Sie sagen, daß Sie die Angst *sind*, dann ist die Angst nicht etwas von Ihnen Getrenntes. Was geschieht? Ich bin braun. Ich habe Angst, braun zu sein, aber ich sage: «Ja, ich bin braun», und damit Schluß, nicht wahr? Ich laufe nicht davor weg. Was geschieht dann?

Ich akzeptiere es.

K.: Akzeptiere ich es? Im Gegenteil, ich vergesse, daß ich braun bin. Sie wissen gar nicht, wovon Sie reden, Sie raten einfach nur.

Ich will etwas über mich lernen. Ich muß mich selbst vollständig, ganz und gar kennen, weil das die Grundlage jeglichen Handelns ist. Ohne diese Grundlage werde ich in absoluter Verwirrung leben. Um etwas über mich selbst lernen zu können, darf ich niemandem folgen. Wenn ich jemandem folge, kann ich nicht lernen. Lernen bedeutet, daß die Vergangenheit nicht ins Spiel kommt, denn «ich» bin etwas sehr Lebendiges, Fließendes, Dynamisches, das ich mit einem unschuldigen, frischen Geist anschauen muß. Aber der Geist kann nicht neu sein, wenn stets die Vergangenheit im Spiel ist. Das ist eine Tatsache, ich erkenne das. Doch während ich das erkenne, bekomme ich Angst. Ich weiß nicht, was geschehen wird. Also will ich etwas über die Angst lernen – können Sie folgen? Ich befinde mich die ganze Zeit im Fluß des Lernens. Ich will etwas über mich selbst wissen, und ich erkenne etwas – eine tiefe Wahrheit. Ich werde etwas über Angst lernen, und das bedeutet, ich *darf um keinen Preis* vor ihr weglaufen. Ich darf nicht einmal den Wunsch haben, sie zu fliehen. Was geschieht nun also mit einem Geist, der fähig ist, die Angst ohne Spaltung anzuschauen? Die Spaltung ist der Versuch, die Angst loszuwerden, ist eine subtile Form der Flucht, der Unterdrückung und so weiter. Was geschieht mit dem Geist, wenn er mit der Angst konfrontiert ist und Weglaufen nicht in Frage kommt? Bitte finden Sie das heraus. Erforschen Sie es gründlich.

Gespräch 2

Ängste verhindern inneres Wachstum. Sehen wir die Auswirkungen von Angst, oder wissen wir nur etwas darüber? Der Unterschied zwischen durch Erinnerung bedingter Angst und Angst in der aktuellen Situation. Abhängigkeit und Anhaftung durch die Angst des Menschen vor der Leere und dem Nichts. Das Aufdecken von Einsamkeit und Oberflächlichkeit. Die Sinnlosigkeit aller Fluchtversuche. «Wer ist sich der Leere bewußt?»

Krishnamurti: Gestern sprachen wir über Angst und über die Notwendigkeit, sich selbst zu kennen. Ich weiß nicht, ob Sie sehen können, wie äußerst wichtig es ist, daß man das eigene Wesen, die eigenen inneren Mechanismen versteht. Wie bereits gesagt, richten wir ohne dieses Verstehen – ich meine kein intellektuelles oder verbales, sondern wirkliches Verstehen dessen, was man ist, und der Möglichkeit, darüber hinauszugehen – unweigerlich Verwirrung in uns an, leben im Widerspruch, und unsere Handlungen rufen Unheil und Leid hervor. Es ist daher absolut notwendig, nicht nur die oberflächlichen Schichten des eigenen Selbst, sondern das gesamte Wesen, alle verborgenen Winkel zu verstehen. Ich hoffe, daß wir durch unsere Kommunikation, dadurch, daß wir dieses gesamte Problem gemeinsam verstehen, in der Lage sein werden, wirklich – nicht theoretisch – zu sehen, ob der menschliche Geist durch Selbsterkenntnis über seine eigene Konditionierung, seine Gewohnheiten, seine Vorurteile hinausgehen kann.

Wir sprachen auch davon, über sich selbst zu lernen. Lernen ist eine Bewegung, bei der nichts angesammelt wird; wenn wir speichern, findet keine Bewegung statt. Wenn der Fluß in einen See mündet, hört die Bewegung auf. Bewegung ist nur möglich, wenn da ein ständiger Fluß, ein ständiger Strom ist. Und das ist Lernen; nicht nur über äußere Dinge und wissenschaftliche Fakten, sondern auch das Lernen über uns selbst, weil das «Selbst» ein sich stetig veränderndes, dynamisches, welchselhaftes Phänomen ist. Etwas über seine vergangenen Erfahrungen zu lernen ist in keiner Weise hilfreich; im Gegenteil, die Vergangenheit setzt dem Lernen ein Ende und verhindert somit jegliches vollständige Handeln. Ich hoffe, daß wir das sehr klar gesehen haben: Daß es hier um eine ständige, fließende Strömung des Lebens geht, daß das «Ich» eine ständige Bewegung ist. Um dieses so außerordentlich subtile «Ich» verstehen zu können, muß man ungeheuer neugierig, unablässig achtsam und fähig sein, ohne anzusammeln zu verstehen. Ich hoffe, es wird uns gelingen, über diese ganze Frage des Lernens miteinander zu sprechen.

Das wird unsere Schwierigkeit sein, denn unser Verstand will nach vorgegebenen Mustern in immer gleichen Bahnen funktionieren, er will auf der Basis von festgefügten Schlußfolgerungen oder Vorurteilen oder gespeichertem Wissen operieren. Der Verstand ist an ein bestimmtes Glaubenssystem gebunden und versucht von diesem Standpunkt aus, jenes außergewöhnliche, fließende «Ich» zu verstehen. Deshalb besteht ein Widerspruch zwischen dem «Ich» und dem Beobachter. Wir sprachen auch über Angst, die Teil dieser gesamten Strömung des «Ichs» ist, jenes «Ichs», das den Fluß des Lebens unterbricht, das sich selbst in «mich» und «dich» aufspaltet. Wir haben gefragt: «Was ist Angst?» Wir werden über Angst lernen, ohne zu speichern. Schon das Wort «Angst» hindert uns daran, mit diesem Gefühl der Gefahr, das wir Angst nennen, in Kontakt zu kommen. Schauen Sie, meine Herrschaften, innere Reife impliziert eine umfassende, natürliche Entwicklung eines menschlichen Wesens; «natürlich» im Sinne von harmonisch, nicht widersprüchlich – und das hat nichts mit dem Alter zu tun. Angst verhindert diese natürliche, umfassende Entwicklung des Geistes. Ich werde das noch ein wenig ausführen, und dann wollen wir alles gemeinsam durchsprechen.

Was geschieht, wenn man Angst hat – nicht nur vor physischen Dingen, sondern auch vor psychischen? Ich habe Angst, und zwar nicht vor physischer Krankheit, vor dem Sterben, vor der Dunkelheit – Sie kennen die unzähligen menschlichen Ängste, sowohl die biologischen als auch die psychischen. Was richtet diese Angst im menschlichen Geist an, der ja selbst diese Ängste geschaffen hat? Verstehen Sie meine Frage? Antworten Sie nicht sofort, schauen Sie in sich hinein. Wie wirkt sich die Angst auf den Geist, auf unser ganzes Leben aus? Oder haben wir uns so an die Angst gewöhnt, ist sie uns so zur Gewohnheit geworden, daß wir uns ihrer Auswirkung gar nicht bewußt sind?

Wenn ich mich daran gewöhnt habe, mich als Hindu zu fühlen, wenn ich mich an das Dogma, die Glaubenssätze gewöhnt habe, bin ich in dieser Konditionierung gefangen und bin mir ihrer Auswirkungen absolut nicht bewußt. Ich nehme nur die Empfindung, die in mir geweckt wird, das nationale und religiöse Zugehörigkeitsgefühl wahr, und ich bin damit zufrieden. Ich identifiziere mich mit dem Land, mit dem Glauben und all diesen Dingen. Aber wir erkennen nicht die weitreichenden Konsequenzen einer solchen Konditionierung. Und ebenso erkennen wir nicht, was Angst bewirkt – sowohl auf der psychosomatischen als auch der rein psychischen Ebene. Was bewirkt sie? Meine Herrschaften, das ist eine Diskussion, Sie müssen sich daran beteiligen!

Ich verstricke mich in dem Versuch, diesen Prozeß aufzuhalten.

K.: Sie legt das Handeln lahm. Ist man sich dessen bewußt? Sind Sie es? Verallgemeinern Sie nicht. Wir führen diese Diskussionen, damit wir sehen können, was tatsächlich in unserem Innern abläuft, andernfalls sind diese Gespräche sinnlos. Indem wir über die Angst sprechen und uns ihrer bewußt werden, können wir vielleicht darüber hinausgehen. Wenn es mir also nur im geringsten ernst damit ist, muß ich die Auswirkungen der Angst kennen. Kenne ich die Auswirkungen der Angst? Oder kenne ich sie nur verbal? Kenne ich sie als etwas, das in der Vergangenheit geschah, das als Erinnerung existiert, und sagt diese Erinnerung: «Das sind die Auswirkungen der Angst!», so daß das Gedächtnis ihre Auswirkungen sieht, aber der Geist die tatsächliche Auswirkung nicht erkennt? Ich weiß nicht, ob Sie das sehen können? Ich habe etwas wirklich Wichtiges gesagt.

Könnten Sie es noch einmal sagen?

K.: Was bedeutet es, wenn ich sage, ich kenne die Auswirkungen der Angst? Entweder kenne ich sie verbal, das heißt intellektuell, und ich kenne sie als Erinnerung, als etwas, das in der Vergangenheit geschah, und sage: «Das geschah.» Also sagt mir die Vergangenheit, wie Angst sich auswirkt. Aber ich sehe ihre Auswirkungen nicht im aktuellen Moment. Deshalb ist es etwas Erinnertes, nichts Reales. «Kennen» impliziert jedoch sehen ohne zu speichern – nicht wiedererkennen, sondern das Faktum sehen. Habe ich Ihnen das vermittelt? Wenn ich sage «ich bin hungrig» – ist es dann meine Erinnerung an meinen Hunger von gestern, die mir das sagt, oder ist es tatsächlich der Hunger *in diesem Augenblick*? Die bewußte Wahrnehmung des Faktums, daß ich jetzt hungrig bin, unterscheidet sich völlig von der Reaktion, die aus einer Erinnerung herrührt, welche mir sagt, daß ich hungrig war und deshalb vielleicht jetzt hungrig sein könnte. Sagt Ihnen die Vergangenheit, welche Auswirkungen Angst hat, oder sind Sie sich tatsächlich jetzt der Auswirkungen der Angst bewußt? Daraus ergeben sich zwei völlig verschiedene Handlungsweisen – nicht wahr? Im einen Fall ist man sich der Auswirkungen der Angst im *Jetzt* vollkommen bewußt und handelt unmittelbar. Wenn mir aber meine Erinnerung sagt, «dies sind die Auswirkungen der Angst», dann folgt ein ganz anderes Handeln. Habe ich mich klar ausgedrückt? Nun, womit haben wir es zu tun?

Kann man zwischen einer bestimmten Angst und der bewußten Wahrnehmung der Auswirkungen von Angst als solcher unterscheiden – abgesehen von der Erinnerung an die Auswirkungen einer bestimmten Angst?

K.: Genau das habe ich zu erklären versucht. Das sind zwei völlig unterschiedliche Vorgänge. Können Sie das sehen? Bitte – wenn Sie es nicht sehen können, sagen Sie nicht «ja»; wir wollen hier keine Spiele miteinander spielen. Es ist sehr wichtig, daß Sie das verstehen. Sagt Ihnen die Vergangenheit, wie Angst sich auswirkt, oder nehmen Sie die Auswirkungen der Angst *jetzt,* in diesem Augenblick, direkt und bewußt wahr? Falls Ihr Wissen über die Auswirkungen der Angst aus der Vergangenheit stammt, ist Ihr Handeln unvollständig und somit widersprüchlich; es bringt Konflikte mit sich. Ist man sich aber der Auswirkungen der Angst *jetzt* vollkommen bewußt, dann ist das Handeln total.

Jetzt, während ich hier in diesem Zelt sitze, habe ich keine Angst, weil ich Ihren Worten lausche. Aber diese Angst könnte hochkommen, sobald ich das Zelt verlasse.

K.: Aber können Sie, während Sie hier im Zelt sitzen, nicht die Angst sehen, die Sie vielleicht gestern hatten, können Sie sie nicht heraufbeschwören, sie einladen?

Vielleicht sind es Lebensängste.

K.: Ganz gleich, welche Ängste Sie haben – Sie müssen sagen: «Ich habe jetzt keine Ängste, aber wenn ich das Zelt verlasse, werde ich sie haben.» Sie sind da!

Man kann sie heraufbeschwören – wie Sie sagen –, man kann sie sich ins Gedächtnis rufen. Aber Sie haben doch gerade darüber gesprochen, was es heißt, die Erinnerung, die Gedanken an Ängste ins Spiel zu bringen.

K.: Ich frage: Muß ich warten, bis ich das Zelt verlasse, um herauszufinden, wovor ich Angst habe? Oder kann ich mir ihrer bewußt sein, während ich hier sitze? Ich habe in diesem Augenblick keine Angst davor, was jemand zu mir sagen könnte. Aber wenn ich den Menschen treffe, der diese Dinge zu mir sagen wird, so fürchte ich mich davor. Kann ich diese Tatsache nicht jetzt sehen?

Wenn man das tut, macht man bereits eine Methode daraus.

K.: Nein, es ist keine Methode. Sehen Sie, Sie haben soviel Angst davor, etwas zu tun, was zur Methode werden könnte! Mein Herr, fürchten Sie nicht, Ihre Arbeitsstelle zu verlieren? Haben Sie keine Angst vor dem Tod? Fürchten Sie nicht, Ihre Ziele nicht zu erreichen? Haben Sie keine Angst vor Einsamkeit? Haben Sie keine Angst davor, nicht geliebt zu werden? Haben Sie nicht irgendwelche Ängste?

Nur, wenn eine Herausforderung auf mich zukommt.

K.: Aber ich *fordere Sie heraus*! Ich kann diese Mentalität nicht verstehen!

Man handelt, wenn da ein Impuls ist, dann muß man etwas tun.

K.: Nein! Sie machen es so kompliziert. Es ist so einfach, wie das Wahrnehmen dieses vorbeidonnernden Zuges. Sie können sich an den Lärm des Zuges entweder erinnern oder ihn tatsächlich bewußt wahrnehmen. Bitte machen Sie es nicht so kompliziert.

Machen Sie es nicht irgendwie kompliziert, indem Sie davon sprechen, Angst heraufzubeschwören? Ich muß keine einzige meiner Ängste heraufbeschwören – ich kann einfach während ich hier sitze meine Reaktionen wahrnehmen.

K.: Das ist doch genau was ich sage.

Um hier kommunizieren zu können, müssen wir uns über den Unterschied zwischen Verstand und Geist im klaren sein.

K.: Darüber haben wir bereits gesprochen. Jetzt versuchen wir herauszufinden, was Angst ist, wir versuchen, etwas darüber zu lernen. Ist der Geist so frei, daß er etwas über Angst lernen kann? Wobei mit Lernen das Beobachten der Dynamik der Angst gemeint ist. Sie können die Dynamik nur beobachten, wenn Sie nicht vergangene Ängste erinnern und auf der Basis dieser Erinnerungen beobachten. Sehen Sie den Unterschied? Ich kann die Dynamik beobachten. Lernen Sie etwas über das tatsächliche, von der Angst ausgelöste Geschehen? Die Angst brodelt ständig in unserem Inneren. Es scheint uns nicht möglich, sie loszuwerden. Welche Auswirkungen hatten Ängste, die sie in der Vergangenheit hatten und bewußt wahrnahmen, auf Sie und Ihre Umgebung? Was geschah? Waren Sie nicht von anderen abgeschnitten? Haben diese Ängste Sie nicht isoliert?

Sie haben mich verkrüppelt.

K.: Sie stürzten Sie in Verzweiflung, Sie wußten nicht, was Sie tun sollten. Nun, wie wirkte sich diese Isolation auf Ihr Handeln aus?

Es war gespalten, fragmentarisch.

K.: Bitte hören Sie nun aufmerksam zu. Ich hatte in der Vergangenheit Angst, und diese Ängste isolierten mich, verkrüppelten mich, stürzten mich in Verzweiflung. Ich verspürte den Wunsch wegzulaufen oder mich mit irgend etwas zu trösten. All das wollen wir im Augenblick Selbstisolierung von jeglicher Beziehung nennen. Auf der Handlungsebene führt diese Isolierung zur Spaltung, Zersplitterung. War das bei Ihnen nicht auch so? Als Sie Angst hatten, wußten Sie nicht, was Sie tun sollten, Sie liefen davor weg oder Sie versuchten, sie zu unterdrücken oder wegzurationalisieren. Und als Sie handeln mußten, handelten Sie aus einer Angst heraus, die als solche Isolation hervorruft. Also muß eine aus dieser Angst hervorgehende Handlung fragmentarisch sein. Da fragmentarisches Handeln aber widersprüchlich ist, brachte es viel Kampf, Schmerz, Spannung mit sich – nicht wahr?

So wie ein Krüppel an Krücken geht, so benutzt auch ein Mensch, der von Angst gelähmt und verkrüppelt ist, die verschiedensten Formen von Krücken.

K.: Genau das sagen wir. Das ist richtig. Jetzt ist Ihnen die Auswirkung vergangener Angst sehr klar: Sie führt zu gespaltenem, fragmentarischem Handeln. Was ist der Unterschied zwischen diesem und der Dynamik der Angst, die nicht von der Erinnerung bestimmt wird? Was findet statt, wenn Sie sich einer physischen Gefahr gegenübersehen?

Spontanes Handeln.

K.: Man nennt es spontanes Handeln – ist es spontan? Bitte untersuchen Sie das. Wir versuchen hier, etwas herauszufinden. Sie sind allein im Wald, in der Wildnis, und plötzlich treffen Sie auf eine Bärin mit ihren Jungen – was geschieht? Was geht in Ihnen vor, wohl wissend, daß der Bär ein gefährliches Tier ist?

Der Adrenalinspiegel steigt.

K.: Ja, welche Aktivität findet nun statt?

Sie erkennen die Gefahr, Ihre Angst auf den Bären zu übertragen.

K.: Nein, was geschieht mit *Ihnen*? Natürlich übertragen Sie Ihre Angst auf den Bären und der Bär bekommt selbst Angst und greift Sie an. Das ist alles ganz einfach; Sie sehen überhaupt nicht, worum es geht. Sind Sie jemals im Wald einem Bären begegnet?

Hier ist jemand, dem das passiert ist.

K.: Mir ist es passiert. Dieser Herr und ich haben in den vergangenen Jahren viele solcher Erfahrungen gemacht. Aber was geschieht? Da steht ein Bär ein paar Meter von Ihnen entfernt. Alle körperlichen Reaktionen laufen ab, der Adrenalinspiegel steigt; Sie bleiben sofort stehen, drehen sich um und rennen weg. Was ist hier geschehen? Was für eine Reaktion war das? Eine konditionierte Reaktion, nicht wahr? Man hat uns Generation für Generation gewarnt: «Nimm dich in acht vor wilden Tieren.» Wenn Sie Angst bekommen, übertragen Sie diese Angst auf das Tier, und das Tier greift Sie an. Das Ganze geschieht im Bruchteil von Sekunden. Ist hier Angst am Werk – oder ist es Intelligenz? Was ist am Werk? Ist es die Angst, die durch die Wiederholung der Warnung «Nimm Dich in acht vor wilden Tieren» ausgelöst wurde, durch die Konditionierung, die Sie von Kindesbeinen an geprägt hat, oder ist es Intelligenz? Die konditionierte Reaktion auf dieses Tier und die Dynamik dieser konditionierten Reaktion ist eine Sache. Das Wirken der Intelligenz und die Dynamik der Intelligenz unterscheiden sich davon; die zwei sind völlig verschiedene Phänomene. Können Sie das sehen? Wenn ein Bus vorbeirast, springen Sie nicht auf die Straße; Ihre Intelligenz sagt Ihnen: «Tu das nicht.» Das ist nicht Angst – es sei denn, Sie sind neurotisch oder haben Drogen genommen. Ihre Intelligenz, nicht Ihre Angst, hindert Sie daran, das zu tun.

Muß man, wenn man auf ein wildes Tier trifft, nicht beides zur Verfügung haben – Intelligenz und eine konditionierte Reaktion?

K.: Nein. Schauen Sie hin. In dem Moment, in dem es eine konditionierte Reaktion ist, ist Angst im Spiel, und diese überträgt sich auf das Tier – aber nicht, wenn es Intelligenz ist. Finden Sie also für sich selbst heraus, was am Werk ist. Ist es Angst, dann ist das daraus resultierende Handeln unvollständig, und dadurch wird das Tier zur Gefahr; die aus Intelligenz resultierende Reaktion ist völlig frei von Angst.

Frage 1: Sie sagen, daß ich, wenn ich den Bär mit dieser Intelligenz beobachte, von ihm getötet werden kann, ohne Angst zu verspüren.

Frage 2: Wenn ich noch nie einem Bären begegnet wäre, wüßte ich noch nicht einmal, daß es ein Bär ist.

K.: Sie alle machen das so kompliziert. Es ist so einfach. Lassen Sie die Tiere jetzt beiseite. Wir wollen bei uns beginnen; wir sind auch teilweise Tiere.

Die Auswirkungen der Angst und ihre auf Erinnerungen beruhende Dynamik sind destruktiv, widersprüchlich und lähmend. Können wir das erkennen? Nicht verbal, sondern tatsächlich – daß man, wenn man Angst hat, absolut isoliert ist und daß jegliches aus dieser Isolation resultierende Handeln fragmentarisch und daher widersprüchlich sein muß; deshalb findet ein innerer Kampf statt, werden Schmerz und Leid verursacht und all das. Eine Handlung, die der bewußten Wahrnehmung der Angst, ohne die Reaktionen des Gedächtnisses, entspringt, ist eine vollständige Handlung. Versuchen Sie es! Tun Sie es! Werden Sie sich bewußt, was geschieht, wenn Sie sich allein auf dem Heimweg befinden; Ihre alten Ängste kommen an die Oberfläche. Beobachten Sie dann, ob es aktuelle Ängste sind oder Projektionen des Verstandes aus der Erinnerung. Beobachten Sie, wenn die Angst aufsteigt, ob Ihr Beobachten eine Reaktion des Verstandes ist oder ob Sie einfach beobachten. Wir sprechen über Dynamik, denn das Leben ist Dynamik. Wir sagen nicht, nur ein Teil des Lebens sei Aktivität. Das Leben als Ganzes ist Aktivität, und diese Aktivität wird unterbrochen. Die Unterbrechung der Dynamik wird durch diesen Erinnerungsprozeß und damit verbundene Gedanken sowie Isolation bewirkt. Ist das klar?

Wollen Sie damit sagen, es gehe darum, jeden Bruchteil einer Sekunde total zu erfahren, ohne daß Erinnerung ins Spiel kommt?

K.: Wenn Sie eine solche Frage stellen, müssen Sie untersuchen, was Erinnerung ist. Sie brauchen das Gedächtnis, je klarer, je deutlicher, desto besser. Wenn Sie auf einer technischen Ebene funktionieren müssen, ja selbst wenn Sie nur nach Hause gelangen wollen, brauchen Sie Ihr Gedächtnis. Aber das Denken als Reaktion des Gedächtnisses und das Projizieren von Angst aus diesem Gedächtnis ist eine völlig andere Aktivität.

Nun, was ist Angst? Wie kommt es, daß da Angst ist? Wie äußern sich diese Ängste? Würden Sie mir das bitte sagen?

Bei mir ist es das Festhalten an der Vergangenheit.

K.: Nehmen wir das. Was meinen Sie mit «festhalten»?

Der Verstand klammert sich an etwas.

K.: Das heißt, der Verstand hält an einer Erinnerung fest. «Als ich jung war, war alles so wunderbar.» Oder ich halte an etwas fest, das geschehen könnte; so habe ich ein Glaubenssystem kultiviert, das mich schützt. Ich halte an einer Erinnerung fest, ich halte an einem Möbelstück fest, ich halte an dem fest, was ich schreibe, weil mein Schreiben mich berühmt machen wird. Ich halte an einem Namen fest, an einer Familie, an einem Haus, an den verschiedensten Erinnerungen. Ich habe mich mit all dem identifiziert. Weshalb kommt diese Anhaftung zustande?

Ist es nicht so, weil Angst die Basis unserer Zivilisation ist?

K.: Nein. Warum halten Sie an etwas fest? Was drückt das Wort «Anhaftung» aus? Ich hänge von etwas ab. Ich hänge von Ihnen allen, die hier zuhören, ab, damit ich zu Ihnen sprechen kann. Ich hänge von Ihnen ab, und deshalb halte ich an Ihnen fest, denn durch diese Anhaftung gewinne ich eine gewisse Energie, einen gewissen Elan und diesen ganzen Blödsinn! Also bin ich verhaftet – und das bedeutet? Ich bin von Ihnen abhängig; ich bin von den Möbeln abhängig. Indem ich an den Möbeln, an einem Glaubenssystem, an einem Buch, an der Familie, an meiner Ehefrau hänge, bin ich davon abhängig, um Geborgenheit und Trost, oder Prestige oder Status daraus zu beziehen. Abhängigkeit ist also eine Form von Anhaftung. Aber weshalb bin ich abhängig? Antworten Sie mir nicht, schauen Sie sich das in sich selbst an. Sie sind von irgend etwas abhängig, nicht wahr? Von Ihrem Land, Ihren Göttern, Ihren Glaubenssätzen, den Medikamenten oder Genußmitteln, die Sie nehmen, vom Trinken!

Es ist Teil der gesellschaftlichen Konditionierung.

K.: Ist es die gesellschaftliche Konditionierung, die Sie abhängig macht? Das bedeutet, daß Sie Teil der Gesellschaft sind; die

Gesellschaft ist nicht unabhängig von Ihnen. Sie haben diese korrupte Gesellschaft geschaffen. Sie haben sie geschaffen. Sie sitzen in diesem Käfig, Sie sind Teil davon. Geben Sie also nicht der Gesellschaft die Schuld. Sind Ihnen die Mechanismen der Abhängigkeit klar? Sehen Sie, was damit einhergeht? Weshalb sind Sie abhängig?

Damit ich mich nicht einsam fühle.

K.: Einen Augenblick, hören Sie still zu. Ich bin von etwas abhängig, weil dieses Etwas meine Leere füllt. Ich bin abhängig von Wissen, von Büchern, weil sie meine Leere, meine Oberflächlichkeit, meine Dummheit verdecken; also wird Wissen außerordentlich wichtig. Ich spreche über die Schönheit von Bildern, weil ich innerlich davon abhängig bin.

Abhängigkeit weist also auf meine Leere, meine Verlassenheit, meine Unzulänglichkeit hin, und das macht mich vom anderen abhängig. Das ist eine Tatsache, nicht wahr? Theoretisieren Sie nicht, disputieren Sie nicht, es ist so. Wenn ich nicht leer wäre, nicht unzulänglich wäre, kümmerte es mich nicht, was Sie sagen oder tun. Ich wäre von nichts und niemandem abhängig. Aber weil ich mich leer und verlassen fühle, weiß ich nicht, was ich mit meinem Leben anfangen soll. Ich schreibe ein albernes Buch, und das füllt meine Leere. Also bin ich abhängig, was bedeutet, daß ich mich vor der Verlassenheit und vor meiner inneren Leere fürchte. Deshalb fülle ich sie mit materiellen Dingen oder mit Ideen oder mit Menschen.

Fürchten Sie sich nicht davor, Ihre Verlassenheit aufzudekken? Haben Sie Ihre Verlassenheit, Ihre Unzulänglichkeit, Ihre innere Leere je aufgedeckt? Das geschieht jetzt, nicht wahr? Deshalb haben Sie *jetzt* Angst vor dieser Leere. Was werden Sie tun? Was geschieht? Zuvor waren Sie Menschen, Ideen, allen möglichen Dingen verhaftet, und Sie sehen nun, daß Ihre Abhängigkeit Ihre Leere, Ihre Oberflächlichkeit verdeckt. Wenn Sie das sehen, sind Sie frei – nicht wahr? Was ist nun die Reaktion? Ist diese Angst die Reaktion des Gedächtnisses, oder ist diese Angst aktuell? Können Sie das sehen?

Ich arbeite hart für Sie, nicht wahr? (*Gelächter*) Gestern morgen sah ich einen Zeichentrickfilm. Ein kleiner Junge sagt zu einem anderen Jungen: «Wenn ich erwachsen bin, werde ich ein großer Prophet sein, ich werde tiefe Wahrheiten verkünden, aber niemand wird mir zuhören.» Und der andere kleine Junge sagt: «Warum willst du dann überhaupt sprechen, wenn niemand zuhört?» – «Oh», erwidert der erste, «wir Propheten sind sehr hartnäckig.» (*Gelächter*)

Jetzt haben Sie also Ihre durch Anhaftung verursachte Angst aufgedeckt, die nichts anderes als Abhängigkeit ist. Wenn Sie sich genau anschauen, sehen Sie Ihre innere Leere, Ihre Oberflächlichkeit, Ihre Mittelmäßigkeit, und davor haben Sie Angst. Was geschieht dann? Können Sie es sehen, meine Herrschaften?

Ich versuche zu fliehen.

K.: Sie versuchen durch Anhaftung, durch Abhängigkeit zu fliehen. Deshalb sind Sie wieder im alten Muster gefangen. Wenn Sie aber die Wahrheit erkennen, daß Anhaftung und Abhängigkeit nur Ihre innere Leere zudecken, werden Sie nicht flüchten, nicht wahr? Wenn Sie diese Tatsache jedoch nicht sehen können, werden Sie zwangsläufig weglaufen. Sie werden versuchen, diese Leere auf andere Weise zu füllen. Früher haben Sie sie mit Drogen gefüllt, nun füllen Sie sie mit Sex oder mit irgend etwas anderem. Was ist also geschehen, indem Sie diese Tatsache erkannt haben? Nur weiter so, meine Herrschaften, machen Sie weiter damit! Ich hing an meinem Haus, an meiner Frau, an meinen Büchern, an meinem Schreiben, an der Vorstellung, berühmt zu werden; ich erkenne, daß Angst aufkommt, weil ich nicht weiß, was ich mit meiner Leere anfangen soll, und deshalb bin ich abhängig, deshalb hänge ich fest. Was tue ich, wenn ich diese Empfindung großer Leere in mir spüre?

Da ist ein starkes Gefühl.

K.: Das ist Angst. Ich entdecke, daß ich Angst habe, deshalb bin ich verhaftet. Ist diese Angst die Reaktion des Gedächtnisses, oder ist sie eine aktuelle Entdeckung? Entdecken ist etwas völlig anderes als eine Reaktion aus der Vergangenheit. Was ist es nun bei Ihnen? Ist es die aktuelle Entdeckung? Oder die Reaktion aus der Vergangenheit? Antworten Sie mir nicht. Finden Sie es heraus, mein Herr, graben Sie in Ihrem Inneren.

Bringt diese Leere nicht eine Offenheit für die Welt mit sich?

K.: Nein, ich habe etwas ganz anderes gefragt. Die Angst vor der Leere, vor Verlassenheit und dieser ganzen Unzulänglichkeit – die Sie bisher nicht genügend verstanden haben, um sie durchzustehen und damit abschließen zu können – hat Angst erzeugt. Entdecken Sie das *jetzt,* hier in diesem Zelt? Oder ist es ein Wiedererkennen der Vergangenheit? Haben Sie entdeckt, daß Sie anhaften, weil Sie abhängig sind, und daß Sie abhängig sind, weil Sie sich vor der Leere fürchten? Sind Sie sich Ihrer Leere und des damit verbundenen inneren Vorgangs bewußt? Ist diese bewußte Wahrnehmung der Leere mit Angst verbunden, oder sind Sie einfach leer? Sehen Sie bloß die Tatsache, daß Sie einsam sind?

Wenn man das sehen kann, ist man nicht mehr allein.

K.: Lassen Sie uns bitte Schritt für Schritt vorgehen. Sehen Sie das? Oder begeben Sie sich wieder in die alte Abhängigkeit, die alte Anhaftung, in das sich endlos wiederholende Muster? Was wird geschehen?

Ist das nicht das ganze menschliche Elend – ich glaube, ich bin schlechter dran als ein kleiner Hund, der diese ganzen Probleme nicht hat.

K.: Unglücklicherweise sind wir aber keine Hunde. Ich stelle eine Frage, die Sie nicht beantworten. Haben Sie für sich selbst die Angst entdeckt, die aufsteigt, wenn Sie Ihre Leere, Ihre Oberflächlichkeit, Ihre Isolation sehen? Oder werden Sie, nachdem Sie sie entdeckt haben, weglaufen und sich in irgendeine Abhängigkeit begeben? Was geschieht in dieser Leere, wenn Sie nicht mit Hilfe von Abhängigkeit und Anhaftung flüchten?

Freiheit.

K.: Schauen Sie es an, es ist ein ziemlich komplexes Problem; sagen Sie nicht, es sei Freiheit. Zuvor war ich verhaftet und deckte meine Angst zu. Nun entdecke ich, indem ich diese Frage stelle, daß diese Anhaftung eine Flucht vor der Angst war, die aufkam, als ich für den Bruchteil einer Sekunde meiner inneren Leere gewahr wurde. Jetzt ist es mit dem Weglaufen vorbei. Was geschieht nun?

Ich wollte gerade sagen, daß nach jenem Bruchteil einer Sekunde eine weitere Flucht stattfindet.

K.: Was bedeutet, daß Sie die Sinnlosigkeit jeglicher Fluchtwege nicht erkennen. Deshalb flüchten Sie weiter. Aber wenn Sie sie *sehen,* wenn Sie sich Ihrer Leere bewußt sind – was geschieht dann? Wenn Sie sehr genau beobachten, werden Sie sehen, daß im allgemeinen folgendes geschieht: Sie fragen: «Wer ist sich dieser Leere bewußt?»

Der Geist.

K.: Bitte machen Sie keine Sprünge. Gehen Sie Schritt für Schritt vor. Wer ist sich der Leere bewußt? Der Geist? Ist ein Teil des Geistes sich des anderen Teiles, der einsam ist, bewußt? Verstehen Sie meine Frage? Plötzlich wurde mir bewußt, daß ich einsam bin. Ist das ein abgespaltener Teil meines Geistes, der sagt: «Ich bin einsam»? Darin liegt Teilung, Spaltung. Und solange eine Spaltung existiert, existiert ein Fluchtweg. Sie sehen das nicht!

Was geschieht, wenn man die Leere erfährt? Wenn man diese Verlassenheit erfährt, ist man sich ihrer nicht länger bewußt.

K.: Schauen Sie. Bitte hören Sie zu. Was Sie hier brauchen, ist die Fähigkeit, beharrlich zu beobachten, keine Überzeugungen oder Vorstellungen davon, was Ihrer Meinung nach sein sollte. Das heißt, ich bin mir meiner Leere bewußt. Zuvor habe ich sie zugedeckt, jetzt wurde sie aufgedeckt, und ich bin mir ihrer bewußt. Wer ist sich dieser Leere bewußt? Ein separater Teil des Geistes? Falls es so ist, dann existiert eine Spaltung zwischen der Leere und jenem Wesen, das sich seiner Leere bewußt ist; was geschieht dann in dieser Leere, in dieser Spaltung? Ich kann nichts dagegen tun. Ich will etwas dagegen tun und sage: «Ich muß es zusammenbringen», «Ich muß diese Leere erfahren», «Ich muß agieren». Solange eine Spaltung zwischen dem Beobachter und dem Beobachteten existiert, existiert ein Widerspruch und folglich ein Konflikt. Ist es tatsächlich so? Ein separates Bruchstück des Geistes beobachtet eine Leere, die nicht Teil seiner selbst ist? Was ist es? Meine Herrschaften, Sie müssen das beantworten! Wenn es ein Teil ist, der beobachtet – *was* ist dann dieser Teil?

Ist es aus Energie hervorgegangene Intelligenz?

K.: Bitte machen Sie es nicht noch komplizierter. Es ist kompliziert genug. Bringen Sie nicht noch andere Begriffe ins

Spiel. Meine Frage ist sehr einfach. Ich fragte: Wenn Sie sich der Leere, vor der Sie bisher durch Anhaftung flüchteten, bewußt sind und nicht länger weglaufen – *wer* ist sich ihrer bewußt? Das sollen Sie herausfinden.

Dieses bewußte Wahrnehmen, daß man leer ist, ist nur eine weitere Ausflucht, und man erkennt, daß man nur eine Zusammensetzung aus all diesen Bruchstücken ist.

K.: Wenn Sie sagen «Ich bin mir meiner Leere bewußt», so ist das ebenfalls eine Art Flucht; wir sind in ein Netz von Ausflüchten verstrickt. Das ist unser Leben. Wenn Sie erkennen, daß Anhaftung Flucht ist, dann geben Sie diesen Fluchtweg auf. Stürzen Sie sich von einer Flucht in die nächste? Oder sehen Sie eine Art der Flucht und verstehen damit alle?

Meine Herrschaften, Sie sind nicht in der Lage, länger als zehn Minuten ununterbrochen achtsam zu sein, und wir haben jetzt eine Stunde und fünfzig Minuten miteinander geredet. Wir hören nun also besser auf. Morgen werden wir mit dem gleichen Thema fortfahren, bis es für Sie *real* wird – nicht, weil ich es sage; es ist Ihr Leben.

Gespräch 3

Die Untiefen von Abhängigkeit und Angst. Das Beobachten von Anhaftung; die Ebenen der Anhaftung. Gewohnheit. Die Notwendigkeit, das gesamte Netz der Gewohnheiten zu sehen. Wie kann man umfassend, total sehen? Der Unterschied zwischen Analyse und Beobachtung. Die hinter unseren Gewohnheiten steckenden Mechanismen. Was ist Kreativität?

KRISHNAMURTI: Gestern sprachen wir über Abhängigkeit, die damit verbundenen Anhaftungen und über Angst. Ich meine, daß das ein sehr wichtiges Thema in unserem Leben ist, und deshalb sollten wir hier wirklich in die Tiefe gehen. Letztendlich kann man sehen, daß Freiheit nicht möglich ist, wenn irgendeine Form der Abhängigkeit besteht. Es gibt physische und psychische Abhängigkeit, die biologische Abhängigkeit von Nahrung, Kleidung und Wohnraum; das sind natürliche Abhängigkeiten. Aber es gibt eine Form der Anhaftung, die aus der biologischen Notwendigkeit hervorgeht, wie beispielsweise das Besitzen eines Hauses, an dem man hängt, an das man psychisch gebunden ist; oder man ist aufgrund anderer Ängste, die noch nicht aufgedeckt wurden, von bestimmten Nahrungsmitteln oder zwanghaftem Essen abhängig – und so weiter.

Es gibt physische Abhängigkeiten, die ziemlich offensichtlich und daher leicht bewußt wahrzunehmen sind, wie beispielsweise die Abhängigkeit vom Rauchen, von Drogen, vom Trinken, von den verschiedensten Formen körperlicher Stimulierung. Dann gibt es die psychischen Abhängigkeiten. Diese muß man sehr sorgfältig beobachten, weil sie ineinanderfließen; sie stehen in Wechselbeziehung zueinander. Man ist abhängig von einem Menschen, einem Glaubenssystem, einer etablierten Beziehung, bestimmten psychisch bedingten Denkgewohnheiten. Ich meine, es ist ziemlich einfach, sich all dieser Dinge bewußt zu sein. Und weil sowohl auf der physischen als auch auf der psychischen Ebene Abhängigkeit und Anhaftung existieren, gebiert die Angst, etwas zu verlieren, woran man hängt, wieder Angst.

Man kann von einem Glauben abhängig sein, von einer Erfahrung oder einer mit einem bestimmten Vorurteil verknüpften Überzeugung – wie tief geht diese Anhaftung? Ich weiß nicht, ob Sie das in Ihrem eigenen Inneren beobachtet haben. Wir haben es den ganzen Tag über beobachtet, um herauszufinden, ob irgendeine Form von Anhaftung besteht – wir kommen regelmäßig hierher, wohnen in einem bestimmten Chalet, reisen von einem Land zum anderen, reden, wenden uns Menschen zu, werden verehrt, kritisiert, bloßgestellt. Wenn man das den ganzen Tag beobachtet hat, entdeckt man natürlich, wie tief die Anhaftung an etwas oder irgend jemanden reicht – oder ob sie gar nicht vorhanden ist. Jegliche Form der Anhaftung, ganz gleich an was, an ein Buch, eine besondere Ernährungsweise, ein bestimmtes Denkmuster, eine bestimmte gesellschaftliche Verantwortlichkeit – gebiert unweigerlich Angst. Und ein menschlicher Geist, der in Angst gefangen ist – obwohl er das vielleicht gar nicht weiß, weil er ja verhaftet ist –, kann natürlich nicht frei sein und befindet sich folglich ständig in einem Zustand der Zerrissenheit.

Vielleicht hat man ein bestimmtes Talent, wie beispielsweise ein Musiker, der völlig seinem Instrument oder seiner Stimme anhaftet. Und wenn das Instrument oder seine Stimme versagen, ist er völlig verloren, seine guten Tage sind vorbei. Er mag seine Hände oder seine Geige versichern, oder er kann Dirigent werden, aber durch seine Anhaftung weiß er, daß die Dunkelheit der Angst unweigerlich auf ihn wartet.

Ich frage mich, ob jeder von uns – vorausgesetzt, es ist uns auch nur im geringsten ernst damit – sich dieses Problems wirklich bewußt ist, denn Freiheit bedeutet Freiheit von jeglicher Anhaftung und daher von jeglicher Abhängigkeit. Ein abhängiger Geist ist nicht objektiv, nicht klar, kann nicht vernünftig denken und nicht direkt beobachten.

Es gibt die oberflächlichen psychischen Abhängigkeiten, und es gibt tiefe Schichten, in denen sich verschiedene Formen der Anhaftung befinden können. Wie decken Sie diese auf? Wie sieht der Geist, der seine vielen Anhaftungen vielleicht bewußt beobachtet und ihre Natur erkennt, die Wahrheit und die Bedeutung dieser Wahrheit? Vielleicht existieren in ihm noch andere Formen verborgener Anhaftung. Wie wollen Sie diese verborgenen, insgeheimen Abhängigkeiten aufdecken? Ein abhängiger Geist durchlebt den Konflikt der Erkenntnis, daß er losgelöst, unabhängig sein muß, wenn er nicht leiden und sich dann wieder von etwas anderem abhängig machen will. Das ist unser Leben. Ich stelle fest, daß ich an meiner Frau hänge, und sehe vielleicht alle damit verbundenen Konsequenzen. Indem ich an ihr hänge, erkenne ich, daß das unweigerlich mit Angst verbunden ist. Deshalb haben wir den Konflikt der Loslösung und das Problem der Beziehung, den Konflikt in der Beziehung. Das ist ziemlich leicht zu beobachten und aufzudecken.

Unsere Frage lautet, wie tief man in den verborgenen Winkeln des Geistes irgendeiner Form von Tradition verhaftet ist – welche es auch sein mag. Bitte folgen Sie aufmerksam, denn Sie werden sehen, daß Freiheit absolute Freiheit von all dem bedeuten muß, andernfalls ist Angst unvermeidlich. Und ein von Angst belasteter Geist ist unfähig zu verstehen, unfähig, die Dinge zu sehen, wie sie sind, und dann darüber hinauszugehen.

Wie kann man die verborgenen Anhaftungen beobachten? Vielleicht bin ich widerspenstig und glaube, ich sei mit nichts verhaftet; vielleicht bin ich zu der Überzeugung gelangt, daß ich von nichts und niemandem abhängig bin. Diese Überzeugung ist ein Anzeichen von Widerspenstigkeit. Aber wenn man lernt, sucht, beobachtet, dann ist in diesem Akt des Lernens keine Schlußfolgerung enthalten. Die meisten von uns hängen an irgendeiner Überzeugung und funktionieren entsprechend dieser Überzeugung. Kann der Geist frei von der

Angewohnheit sein, Schlüsse zu ziehen? – Und zwar immer, nicht nur gelegentlich. «Ich mag langes Haar, ich mag langes Haar nicht», «Ich mag dies, ich mag jenes nicht». Auf intellektuellem Weg oder durch Erfahrungen kommt man zu einer bestimmten Denkweise, welcher Art sie auch sein mag. Kann der Geist funktionieren, ohne Überzeugungen zu bilden? Das ist ein Punkt. Zweitens – kann der Geist sich selbst die verborgenen Abhängigkeiten, Anhaftungen und Muster enthüllen? Und drittens: Kann der Geist, der das Wesen und die Mechanismen von Anhaftung durchschaut, sich auf eine Lebensweise einschwingen, die nicht isolierend, sondern höchst aktiv und dennoch frei von Fixierung auf einen bestimmten Punkt ist. Wir werden das untersuchen.

Sind wir uns zunächst einmal der Tatsache bewußt, daß wir biologisch, psychisch und physisch verhaftet sind? Sind Sie sich bewußt, daß Sie von Dingen physisch abhängig sind? Und sind Sie sich auch der Konsequenzen dieser Abhängigkeiten bewußt? Sehen Sie, wie außerordentlich schwierig es ist, das Rauchen aufzugeben, wenn Sie nikotinabhängig sind? Für Menschen, die rauchen – für die es zur Gewohnheit geworden ist –, ist es unglaublich schwierig. Es wirkt nicht nur als Stimulans, als sozial verbindende Angewohnheit, sondern ist auch mit Anhaftung verbunden. Ist man sich der Anhaftung an bestimmte Getränke, an Drogen oder Medikamente, an verschiedene Arten von Aufputschmitteln bewußt? Und können Sie, falls es so ist, diese unmittelbar aufgeben?

Nehmen wir an, ich sei abhängig von Whisky und sei mir dessen bewußt. Es ist zu einer mächtigen Gewohnheit geworden, der Körper verlangt danach, er hat sich daran gewöhnt und kann nicht mehr ohne sein. Nun sind Sie zu dem Schluß gelangt, daß Sie nicht trinken sollten, daß es schlecht für Sie ist, die Ärzte haben Sie aufgefordert, das Trinken einzuschränken. Aber Körper und Geist sind dieser Gewohnheit verfallen. Kann der Geist nun diese Gewohnheit, indem er sie beobachtet, unmittelbar vollkommen ablegen? Sehen Sie, was damit verbunden ist. Der Körper verlangt danach, weil er sich daran gewöhnt hat, und der Verstand sagt: «Ich muß es aufgeben.»

Es findet also ein Kampf zwischen dem körperlichen Verlangen und der Entscheidung des Verstandes statt. Was werden Sie tun? Lassen Sie den Whisky beiseite, und betrachten Sie Ihre eigenen Angewohnheiten; Sie trinken vielleicht keinen Whisky, aber Sie haben andere Gewohnheiten, vielleicht runzeln Sie ständig die Stirn, schauen mit offenem Mund, trommeln mit den Fingern. Bitte lassen Sie uns darüber sprechen. Der Körper ist abhängig vom Trinken, und der Verstand sagt: «Ich muß mich davon freimachen»; aber Sie erkennen auch, daß ein Problem, ein Kampf entsteht, wenn Körper und Geist im Widerstreit miteinander liegen. Was werden Sie tun? Bitte, meine Herrschaften, beteiligen Sie sich! Sie müssen ja absolut frei von allen Gewohnheiten sein, wenn Sie darüber nicht diskutieren können!

Entweder man hört auf, oder man trinkt weiter.

K.: Was tun Sie tatsächlich? Bitte spielen Sie nicht damit, denn wenn Sie es einmal verstanden haben, werden Sie sehen, wie außerordentlich wichtig es wird, frei von jeglichem Bemühen zu sein und zu handeln, also frei von jeglicher Verzerrung.

Ich erkenne, daß ich meine Gewohnheit bin.

K.: Ja. Was tun Sie dann? Ich erkenne, daß ich meine Gewohnheit bin, meine Gewohnheit ist ich.

Frage 1: Müssen wir diese Angewohnheiten nicht bis zu ihrem Ursprung zurückverfolgen?

Frage 2: Wir müssen als erstes unseren Widerstand dagegen aufgeben.

K.: Darf ich etwas sagen? Wir wollen hier nicht theoretisieren oder spekulieren. Erzählen Sie mir nicht, was man tun soll, sondern lassen Sie uns etwas herausfinden; wir wollen nicht nur lernen, wie man schauen muß, sondern wie aus diesem Schauen Handeln entspringt.

Ich habe eine ganz bestimmte Angewohnheit, ich kratze mich ständig am Kopf, trommle mit den Fingern, betrachte etwas mit offenem Mund, sehr körperliche Dinge also. Wie kann ich mir diese Angewohnheit nun auf die müheloseste Weise abgewöhnen? Wir sprechen über Angewohnheiten, an die wir bewußt oder unbewußt gebunden sind. Ich nehme die banalsten Gewohnheiten als Beispiele wie mich am Kopf kratzen oder an meinen Ohren zupfen oder mit den Fingern trommeln. Wie kann der Geist das ohne jegliches Bemühen beenden, wohl wissend, daß Bemühen gleichbedeutend ist mit Dualität, Widerstand, Verurteilung, dem Verlangen, darüber hinauszugehen – wenn ich verbal oder nonverbal verdränge oder flüchte. Wie lege ich also, wenn mir all das klar ist, wenn ich diese Tatsachen verstehe, eine körperliche Angewohnheit ohne jegliches Bemühen ab?

Sie beobachten sie in ihrer Ganzheit.

K.: Einen Moment, diese Feststellung könnte all unsere Fragen beantworten. Sie beobachten sie in ihrer Ganzheit. Was heißt das? Nicht nur *eine* Gewohnheit, wie das Kratzen oder das Trommeln mit den Fingern, sondern den gesamten Mechanismus, der hinter den Gewohnheiten steckt. Das *Ganze*, nicht ein Bruchstück davon. Nun, wie beobachtet aber der Geist die Gewohnheiten, in denen er gefangen ist, in ihrer Ganzheit?

Mit passivem Gewahrsein oder passivem Beobachten.

K.: Sie zitieren den Redner. Ich fürchte, das wird nicht genügen. Bitte zitieren Sie niemanden.

Ist es der Geist, der die Gewohnheiten bildet?

K.: Schauen Sie, diese Frage ist wirklich ziemlich wichtig, wenn Sie sich intensiver mit der Sache auseinandersetzen. Kann der Geist, anstatt nur eine bestimmte kleine Angewohnheit zu beobachten, sich dieses gesamten Mechanismus der Entstehung von Gewohnheiten bewußt sein? Bitte sagen Sie nicht ja, ziehen Sie keine Schlüsse. Schauen Sie, was diese Frage mit sich bringt. Es gibt nicht nur diese kleinen Angewohnheiten wie mit den Fingern trommeln, sondern auch sexuelle Gewohnheiten, Denkgewohnheiten, ganz verschiedene Aktivitäten. Ich denke dies, beschließe jenes, und das ist zu einer Gewohnheit geworden. Ich lebe in Gewohnheiten, mein ganzes Leben ist ein Gebilde aus Angewohnheiten. Wie kann sich der Geist des gesamten, hinter den Gewohnheiten steckenden Mechanismus bewußt sein?

Man hat tausend und eine Angewohnheiten, die Art, wie man seine Zähne putzt, sein Haar kämmt, wie man liest, wie man geht. Eine weitere Angewohnheit ist der Wunsch, berühmt zu werden, wichtig zu werden. Wie kann sich der Geist all dieser Gewohnheiten bewußt werden? Muß er sich eine Angewohnheit nach der anderen bewußt machen? Wissen Sie, wie lange das dauern würde? Ich könnte den Rest meines Lebens damit verbringen, jede einzelne Gewohnheit zu beobachten und würde sie dennoch nicht loswerden. Ich werde etwas darüber lernen. Ich werde etwas herausfinden, ich werde mich nicht davon entfernen. Ich frage, ob es dem Geist möglich ist, das gesamte Netz der Gewohnheiten zu sehen? Wie soll er das anstellen? Raten Sie nicht, ziehen Sie keine Schlüsse, bieten Sie keine Erklärung an – ich bin nicht daran interessiert, es hat absolut keinen Sinn zu sagen: «Geh, tu dies oder jenes.» Ich will *jetzt* etwas darüber lernen. Was tue ich also?

Kann man sich der Energieverschwendung, die mit einem bestimmten Gewohnheitsmuster – oder vielen Mustern – verbunden ist, bewußt sein und sich dadurch befreien?

K.: Ich bin zu Ihnen allen gekommen und sage: Bitte helfen Sie mir, das herauszufinden. Ich habe Hunger, geben Sie mir nicht die Speisekarte, geben Sie mir etwas zu essen! Ich frage: Was werden Sie tun?

Eine Gewohnheit total verstehen – vielleicht könnte man dann alle Gewohnheiten hinter sich lassen.

K.: Wie kann ich eine Angewohnheit – beispielsweise die, mit meinen Fingern zu spielen – beobachten und dadurch alle anderen Gewohnheiten sehen? Ist das anhand einer so unbedeutenden Sache möglich? Ich weiß, daß ich es aufgrund meiner inneren Spannung tue. Ich komme mit meiner Frau nicht gut aus, und so entwickle ich diese seltsame Angewohnheit, oder ich tue es, weil ich nervös bin, schüchtern, oder dies oder jenes. Aber ich will etwas über das gesamte Netz der Gewohnheiten lernen. Muß ich das Schritt für Schritt tun, oder gibt es eine Möglichkeit, dieses gesamte Netzwerk unmittelbar zu sehen? Bitte, beantworten Sie mir das.

Zur Struktur der Gewohnheiten gehören zwei Aspekte …

K.: Es sind zwei Dinge: Die Gewohnheiten und der Beobachter, der sich mit diesen Gewohnheiten auseinandersetzt. Und der Beobachter ist ebenfalls eine Gewohnheit. Beide sind also Gewohnheiten. Ich trommle mit meinen Fingern, und das Beobachten dieser Gewohnheit geschieht durch ein Gebilde, welches ebenfalls ein Produkt von Gewohnheiten ist. Ganz offensichtlich! Also haben wir es mit nichts als Gewohnheiten zu tun. Bitte, wie werden Sie mir helfen, darüber zu lernen?

Mein gesamtes Leben besteht aus Gewohnheiten, meine Geisteshaltung ist eine Gewohnheit – diesen Zustand muß ich ändern.

K.: Wer ist dieses «Ich», das ihn ändert? Das «Ich» ist ebenfalls eine Gewohnheit, es besteht aus einer Reihe von Worten und Erinnerungen, und Wissen, es repräsentiert die Vergangenheit, es ist nichts als Gewohnheit.

Da wir alle in Gewohnheiten gefangen sind, wissen wir es offensichtlich nicht.

K.: Warum sagen Sie dann nicht: «Ich weiß es nicht», anstatt so viele Worte zu machen? Wenn Sie es nicht wissen, dann lassen Sie uns gemeinsam lernen. Seien Sie sich zunächst aber darüber im klaren, daß Sie nichts wissen; und zitieren Sie niemanden. Sind wir in der Lage zu sagen: «Ich weiß es wirklich nicht?»

Aber weshalb haben wir diese Angewohnheiten?

K.: Das ist ziemlich einfach. Ich habe ein Dutzend Gewohnheiten, stehe jeden Morgen um acht Uhr auf, gehe ins Büro, kehre um sechs nach Hause zurück, trinke ein Glas und so weiter; ich muß nicht viel nachdenken, muß nicht sehr lebendig sein. Der menschliche Geist liebt es, auf Schienen zu laufen, in Gewohnheiten zu funktionieren: Es bietet Sicherheit, Geborgenheit. Das muß man nicht groß erklären. Aber wie kann der Geist dieses gesamte Netzwerk der Gewohnheiten beobachten?

Vielleicht können wir in jedem Augenblick aufmerksam sein – soweit es unsere Energien erlauben.

K.: Schauen Sie, das ist nur eine Vorstellung. Daran bin ich nicht interessiert. Sie fragten: Kann der menschliche Geist die gesamte Struktur, den gesamten Mechanismus der Gewohnheiten sehen? Und wenn er die Gewohnheiten in ihrer Totalität sieht, mag es ein davon befreites Handeln geben. Das wollen wir untersuchen – kann ich jetzt damit anfangen? Wir werden es gemeinsam herausfinden.

Wie kann der Geist, einschließlich des Verstandes, etwas total wahrnehmen – nicht nur unsere Gewohnheiten, sondern irgend etwas total sehen? Wir sehen die Dinge fragmentarisch, bruchstückhaft. Das Geschäft, die Familie, die Gemeinde, Individuen, meine Meinung, deine Meinung, meinen Gott, deinen Gott – wir sehen alles in Bruchstücken. Ist das nicht tatsächlich so? Sind Sie sich dessen bewußt? Wenn das Sehen bruchstückhaft ist, kann man nicht das Ganze sehen. Wenn ich das Leben in Bruchstücken sehe, weil mein Geist konditioniert ist, kann ich natürlich auch nicht die Totalität des menschlichen Wesens sehen. Wenn ich mich selbst durch meinen Ehrgeiz, durch meine speziellen Vorurteile vom Ganzen abtrenne, kann ich das Ganze nicht sehen. Bin ich mir der Tatsache bewußt, daß ich das Leben fragmentarisch betrachte – als «Ich» und «Nicht-Ich», als «Wir» und «Sie»? Betrachte ich das Leben auf diese Weise? Wenn ja, kann ich offensichtlich überhaupt nichts ganzheitlich sehen. Dann frage ich mich: Wie kann der Geist, der so stark in seiner Gewohnheit des fragmentarischen Sehens und Handelns gefangen ist, das Ganze sehen? Offensichtlich kann er das nicht. Wenn ich mit meiner persönlichen Erfüllung, meinem persönlichen Ehrgeiz, meinem Konkurrenzdenken und meinem Verlangen, etwas zu erreichen, beschäftigt bin, kann ich die Menschheit als Ganzes nicht sehen. Was soll ich tun? Das Verlangen nach Erfüllung, danach, jemand zu sein, etwas zu erreichen, ist eine Angewohnheit: Sowohl eine gesellschaftlich sanktionierte als auch eine, die mir persönlichen Lustgewinn verschafft. Wenn ich die Straße entlanggehe, schauen mir die Leute nach und sagen: «Da geht er.» Das verschafft mir ein starkes Lustgefühl. Solange der Geist in diesem Rahmen der Zersplitterung operiert, kann er das Ganze nicht sehen. Meine Frage lautet also: Was kann der Geist tun, der bruchstückhaft funktioniert und erkennt, daß er das Ganze auf keinen Fall sehen kann? Muß er jedes Bruchstück analysieren, jedes Bruchstück verstehen? Das würde sehr lange dauern. Warten Sie auf Antwort vom Redner?

Man muß total still werden.

K.: Oh, er zitiert jemanden.

Wenn wir all unsere Angewohnheiten jetzt, während sie tatsächlich zu Tage treten, sehen könnten und wenn wir sehen könnten, was uns daran hindert, dies tatsächlich jetzt, in diesem Augenblick wahrzunehmen...

K.: Das tun wir doch – oder nicht? Sie gehen nicht vorwärts, Sie gehen wieder und wieder zurück. Ich bin *jetzt* in einer Gewohnheit gefangen; ich trommle mit den Fingern, ich lausche dem Gesagten mit offenem Mund, und ich erkenne, daß das eine Angewohnheit ist. Meine Frage lautet: Kann ich diesen gesamten hinter den Gewohnheiten steckenden Mechanismus jetzt sehen? Sie passen nicht auf. Schauen Sie, ein fragmentarischer Geist kann unmöglich das Ganze sehen. Also nehme ich eine Angewohnheit her, und indem ich über diese eine Gewohnheit etwas lerne, erkenne ich den gesamten Mechanismus hinter allen Gewohnheiten. Welche Gewohnheit soll ich nehmen?

Rauchen...

K.: In Ordnung. Ich analysiere nicht – ist Ihnen der Unterschied zwischen Analyse und Beobachtung klar? Analyse setzt voraus, daß es den Analysierenden und die zu analysierenden Dinge gibt. Wenn also das Rauchen Gegenstand der Analyse ist, so muß jemand da sein, der analysiert. Der Unterschied zwischen Analyse und Beobachtung ist folgender: Beobachten heißt direkt sehen – ohne Analyse, ohne den Beobachter, das rote, rosafarbene oder schwarze Kleid sehen, wie es ist, ohne zu sagen: «Ich mag es nicht.» Können Sie folgen? In diesem Sehen existiert kein Beobachter. Ich sehe die Farbe rot, und es gibt kein Mögen oder Ablehnen, da ist nur die Beobachtung.

Analyse bedeutet: «Ich mag Rot nicht, weil meine Mutter, die immer mit meinem Vater stritt...» Ich führe es auf meine Kindheit zurück. Analyse setzt also einen Analysierenden voraus. Bitte machen Sie sich klar, daß zwischen dem Analysierenden und dem zu analysierenden Objekt oder Subjekt eine Trennung besteht. In der reinen Beobachtung gibt es keine Trennung. Beim Beobachten gibt es keinen Zensor, man sagt nicht: «Ich mag», «Ich mag nicht», «Das ist schön», «Das ist nicht schön», «Das ist meins», «Das ist nicht meins». Sie müssen das tun, nicht nur darüber theoretisieren, dann werden Sie es herausfinden.

Wie ich bereits sagte, analysieren wir nicht, sondern beobachten einfach die Angewohnheit des Rauchens. Was wird beim Beobachten aufgedeckt? – Nicht Ihre Interpretation dessen, was es bedeutet. Sehen Sie den Unterschied? Es gibt keine Interpretation, keine Übersetzung, keine Rechtfertigung, keine Verurteilung. Was enthüllt die Angewohnheit des Rauchens?

Sie enthüllt, daß man Rauch in seine Lunge einzieht.

K.: Das ist ein Faktum. Und was sagt es Ihnen darüber hinaus? Es erzählt Ihnen die Geschichte des Rauchens, wenn Sie nicht anfangen zu interpretieren. Wenn Sie zuhören können, wenn Sie das Rauchen beobachten können, dann wird das Bild Ihnen alles sagen, was es Ihnen sagen will.

Nun, was sagt es Ihnen? – Daß Sie eine Menge Rauch in Ihre Lunge ziehen? Was noch?

Daß man abhängig ist.

K.: Es zeigt Ihnen, daß Sie von einem Unkraut abhängig sind.

Daß man innerlich leer ist.

K.: Das ist Ihre Übersetzung. Was sagt es Ihnen?

Ich sehe, daß es einfach eine mechanische Angelegenheit ist, ich denke nicht darüber nach – ich tue es einfach.

K.: Es sagt Ihnen, daß Sie etwas Mechanisches tun. Es sagt Ihnen, daß Ihnen übel wurde, als Sie zum ersten Mal rauchten; es war nicht angenehm, aber weil die anderen rauchten, rauchten Sie auch. Nun ist es zur Gewohnheit geworden.

Sagt es mir nicht auch, daß es mich bis zu einem gewissen Grad beruhigt?

K.: Es sagt Ihnen, daß es Sie einlullt, daß es Ihnen hilft, sich zu betäuben, daß es Ihre Nerven beruhigt, Ihren Appetit zügelt, damit Sie nicht dick werden.

Es sagt mir, daß das Leben mich langweilt.

K.: Es sagt Ihnen, daß es Sie entspannt, wenn Sie sich mit anderen treffen und nervös sind. Es hat Ihnen eine Menge gesagt.

Es sagt mir, daß ich unaufmerksam bin.

K.: Das ist Ihre Übersetzung – es sagt Ihnen nicht, daß Sie unaufmerksam sind.

Es verschafft mir eine gewisse Befriedigung, ganz besonders nach dem Abendessen.

K.: Ja, es hilft Ihnen, es sagt Ihnen all das. Und warum tun Sie es? Hören Sie einfach zu – bitte antworten Sie mir nicht so schnell. Warum akzeptieren Sie all das, was es Ihnen enthüllt hat? Das Fernsehen sagt Ihnen, was Sie tun sollen, welche Seife Sie kaufen sollen usw. Sie alle haben diese Werbespots gesehen! Man sagt Ihnen die ganze Zeit, was Sie tun sollen – warum akzeptieren Sie es? Die heiligen Bücher sagen Ihnen, was sie tun und lassen sollen. Weshalb akzeptieren Sie die Propaganda von Kirchen oder Politikern?

Weil es einfacher ist, einem System zu folgen.

K.: Warum folgen Sie ihm? Um sich sicher zu fühlen? Um sich mit anderen verbunden zu fühlen? Um wie die anderen zu sein? Was bedeutet, daß Sie Angst haben, nicht wie die anderen Leute zu sein. Sie wollen sein wie alle anderen, weil darin Sie das Gefühl haben, liege absolute Sicherheit. Wenn Sie in einem katholischen Land als Nicht-Katholik leben, werden Sie Schwierigkeiten haben, und wenn Sie in einer Diktatur nicht der Parteilinie folgen, werden Sie es ebenfalls schwer haben. Betrachten Sie jetzt, was das Bild dieses Unkrauts enthüllt hat und weshalb Sie in dieser Gewohnheit gefangen sind. Es ist die Wechselwirkung, die Beziehung zwischen der Zigarette und mir. Das ist Gewohnheit, das ist die Art und Weise, auf die mein ganzer Verstand funktioniert: Ich tue etwas, weil es sicher ist. Ich nehme eine Gewohnheit an – eine banale oder wichtige –, weil ich dann nicht mehr darüber nachdenken muß. Mein Verstand empfindet es also als sicher, in Gewohnheiten zu funktionieren. Ich sehe den gesamten Mechanismus der Bildung von Gewohnheiten. Durch die eine Angewohnheit des Rauchens habe ich das gesamte Muster entdeckt; ich habe die Gewohnheiten produzierende Maschinerie enthüllt.

Ich habe nicht ganz verstanden, wie man dadurch, daß man eine Angewohnheit betrachtet, den gesamten gewohnheitsbildenden Mechanismus erkennen kann.

K.: Ich habe es Ihnen gezeigt. Gewohnheit bedeutet mechanisches Funktionieren, und durch das Beobachten der mechanischen Angewohnheit des Rauchens erkenne ich, wie der Verstand in Gewohnheiten funktioniert.

Sind denn alle Gewohnheiten mechanisch?

K.: Sie müssen es sein – in dem Moment, in dem Sie das Wort Gewohnheit gebrauchen, muß es sich um etwas Mechanisches handeln.

Gibt es nicht tiefere Abhängigkeiten als simple, mechanische Angewohnheiten?

K.: In dem Moment, in dem wir das Wort «Gewohnheit» gebrauchen, impliziert es mechanische Wiederholung – die Entstehung einer Gewohnheit –, was bedeutet, daß man wieder und wieder das gleiche tut. Wir sprechen nicht von guten oder schlechten Gewohnheiten: Uns geht es hier um «Gewohnheit» an sich.

Wenn ich mich beispielsweise an Macht oder an Komfort oder an Besitz gewöhnt habe – geht das nicht tiefer als eine simple mechanische Angewohnheit?

K.: Die Gewohnheit der Machtausübung, das Verlangen nach Macht, Status, Dominanz, Aggression, Gewalttätigkeit – all das impliziert der Wunsch nach Macht. Tun, was man will, wie ein Kind oder ein Erwachsener; das ist zur Gewohnheit geworden.

Oder das Verlangen nach Sicherheit…

K.: Ich sagte, es gibt Ihnen Sicherheit usw. Indem ich diese eine Gewohnheit untersucht habe, habe ich gesehen, daß alle anderen Gewohnheiten darauf basieren. Da Gewohnheiten mechanisch, repetitiv sind, tappe ich in die Falle, wenn ich sage: «Ich wäre gern ein berühmter Mann», denn in dieser Gewohnheit finde ich Sicherheit, und deshalb gehe ich ihr nach. In ihrem Kern – wir sprechen hier nicht von guten oder schlechten Gewohnheiten, sondern nur von Gewohnheiten an sich – sind alle Gewohnheiten mechanisch. Alles, was ich ständig wiederhole, was ich von gestern oder heute ins Morgen mit hinübernehme, muß mechanisch sein. Manche mechanischen Handlungen wirken ein wenig eleganter, laufen reibungsloser ab als andere, aber sie bleiben dennoch Gewohnheiten, sind etwas sich ständig Wiederholendes – das ist offensichtlich.

Würden Sie sagen, daß bestimmte kreative Bemühungen ebenfalls Gewohnheiten sind?

K.: Wir wollen diese Frage gemeinsam beantworten. Würden Sie sagen, daß Kreativität eine Gewohnheit ist?

Kreativität bedeutet Frische. Man kann sich nicht bemühen, kreativ zu sein.

K.: Sagen Sie das, weil Sie kreativ sind, oder stellen Sie einfach nur Vermutungen darüber an? Man muß fragen, was mit Kreativität gemeint ist. Das ist eine sehr wichtige Frage – und Sie wischen sie vom Tisch. Sie malen ein Bild; entweder tun Sie es, weil Sie gern malen oder weil es Ihnen Geld bringt, vielleicht wollen Sie auch zu einem ganz neuen, originellen Malstil finden usw. Was bedeutet es, kreativ zu sein? Ist ein Mann, der ein Gedicht schreibt, weil er nicht mit seiner Frau oder mit der Gesellschaft auskommt, kreativ? Ist der Mann, der Geige spielt und eine Menge Geld damit verdient, kreativ?

Und was ist mit dem Menschen, der innerlich unter großer Spannung steht und aus dieser Spannung heraus von der Welt bejubelte Theaterstücke verfaßt – würden Sie ihn kreativ nennen? Der Mann, der trinkt und aus diesem Zustand heraus ein wunderschönes Gedicht schreibt – ist er kreativ?

Wie können Sie darüber urteilen?

K.: Ich urteile nicht.

Aber Sie stellen doch diese Frage. Wenn ich sage, jemand ist kreativ oder nicht, dann urteile ich.

K.: Ich urteile nicht, ich frage, ich lerne, ich schaue mir all die Menschen an, die Bücher, Gedichte oder Theaterstücke schreiben, die Geige spielen. Ich sehe sie vor mir. Ich sage nicht: «Das ist gut», «Das ist schlecht»; ich frage: «Was ist Kreativität?» In dem Augenblick, in dem ich sage: «Das ist richtig», bin ich schon am Ende. Dann kann ich nicht mehr lernen. Und ich will lernen, ich will herausfinden, was es heißt, kreativ zu sein.

Vielleicht muß man eine unschuldige Vielseitigkeit besitzen …

K.: Ich weiß nicht – vielleicht –, ich will es herausfinden, ich will lernen.

Man muß lebendig sein.

K.: Ich gehe in ein Museum und sehe all diese Gemälde, bewundere sie, vergleiche sie und sage: «Was waren das für herrlich kreative Menschen.» Also möchte ich herausfinden, was es bedeutet, kreativ zu sein. Muß ich ein Gedicht schreiben, ein Bild malen, ein Theaterstück verfassen, um kreativ zu sein? Das heißt, ist Kreativität also notwendigerweise mit Ausdruck verbunden? Bitte hören Sie aufmerksam zu. Ist die Frau, die in ihrer stickigen Küche Brot backt, kreativ?

Wir bezeichnen diese Aktivitäten im allgemeinen als kreativ.

K.: Ich hinterfrage das. Ich sage nicht, daß Sie es nicht sind – ich weiß es nicht. Ich will lernen.

Wenn ich Brot backe – und das noch nie zuvor getan habe –, dann bin ich kreativ.

K.: Ich frage Sie, was Kreativität ist.

Wir sind jetzt, in diesem Augenblick, kreativ.

K.: Nein, nein. Wenn ich mir all das betrachte, was der Mensch kreativ genannt hat, dann frage ich mich, was ist Kreativität? Muß sie einen Ausdruck finden – wie Brotbacken, ein Bild malen, ein Theaterstück schreiben, Geld verdienen? Verlangt Kreativität nach Ausdruck?

Ja, ich glaube, daß wir jetzt kreativ sind.

K.: Darum geht es mir nicht. Ich will wissen, ob Sie kreativ sind oder nur jemandem zuhören, der Ihnen das alles darlegt.

Ich glaube, man ist schöpferisch, wenn man unkritisch beobachtet.

K.: Nicht «Ich glaube». Schauen Sie, ich will es mit aller Leidenschaftlichkeit herausfinden.

In dem Augenblick, in dem man erkennt, daß man verhaftet ist – in diesem Moment sieht und handelt man. Das ist der Augenblick der Schöpfung.

K.: Also sagen Sie, Sehen und Handeln sind eins, und in diesem Augenblick sind Sie kreativ. Das ist eine Definition.

Ist Kreativität nicht die Harmonie des einzelnen mit der Natur?

K.: Sind Sie in Harmonie mit der Natur? Sie verstehen nicht, worum es geht. Ich will etwas herausfinden, ich bin hungrig. Ich habe die Gemälde aller großen Maler gesehen, ich habe all die wunderbaren Theaterstücke gesehen usw. Ich frage, was Schöpfung, was Kreativität ist? Was bedeutet es, kreativ zu sein? Ich will keine Definition, ich will lernen!

Man ist kreativ, wenn man etwas Neues macht.

K.: Was heißt das? Etwas absolut Neues und Frisches, ohne jegliches Entscheiden? Das bedeutet, daß die Vergangenheit beendet sein muß. Haben Sie damit abgeschlossen? Oder sprechen Sie über Schöpfung und Kreativität so, wie Sie über ein Buch sprechen. Falls ja, will ich nicht daran teilhaben. Ich will *lernen*, ich bin leidenschaftlich, ich will Tränen darüber vergießen! Man kann kreativ leben, ohne irgend etwas von all dem zu tun, weder Brot backen noch ein Bild malen, noch ein Gedicht schreiben. Aber man kann es nur, wenn der Geist nicht fragmentiert ist, wenn da keine Angst ist, wenn der Geist frei von allen Verwicklungen der Vergangenheit ist, wenn er frei von Bekanntem ist.

Für mich ist Kreativität keine Sache, sie ist eine Bewegung, etwas Dynamisches.

K.: Weder für Sie noch für mich – Sie alle machen eine persönliche Angelegenheit daraus. Es ist keine persönliche Meinung. Ich bin hungrig, und Sie füttern mich mit einer Menge Worte. Was bedeutet, daß Sie nicht hungrig sind. Gestern, nachdem wir über Anhaftung gesprochen hatten, habe ich es beobachtet; der Geist hat den ganzen Tag über beobachtet, ob er *irgend etwas* verhaftet ist, an irgend etwas hängt, daran, auf einem Podium zu sitzen, zu sprechen, anderen etwas zu sagen, etwas zu schreiben oder ob er an einer Person, an bestimmten Vorstellungen, einem bestimmten Stuhl hängt. Man muß das herausfinden, und indem man es herausfindet, entdeckt man ganz großartige Dinge – die Schönheit der Freiheit und die Liebe, die dieser Freiheit entspringt. Wenn wir von Kreativität, von Schöpfung sprechen, dann sprechen wir von einem Geist, der frei von Aggression ist.

Um also etwas über die Maschinerie, das Netzwerk der Gewohnheiten herauszufinden, muß man ganz wach sein, muß in es eindringen, es durch sich hindurchfließen lassen –, wie dieser Fluß, der ständig in Bewegung ist. Wenn dieses Fragen und Forschen Sie den ganzen Tag begleitet, werden Sie großartige Dinge entdecken.

Gespräch 4

Das gesamte Netz von Ängsten und Fluchtwegen erkennen. Der Kampf gegen Anhaftung führt nur in die Zersplitterung. Kann man über Zersplitterung zur Ganzheit, zur Erleuchtung gelangen? Auf welche Weise kommt Zersplitterung zustande? Das Denken und der Faktor Zeit. Was wird man tun, wenn man erkennt, daß das Denken trennt und dennoch eine notwendige Funktion hat? Wie funktioniert ein von allem Altbekannten freier menschlicher Geist? Die Frage nach dem Unmöglichen stellen.

KRISHNAMURTI: Wir haben über Anhaftung gesprochen, die unweigerlich Angst mit sich bringt. Und wir haben über die verschiedenen Formen von Angst – sowohl die bewußten als auch die unbewußten – gesprochen. Wir stellen nun die Frage, ob man das gesamte Netz von Ängsten und Fluchtwegen ohne Analyse erkennen kann, ob man es einfach ohne jegliches Analysieren beobachten kann. Ich meine, wir sollten sehr tief in diese Sache eindringen, denn ein Geist, der nicht frei von Angst und den verschiedenen Strategien der Angstvermeidung ist, wird unweigerlich verkrüppelt, unintelligent, selbst wenn er die verschiedensten Formen von Meditation oder dergleichen praktiziert. Das alles ist absolut kindisch und unreif, solange er nicht vollkommen frei von Angst ist.

Können wir nun also noch sehr viel tiefer in dieses Thema eindringen und etwas herausfinden, etwas über den menschlichen Geist lernen? Nicht nur über die oberflächlichen Schichten, sondern in die tief verborgenen Schichten des Geistes eindringen, in denen die Ängste sind. Die meisten Menschen sind von irgend etwas abhängig, sind mit irgend etwas verhaftet, und diese Anhaftung offenbart unsere Flucht vor der

Verlassenheit, vor Frustrationen, der inneren Leere und Hohlheit. Kann man, wenn man sich dieser ganzen Bewegung der Angst bewußt ist – die nichts als ein Sich-Wegbewegen von der Tatsache der Leere ist –, diesen gesamten Prozeß als Ganzes, nicht bruchstückhaft, sehen? Davon sprechen wir hier. Um etwas als Ganzes sehen zu können, muß der nach Erfolg strebende menschliche Geist sein fragmentarisches Denken aufgeben. «Ich will frei von Angst sein, um etwas anderes erreichen zu können» oder «Ich will bestimmte Meditationspraktiken befolgen, um Erleuchtung zu erlangen», oder «Ich will mich disziplinieren, kontrollieren, formen, um ganz außergewöhnliche Erfahrungen zu machen». Eine solche Denk-, Lebens- und Handlungsweise ist fragmentarisch. Ich weiß nicht, ob jeder von uns das ganz klar sieht.

Können wir uns das ganze Netz der Ängste, vor denen wir mit aller Macht fliehen, und die verschiedenen Fluchtwege anschauen? Können wir diese komplizierten, höchst subtilen Formen der Flucht sehen, die das eigentliche Wesen von Angst ausmachen? Können wir erkennen, daß das Handeln aus irgendeiner Überzeugung heraus fragmentarisch ist, weil es weiteres Lernen verhindert; vielleicht hatten Sie angefangen zu lernen, aber in dem Augenblick, in dem aus dem Gelernten eine Überzeugung wird, wird es bruchstückhaft. Wie kommt diese Zersplitterung zustande? Wir haben über die Angst gesprochen, die entsteht, wenn wir uns unserer Abhängigkeit von etwas oder jemandem bewußt werden, sowie über unsere Versuche, uns aus der Abhängigkeit zu lösen, um die Angst zu überwinden. Das ist fragmentarisches Denken. Wodurch oder auf welche Weise wird unser Leben so bruchstückhaft? Bitte meine Herrschaften, ziehen Sie keine Schlüsse aus dem Gehörten. Ich möchte wirklich mit Ihnen kommunizieren, um Ihnen zu vermitteln, daß man tatsächlich vollkommen, absolut frei von Angst werden kann; nicht nur von den biologischen, physischen Ängsten, sondern auch von den tiefsten, innersten psychischen Ängsten.

Angst ist eine Form von Zersplitterung. Anhaftung ist eine Form von Zersplitterung. Und der Versuch, sich von dieser

Anhaftung zu befreien, nachdem man sich ihrer bewußt geworden ist, ist ebenfalls eine Bewegung im Rahmen der Zersplitterung. Ich hänge an meiner Familie; dann entdecke ich, daß das Schmerz oder Vergnügen verursacht. Falls es sich um eine schmerzliche Abhängigkeit handelt, will ich mich davon lösen und kämpfe gegen die Anhaftung. Ich bewege mich also im Rahmen der Zersplitterung und kann folglich innerhalb dieses Rahmens zu keiner Lösung kommen. Worauf beruht diese Zersplitterung unseres Lebens, welcher Mechanismus steckt dahinter? Nicht nur innerlich, sondern auch im Äußeren – dieses Aufspalten, dieses Trennen in verschiedene Nationalitäten, Religionen, Praktiken? Man hofft, über eines dieser Fragmente zu einer Synthese zu gelangen, zu einer Ganzheit, zur Erleuchtung – ganz gleich, wie Sie es nennen möchten. Das heißt, man hofft, durch Zersplitterung zu einem nicht-fragmentarischen Geist zu finden. Ist das möglich?

Die Yogis, die Rishis und die verschiedenen Gurus versprechen all diese Dinge. Man muß also herausfinden, weshalb es überhaupt zur Zersplitterung kommt, welche Mechanismen dahinterstecken. Nicht verbale oder intellektuelle Schlüsse ziehen, sondern tatsächlich den gesamten Mechanismus erkennen, ohne zu analysieren. Ich weiß nicht, ob ich Ihnen vermittle, worum es geht?

Falls nicht, sollten wir hier innehalten und darüber sprechen.

Sind diese weisen Männer, diese Rishis, wie Sie sie nennen, nicht erleuchtete Menschen?

K.: Was meinen Sie? Fragen Sie mich nach meiner Meinung? Nur Narren geben Meinungen ab! (*Gelächter*) Wie kann man wissen, wer erleuchtet ist? Diese Frage stellen Sie sich nie. Ich könnte hier auf dem Podium sitzen und sagen, daß ich das weiseste, erleuchtetste, göttlichste menschliche Wesen bin – aber woher wollen Sie es wissen? Das ist es, was in der Welt vor sich geht. Irgendein Mann kommt daher und stellt diese

Behauptungen auf, sagt Ihnen, was Sie tun sollen, um Erleuchtung zu erlangen. «Ich habe sie erlangt, und ich werde Sie Ihnen weitergeben.» Wie können Sie wissen, ob er erleuchtet ist oder nicht? Weshalb scheren Sie sich überhaupt darum, wer erleuchtet ist und wer nicht?

Man kann sich selbst erfahren, wenn man bestimmte Dinge tut; man kann einer Methode folgen.

K.: Nein, es gibt keine Methode. Wir zeigen Ihnen hier keine wie auch immer geartete Methode, wir lernen. Lernen ist keine Methode; man kann durch eine Methode lernen, aber dadurch wird der Geist lediglich auf dieses bestimmte System konditioniert. Wenn Sie lernen, heißt das, daß Sie beobachten. Wenn Sie beobachten, daß ein System den Geist konditioniert und mechanisiert, dann sehen Sie, daß alle Systeme gleich sind; Sie lernen, was ein System erreichen kann. Manche Systeme verhelfen Ihnen zu einer außergewöhnlichen Erfahrung, aber es bleibt eine sehr begrenzte Erfahrung – das ist ziemlich offensichtlich.

Könnte man nicht für den Anfang einem System folgen? Einfach um eine Vorstellung davon zu bekommen, selbst wenn es nur ein Bruchstück ist, und dann von da aus zum großen Ganzen weitergehen?

K.: Wäre es nicht hilfreich, mit Krücken zu beginnen und sie dann später wegzuwerfen? Unsere Frage lautet: Warum halten Sie sich an irgendeiner Schnur fest, wenn Sie einfach beobachten können, wenn Sie dadurch, daß Sie sich selbst beobachten, über das gesamte Phänomen der Existenz lernen und dann darüber hinausgehen können? Sie wollen, daß man Ihnen hilft; das ist, ich möchte das mit allem Respekt sagen, das größte Hindernis. Sie haben die Vorstellung, daß jemand Sie lehren kann, deshalb beginnen Sie schon mit einem Bruchstück; diese

Trennung ist Zersplitterung – Sie und der Lehrer, Sie und das erleuchtete Wesen; ganz offensichtlich besteht hier eine Trennung.

Aber lehren Sie nicht auch?

K.: Tue ich das? Der Redner hat von Anfang an klargestellt, daß es keinen Lehrer und keinen Schüler gibt. Er sagt das seit 45 Jahren, nicht aus Torheit oder als Reaktion, sondern weil er als wahr erkannt hat, daß niemand einem anderen Erleuchtung mit Hilfe irgendeines Systems verschaffen kann – weder durch Meditation, noch durch das Praktizieren irgendeiner Disziplin. Jemand hat das schon vor 45 Jahren erkannt. Und Sie fragen: Sind Sie ein Lehrer oder nicht? Ich habe es Ihnen gezeigt. Ein Lehrer ist jemand, der Wissen angesammelt hat und es an jemand anderen weitergibt; so, wie es zwischen Professor und Student üblich ist. Wir stehen hier in keiner Weise in einer solchen Beziehung zueinander. Wir lernen gemeinsam, das haben wir deutlich gemacht. Jegliche Kommunikation bedeutet gemeinsames Lernen, gemeinsames Schaffen, gemeinsames Beobachten. Wenn das verstanden wird, ist unsere Kommunikation etwas ganz anderes. Aber wenn Sie das Gefühl haben, daß der Redner es besser weiß, daß er der Erleuchtete ist, weil er auf einem Podium sitzt, dann sage ich zu Ihnen: Bitte schreiben Sie der auf dem Podium sitzenden Person keine Eigenschaften zu. Sie wissen nichts über Erleuchtung. Wenn Sie sie kennen oder verstehen würden, wenn Sie sie lebten, wären Sie nicht hier. Sie ist eines der außergewöhnlichsten Phänomene, über die man etwas lernen kann – nicht «gelehrt werden kann» –, Sie zahlen nicht hundert Dollar und bekommen das beigebracht. Allein die Vorstellung – Geld bezahlen, um etwas über die Wahrheit zu erfahren! Was tun Sie eigentlich alle?

So, meine Herrschaften, wir versuchen herauszufinden, zu lernen, was es mit der Zersplitterung auf sich hat. Der Lehrer und der Schüler – das ist Zersplitterung. Das höhere Selbst und das niedere Selbst, die Seele und der Körper, diese ständige Trennung.

Das Denken kann sich nur auf eine Sache zur Zeit konzentrieren. Würden Sie sagen, daß das Denken die Ursache der Zersplitterung ist? Wenn das Denken sich nur auf dies konzentrieren kann und alles andere darüber vernachlässigt, dann muß doch das Denken zur Zersplitterung führen; der Denkprozeß an sich ist Zersplitterung.

K.: Wir werden etwas darüber lernen – bitte ziehen Sie keine Schlüsse. Ich frage, weshalb wir in Zersplitterung leben, wie geschieht es? Was steckt hinter diesem Verlangen nach Trennung? Nehmen wir ein ganz einfaches Beispiel. Sie sind der Lehrer, und ich bin der Schüler; weshalb besteht diese Trennung zwischen Ihnen und mir? Will ich lernen, oder will ich der Autorität, die Sie repräsentieren, in die Sie investiert haben, folgen? Sie sagen, daß Sie wissen, sind erleuchtet. Und ich will das auch für mich, ich bin gierig, ich will etwas besitzen, das mich glücklich machen soll. Also folge ich Ihnen, dem Lehrer, als Schüler; die Trennung existiert in dem Moment, in dem ich Ihnen folge. Ich habe mich nie gefragt, weshalb ich Ihnen folge. Was ist der Grund, auf welcher Basis akzeptiere ich Sie als meine Autorität? Vielleicht sind Sie ein verrückter Neurotiker, vielleicht hatten Sie ein paar unbedeutende Erfahrungen, die Sie zu etwas Großartigem aufgebauscht haben, und ich bin unfähig, das zu beurteilen, weil ich von Ihrem Bart oder von Ihren Augen oder von was auch immer fasziniert bin, und so folge ich Ihnen einfach. Wenn ich dagegen lernen will, werde ich Sie nicht als Autorität akzeptieren, weil Sie in dem Augenblick, in dem Sie zur Autorität werden, bereits Zersplitterung, Trennung geschaffen haben. Ich bitte Sie, das zu sehen.

Es spielt keine Rolle, ob es sich um eine spirituelle oder politische oder militärische Autorität handelt. In dem Moment, in dem man von der Existenz einer Autorität ausgeht –

von der Annahme, daß Sie wissen und ich nicht weiß –, existiert Trennung, Zersplitterung. Und das führt unweigerlich zu Konflikten zwischen Ihnen, dem Lehrer, und mir. Ist das klar? Das heißt also, daß ich *niemals* irgend jemandem folgen werde.

Wenn er Ihnen Gutes tut, weshalb sollten Sie es dann nicht tun? Ist es nicht besser, ein Bruchstück zu haben als überhaupt nichts?

K.: Der Lehrer heißt mich etwas tun, und ich tue es, und ich spüre dabei großes Entzücken, großes Vergnügen; ich habe verstanden. Aber was bringt das mit sich? Meine Sehnsucht nach Erfahrung, meine Sehnsucht nach Verstehen – aber nicht meiner selbst, sondern dessen, was der Guru sagt. Wenn der Guru sagte: «Erkenne Dich selbst», dann wäre das weit wichtiger als alles andere. «Versuche nicht, mich zu verstehen, sondern verstehe dich selbst.» Sie würden lieber jemandem folgen, als sich selbst zu verstehen! Weshalb existiert also diese Trennung, diese Zersplitterung?

Weil wir aus Bruchstücken bestehen, unsere Fähigkeiten sind fragmentarisch. Jedes Talent bringt eine einzelne Aktivität mit sich.

K.: Sie haben ein Talent für technische Dinge. Warum sollte das zur Zersplitterung führen? Ich habe ein Talent zum Klavierspielen. Weshalb sollte das Zersplitterung mit sich bringen? Spannen Sie nicht den Wagen vor das Pferd? Ist es tatsächlich das Talent, das Zersplitterung herbeiführt, oder ist der Geist zersplittert und benutzt eines der Bruchstücke, eines der Talente und verstärkt dann die Trennung? Verstehen Sie, was ich sage?

Ich will etwas über diese Zersplitterung lernen. Wenn ich hier zu einer Lösung kommen könnte, würde ich völlig anders handeln als zuvor. Ich würde nicht-fragmentarisch handeln; also muß ich es herausfinden. Ich werde weder Schlüsse ziehen noch mit irgendeiner Schlußfolgerung beginnen. Da ist die Trennung – der Lehrer und der Schüler, die Autorität, der Anhänger, der Mensch, der behauptet, erleuchtet zu sein, der Mensch, der sagt «Ich weiß nichts» – warum? Wie kommt das zustande? Wenn ich es wirklich verstehen könnte, alles darüber lernen könnte, könnte ich es hinter mir lassen, abschließen. Dann wären meine Beziehungen zu anderen vollkommen anders, und mein Handeln wäre in jedem Augenblick total. Also *muß* ich etwas darüber lernen. Was meinen Sie, meine Herrschaften?

Wir leben in Hoffnung und Verlangen.

K.: Wir leben in Hoffnung, und eben diese Hoffnung ist eine Form der Zersplitterung. Auf was hoffen Sie? Ist dies die wahre Ursache für unsere Zersplitterung? Es ist eine der Auswirkungen der Zersplitterung, wie auch das Verlangen nach Erfolg. Ist das Streben nach Erfolg die Auswirkung meiner inneren Zersplitterung? Das ist ungeheuer wichtig. Ich will Erfolg – durch Malen oder Schreiben, durch dies oder jenes. Was ist also die Ursache dieser Zersplitterung?

Die Begrenztheit jeder unserer Eigenschaften – unsere Sehfähigkeit ist begrenzt, unsere Sinne und unsere Intelligenz sind begrenzt; wir haben nicht die Möglichkeit, das Ganze auf einmal zu sehen.

K.: Ich kann nur in eine Richtung sehen; hätte ich am Hinterkopf Augen, würde ich das Ganze sehen. Ist es das, worüber wir hier sprechen? Und sagen dann, mein Gesichtsfeld ist begrenzt? Natürlich ist mein physisches Gesichtsfeld begrenzt, ich kann nicht die gesamte Alpenkette auf einmal sehen – vielleicht könnte ich es, wenn ich in einem Flugzeug darüber hinwegfliegen würde. Aber das hat absolut nichts mit dem zu tun, worüber wir hier sprechen. Wir sprechen über die Frage, weshalb der Verstand, das Denken, trennt.

Es ist nicht möglich, mit dem Denken die ganze Welt auf einmal zu erfassen.

K.: Also sagen Sie, Zersplitterung existiert so lange, so lange das Denken existiert, welches das Ganze nicht auf einmal erfassen kann; das ist die Ursache der Zersplitterung.

Ja, unsere Kommunikation mit anderen Menschen ist auch bruchstückhaft; im Augenblick denken wir über Selbsterkenntnis nach und nicht über Bergsteigen. Man kann nicht alles zusammenbringen.

K.: Nun, wir wollen uns im klaren sein, worüber wir sprechen. Nicht über das Bergsteigen – wie Sie sehr richtig bemerkten oder darüber, wie es wäre, am Hinterkopf Augen zu haben. Nein, wir sprechen über unseren Geist, über unsere Art zu denken, zu schauen, zu hören, Schlüsse zu ziehen. Weshalb findet jener Prozeß, der unweigerlich zur Zersplitterung führt, überhaupt statt? Darüber sprechen wir hier.

Bereits das Sprechen über all diese Dinge ist etwas Bruchstückhaftes.

K.: So impliziert also schon das Gespräch über dieses Thema Zersplitterung. Aber wir fragen, weshalb diese Zersplitterung existiert. Weshalb kann ich mit Ihnen nicht total kommunizieren und weshalb können Sie mir nichts total vermitteln? Wir wollen das herausfinden, und wir wollen langsam dabei vorgehen. Was ist die Dynamik, der Mechanismus, die Ursache dieser Zersplitterung?

Daß wir uns an unsere Vorstellungen über uns selbst und über bestimmte Dinge klammern.

K.: Ja, wir klammern uns an eine Überzeugung, und das ist die Ursache der Zersplitterung. Weshalb klammern wir uns an Überzeugungen?

Ich glaube dennoch, daß es an der Kommunikation liegt. In der Schule erhält man beispielsweise Lektionen in Französisch und Englisch und Erdkunde. Unsere Ausbildung ist von Anfang an fragmentarisch.

K.: Sie sagen also, daß unsere Ausbildung fragmentarisch ist und daß unser Geist deshalb bereits von Kindesbeinen an durch diese Spaltung konditioniert wird.

Der Denkprozeß führt logischerweise zu Schlußfolgerungen; man kann nicht denken, ohne Schlüsse zu ziehen.

K.: Sie alle sagen also mit verschiedenen Worten, daß der Verstand die Ursache jeglicher Zersplitterung, Spaltung ist.

Der Verstand ist ein Bruchstück unserer selbst.

K.: Ja, der Verstand, also das Denken, ist fragmentarisch. Es ist ein Bruchstück unserer selbst.

Das Ergebnis all unseres Denkens, all unserer Schlußfolgerungen muß zwangsläufig zu weiterer Zersplitterung führen.

K.: Das ist richtig. Sie sagen also zu mir, der dabei ist zu lernen, so wie Sie auch, daß das Denken die Quelle jeglicher Spaltung ist. Finden Sie es heraus, sagen Sie nicht ja oder nein. Das

Denken ist das Produkt oder die Reaktion des Gedächtnisses, und das Gedächtnis repräsentiert die Vergangenheit. Und diese Erinnerungen an die Vergangenheit sind immer Bruchstücke – das ist ganz offensichtlich. Die Vergangenheit, das Heute und das Morgen; die vergangene Erfahrung, die gegenwärtige Erfahrung und die Zukunft. Die Vergangenheit, die sagt, «Ich habe nicht gelernt, ich weiß nicht, ich werde es von Ihnen lernen». Ist das nicht die Hauptursache der Zersplitterung? Was sagen Sie, meine Herrschaften?

Sie haben das bereits gesagt, als Sie über Zeit sprachen. Die Wahrnehmung von Zeit zieht unsere Aufmerksamkeit von der Gegenwart ab, wirkt also trennend.

K.: Selbstverständlich wirkt Zeit trennend. Was ist Zeit? Finden Sie es heraus. Es gibt die chronologische Zeit. Ich muß zum Bahnhof gehen, um einen Zug zu erwischen, der zu einer bestimmten Zeit abfährt. Und dann gibt es die mit dem menschlichen Streben, mit Erfolg verbundene Zeit: «Sie wissen», «Ich weiß nicht», «Ich werde lernen». All das ist psychische Zeit. Es bedeutet, daß der Verstand sagt: «Ich werde Schritt für Schritt lernen.» Nach und nach werde ich alle Stufen erklimmen und schließlich in jenen wundervollen Zustand gelangen; das auf Erfolg ausgerichtete Denken hat also eine Spaltung erzeugt. In diesem Fall wird der Erfolg nicht in Geld, sondern in Erleuchtung oder Glauben gemessen.

Würden Sie also sagen, daß der Verstand jener hinter der Zersplitterung steckende Mechanismus ist? Der Verstand, der feststellt: «Du bist ein Hindu», «Du bist ein Katholik», «Du bist braun», «Du bist schwarz», und «Du bist rosa». Der Verstand hat die Werte einer bestimmten Gesellschaft und Kultur konditioniert, und jeder, der dieser Kultur nicht angehört, wird als unzivilisierter Wilder betrachtet. Das alles ist klar, nicht wahr? Was werden Sie also tun, wenn der Verstand, wenn das Denken verantwortlich für diese Zersplitterung ist? Ich muß den Lebensunterhalt verdienen – ich muß es tun, um leben zu können, ich habe eine Familie. Und dann ist da noch das «Ich» mit seinen eigenen Problemen, seinem Ehrgeiz und seinen Erfolgen. Auf der einen Seite also der Lebensunterhalt, die Familie, das Funktionierenmüssen und der Wunsch, aus diesem Funktionieren Status zu beziehen, und auf der anderen das «Ich» – lauter Bruchstücke. Aber was soll ich tun? Ich sehe, daß das Denken für all das verantwortlich ist. Ist es so oder nicht? Wir lernen – sagen Sie es dem Redner, wenn er sich irrt, finden Sie es heraus!

Aber wir denken die ganze Zeit über, ununterbrochen, wir denken in diesem Moment.

K.: Einen Augenblick, wir werden das herausfinden. Genau das ist der Punkt. Wir denken und wir sagen uns: «Ich muß den Lebensunterhalt verdienen, da ist eine Familie, Vergnügen, Erfolg, das Streben nach Erleuchtung, der Guru, die Autorität und so weiter.« Und da ist das Ich, daß sich durch all das durchwurstelt. Und Sie sagen mir, daß das Denken dazu geführt hat. Ich habe Gedanken, die eine bestimmte Kultur hervorgebracht haben, und diese Kultur hat mich konditioniert. Das Denken hat dies getan, und das Denken muß auch für den Lebensunterhalt sorgen. Der Verstand sagt uns, daß wir Geld für unsere Familie, für unsere Kinder verdienen müssen. Also ist der Verstand dafür verantwortlich. Sind Sie sicher, daß es so ist? Bitte sagen Sie nicht hinterher, es sei nicht so – seien Sie sich sicher, lernen Sie.

Man hat das Gefühl, daß da hinter dem Denken noch etwas ist.

K.: Darauf kommen wir noch zu sprechen. Betrachten Sie zunächst das, womit wir uns gerade beschäftigen. Sie können nicht zu dem gelangen, was hinter dem Denken steckt, ohne den gesamten Mechanismus des Denkens verstanden zu haben; andernfalls fliehen Sie einfach nur vor dem Verstand. Ist das also die Wahrheit – nicht Ihre Wahrheit oder meine, nicht meine persönliche Meinung oder Ihre Meinung –, ist es eine Tatsache, daß das Denken trennt? Das Denken trennt die Lebenden heute und die Sterbenden morgen. Ich werde morgen sterben, aber der Verstand sagt: «*Du* wirst sterben», «*Du* wirst Angst haben!» oder der Verstand sagt «Das war ein herrliches Erlebnis, davon muß ich mehr haben». Und er sagt: «Mich erschreckt, was ich getan habe, gib acht, laß es nicht wieder geschehen, paß auf, daß es nicht entdeckt wird.» Das Denken erzeugt also Angst, Schmerz und Lust. Das Denken trennt. Das ist die Wahrheit, ob Sie sie erkennen oder nicht. Was werden Sie nun, da Sie wissen, daß das Denken Zersplitterung bewirkt und so die Trennung aufrechterhält, also tun?

Trennt das Denken an sich, oder ist es die Art und Weise, wie wir unsere Gedanken benutzen?

K.: Wer ist «Wir»? Wer ist dieses «Ich», das die trennenden Gedanken denkt?

Bitte ziehen Sie keine Schlüsse, hören Sie zunächst einmal, was der Redner sagt. Der Lebensunterhalt muß verdient werden, also muß man den Verstand dazu benutzen. Ich kehre nach Hause zurück, und der Verstand sagt: «meine Familie», «meine Verantwortung». Oder er sagt: «Ich habe viel Spaß am Sex», «Ich leide furchtbar, meine Frau wird mich vielleicht verlassen». Das Denken, der Verstand ist ständig in Betrieb, spaltet, trennt – der Lehrer, der Schüler, der Erfolg. Was werden Sie tun, wenn Sie wissen, daß das Denken Zersplitterung bewirkt und folglich Angst und Leid mit sich bringt? Zersplitterung bedeutet, daß es keinen Frieden geben wird. Sie können über Frieden reden, sich einer Frieden versprechenden Organisation anschließen, aber es wird keinerlei Frieden geben, solange Zersplitterung durch das Denken existiert. Was geschieht also, wenn Sie mit dieser Tatsache konfrontiert sind?

Ich identifiziere mich mit dem Verstand.

K.: Wer ist das «Ich», das sich mit dem Verstand identifiziert? Hat nicht das Denken das «Ich» erschaffen? Jenes «Ich», das aus meinen Erfahrungen, meinem Wissen, meinem Erfolg besteht – all das ist das Produkt des Verstandes. Und wenn Sie sagen, es ist das höhere Selbst, Gott, dann ist es immer noch der Verstand; Sie haben Gedanken über Gott. Was werden Sie also tun?

Das Denken muß zum Stillstand kommen.

K.: Wie soll es zum Stillstand kommen? Hören Sie, der Verstand muß funktionieren, wenn Sie etwas Mechanisches tun, selbst beim Autofahren brauchen Sie ihn. Sie sagen, das gesamte Denken muß zum Stillstand kommen. Dann können Sie keinen Lebensunterhalt verdienen, Sie können nicht nach Hause zurückkehren, Sie sind nicht einmal in der Lage zu sprechen. Beobachten Sie sich selbst, finden Sie es heraus, lernen Sie etwas darüber! Der Verstand muß eingesetzt werden, und er erkennt auch, daß er Spaltung, Zersplitterung hervorruft. Was soll der Verstand also tun?

Mir scheint, daß wir bei jedem Gespräch an diesen Punkt kommen. Meine Frage ist nun: Ist das eine Frage, die überhaupt beantwortet werden kann?

K.: Wir werden es herausfinden.

Ich bekomme Angst, weil ich die Sackgasse sehe.

K.: Werden Sie jetzt, da Sie nicht wissen, was Sie tun sollen, lernern?

Falls es möglich ist.

K.: Warum sagen Sie das? Ich habe Sie nicht gefragt, ob es möglich ist ober nicht, ich fragte: «Werden Sie etwas darüber lernen?» Lernen – was bedeutet das? Neugier – nicht wahr? Widersprechen Sie nicht einfach so. Sind Sie leidenschaftlich, begierig, etwas darüber zu lernen? Denn das könnte *alle* unsere Probleme lösen. Deshalb müssen Sie Intensität besitzen, Sie müssen neugierig sein, leidenschaftlich, um es herauszufinden. Sind Sie das? Oder werden Sie sagen: «Ich will warten, bisher habe ich mit Schlußfolgerungen gut funktioniert, ich werde einen weiteren Schluß ziehen und mein Handeln danach ausrichten?» Wenn Sie lernen wollen, sind folgende drei Dinge absolut notwendig: Neugier, Lernbegierde und Energie. Diese Energie gibt Ihnen die nötige Leidenschaft, um etwas herausfinden zu wollen, um zu lernen. Haben Sie diese Eigenschaften? Oder möchten Sie hier nur beiläufig über all das reden?

Meinen Sie Zielgerichtetheit?

K.: Nein. Lernen ist nicht Zielgerichtetheit. Lernen heißt, einen lernwilligen Geist zu haben, einen Geist, der etwas herausfinden will –, wie ein Kind, das sagt: «Ich will wissen, aus was dieser Berg besteht.»

Ich könnte vom Lernen abhängig werden.

K.: Weshalb übersetzen Sie das hier Gesagte in Ihre eigenen Worte? Ich sagte, man muß eine Menge Energie besitzen, man muß neugierig sein, und man muß beharrlich sein, um etwas herauszufinden – nicht eine Minute lang voller Neugier und dann in der nächsten Minute sagen: «Tut mir leid, ich bin zu müde, ich langweile mich, ich will hinausgehen und eine Zigarette rauchen.» So können Sie nicht lernen.

Ich brauche Sicherheit. Ich habe Angst, wenn ich keine Sicherheit habe.

K.: Hören Sie sich das an: «Ich werde lernen, wenn mir das für den Rest meines Lebens absolute Sicherheit garantiert.»

Diese Trennung gibt mir ein Gefühl der Sicherheit, und ich brauche diese Illusion.

K.: Und Sie kommen daher und rütteln an meiner Sicherheit! Deshalb habe ich Angst, will ich nicht lernen. Das gilt für Sie alle hier! Es hat mir eine Menge Vergnügen bereitet, ein Buch zu schreiben, und ich weiß, daß ich aus der Zersplitterung heraus funktioniere, aber dieses Buch verschafft mir Ansehen, Geld, Status. Sprechen Sie nicht zu mir; das Haus brennt zwar, aber stören Sie mich nicht!

Wir wollen von diesem Punkt aus weitergehen. Wenn das Denken die Ursache jeglicher Zersplitterung ist und dennoch eingesetzt werden muß – was muß dann geschehen? Wie soll das Denken nicht funktionieren und doch funktionieren? Das Denken ist verantwortlich für die Zersplitterung, und alle Überzeugungen und Schlußfolgerungen sind Fragmente. Bitte sehen Sie das. «Ich muß Sicherheit haben», «Ich habe Angst vor Unsicherheit». Aber vielleicht gibt es eine Lebensweise, die Ihnen physische Sicherheit bietet – das ist es ja, was Sie wollen – und dennoch psychische Freiheit gibt. Diese Freiheit bringt vollkommene physische Sicherheit mit sich, aber Sie sehen das nicht; also werden wir lernen.

Wenn das Denken verantwortlich für die Zersplitterung ist und doch funktionieren muß, damit wir überleben können – was soll der Verstand dann tun? Verstehen Sie meine Frage? Falls Sie sie nicht verstehen, sollten wir zunächst einmal die Frage selbst untersuchen. Ich muß das Denken benutzen, um von hier zu meinem Wohnort zurückkehren zu können, um Geld zu verdienen, um zu meiner Arbeitsstelle zu gehen und dort angemessen zu funktionieren. Und doch erkennt der

Verstand, daß er selbst die Ursache der Zersplitterung und daher aller Konflikte ist. Der Verstand erkennt, daß er funktionieren muß, und er erkennt auch, daß er die Zersplitterung verursacht.

Ist das Erkennen der Zersplitterung ein Bindeglied zwischen den einzelnen Bruchstücken?

K.: Nein, es ist kein Bindeglied, Sie können nicht Bruchstücke zusammenfügen und ein Ganzes daraus machen. Die vielen Speichen des Rades sind noch kein Rad – es kommt darauf an, daß man die Speichen auf eine bestimmte Weise zusammensetzt, damit ein Rad entsteht.

Genügt es nicht, wenn wir den Verstand benutzen müssen, aber keine Zersplitterung wollen, sich einfach der Tendenz des Verstandes, diese Zersplitterung zu produzieren, bewußt zu sein?

K.: Wenn wir uns der Tatsache bewußt sind, daß das Denken Zersplitterung verursacht, so bringt bereits die bewußte Wahrnehmung dieses ganzen Prozesses eine andere geistige Qualität mit sich. Haben Sie das so gemeint? Geschieht das mit Ihnen? Seien Sie vorsichtig, erforschen Sie diese Frage sehr sorgfältig. Wir müssen denken, aber der Verstand erkennt auch, daß er Zersplitterung, Spaltung und folglich alle Konflikte und Ängste, alles Leid der Welt verursacht. Doch der Verstand selbst – so meinen Sie – muß sich dieses ganzen Prozesses bewußt sein. Schauen Sie, was nun geschieht. Wir sagten, der Verstand sei die Ursache der Zersplitterung; wenn er sich also seiner selbst und der Art und Weise, auf die er Zersplitterung hervorruft, bewußt wird, dann spaltet er sich wieder in das eine und das andere auf.

Wir müssen das Denken benutzen, und wir müssen uns jener Art zu denken, die Zersplitterung verursacht, bewußt sein.

K.: Bitte gehen Sie langsam voran. Was meinen Sie mit «bewußt»?

Sehen.

K.: Was meinen Sie mit «sehen»? Sehen Sie diesen Prozeß mechanisch? Weil Sie die Worte gehört haben, haben Sie sie intellektuell verstanden, und Sie sehen mit der Absicht, diese Worte und Ihre intellektuelle Schlußfolgerung auf das Sehen anzuwenden. Seien Sie vorsichtig, sagen Sie nicht «nein». Sehen Sie mit einer Schlußfolgerung, oder sehen Sie einfach? Haben Sie das verstanden?

Waren es, an dem Punkt, an dem Sie diese Frage stellten, tatsächlich Sie selbst, der die Frage stellte? Denn es scheint mir, daß es nur wieder eine Zersplitterung ist, wenn an diesem Punkt eine Frage gestellt wird.

K.: Sie meinen, daß man durch das Stellen der Frage weitere Zersplitterungen verursacht.

Und falls es so ist – welche Bedeutung hatte dann diese ganze Untersuchung? Welchen Wert hatte sie?

K.: Ich werde es Ihnen erklären. Sie kommen zu diesem Punkt und stellen die Frage: «Wer stellt diese Frage?« Ist es der Verstand, das Denken? Wenn es so ist, dann ist es wieder eine Spaltung. Ich stelle die Frage, weil Sie nicht lernen. Deshalb werde ich es herausfinden.

Ich habe dieses Bild vor mir – soviel kann der Geist sehen –, wie das Denken alles gespalten hat; das Denken muß funktionieren *und* dies sehen. Wenn Sie das wirklich ganz, total sehen, gibt es keine weitere Frage. Und Sie können das nur sehen, wenn Sie keine Schlüsse ziehen, wenn da kein Wunsch ist, es zu lösen, darüber hinauszugehen. Nur wenn Sie diesen gesamten Mechanismus des Denkens in seiner Totalität sehen, wie es funktioniert, wie es wirkt, was hinter all dem steckt – ist das Problem gelöst. Dann werden Sie immer ganzheitlich, nicht-fragmentarisch funktionieren; selbst wenn Sie ins Büro gehen, ist das eine ganzheitliche Handlung, wenn Sie das Ganze sehen. Wenn nicht, dann trennen Sie – dann ist hier das Büro, dort die Familie, hier das «Du», dort das «Ich». Nun – sehen Sie das Ganze?

Wollen Sie damit sagen, daß es möglich ist, ein nicht-dualistisches Leben zu führen und dennoch in der Gesellschaft zu funktionieren?

K.: Ich zeige es Ihnen, wenn Sie diesen gesamten Mechanismus des Denkens sehen, nicht nur einen Teil davon, sondern sein ganzes Wesen, seine Struktur und seine Dynamik.

Wie kann man das schneller lernen?

K.: Indem Sie *jetzt* zuhören! Sehen Sie, da ist schon wieder der Wunsch, etwas zu erreichen! Das heißt, daß Sie überhaupt nicht zuhören; Ihre Augen und Ohren sind darauf fixiert, irgendwohin zu gelangen.

Meine Frage, die ich als Freund stelle, lautet nun also: «Sehen Sie diesen gesamten Komplex?» Und der Freund sagt: »Sie müssen ihn sehen, sonst wird Ihr Leben schrecklich und leidvoll sein – Sie werden Kriege haben, großes Unheil erleben –, um Gottes willen, sehen Sie das!» Und warum sehen Sie es nicht? Was hindert Sie daran? Ihr Ehrgeiz? Ihre Faulheit? Ihre unzähligen Überzeugungen?

Nun, wer wird die Frage beantworten?

Antwort 1: Weshalb beantworten? Einfach tun.
Antwort 2: Ich weiß, daß ich Überzeugungen habe, aber ich kann sie nicht loswerden, sie bestehen einfach weiter.
Antwort 3: Wie können wir jemals sicher sein?

K.: Es ist die gleiche alte Frage. Sage mir, wie ich sicher sein kann; das ist die ewige Frage des Menschen.

Vielleicht ist es gut, bewußter wahrzunehmen, daß wir jetzt leben und nicht gestern oder letztes Jahr. Ein großer Teil unserer Aufmerksamkeit wird durch das Leben in der Vergangenheit oder das Träumen von der Zukunft absorbiert.

K.: Können Sie in der Gegenwart leben? Das bedeutet, ein Leben außerhalb der Zeit zu leben.

Physisch bin ich lebendig.

K.: Ich frage Sie, können Sie in der Gegenwart leben? Um in der Gegenwart leben zu können, darf es keine Zeit, keine Vergangenheit, keine Zukunft, keinen Erfolg, keinen Ehrgeiz geben. Können Sie es?

Nur ein bißchen. (Gelächter) *Bereits der Vorgang, etwas zu bauen, sagen wir, ein Haus, erfordert ein bestimmtes Programm.*

K.: Natürlich. Um ein Haus bauen zu können, brauchen Sie einen Architekten, der Architekt macht einen Plan, und der Bauunternehmer baut nach diesem Plan. Genau so einen Plan wollen wir für unser Leben. Du bist der Architekt, gib mir den Plan, und ich werde nach diesem Plan funktionieren.

Das habe ich nicht gesagt. Ich sagte, wir wollen ein Haus bauen, und das ist eine sehr konkrete Angelegenheit. Wir müssen bestimmte Dinge planen …

K.: Also benutzen Sie Ihren Verstand.

Demnach können wir nicht nur im Augenblick leben.

K.: Das habe ich nie gesagt. Wenn Sie diese Frage wirklich ganz aufmerksam betrachten, werden Sie niemals fragen: «Wie kann ich in der Gegenwart leben?» Wenn Sie das Wesen, die Struktur des Denkens ganz klar sehen, werden Sie feststellen, daß Sie aus einem absolut gedankenfreien Geisteszustand heraus funktionieren und dennoch den Verstand benutzen können. Das ist wirkliche Meditation, nicht dieses ganze aufgesetzte Zeug.

Der Geist ist so vollgestopft mit dem Bekannten, welches das Produkt des Denkens ist. Er ist angefüllt mit vergangenem Wissen, vergangenen Erfahrungen, den ganzen Erinnerungen – die Teil unseres Gehirns sind –, er ist mit Bekanntem angefüllt.

Vielleicht übersetze ich das Bekannte in die Sprache der Zukunft oder der Gegenwart, aber es bleibt stets das Bekannte. Und dieses Bekannte verursacht Zersplitterung: «Die Vergangenheit kennen», «Ich weiß nicht», «Ich werde wissen». Diese Vergangenheit mit ihrem gesamten Reservoir an Erinnerungen sagt: «Tu dies, tu jenes nicht», «Dies wird dir Sicherheit geben, das ist zu unsicher».

Wenn also der menschliche Geist, einschließlich des Verstandes, von Bekanntem geleert ist, dann wird man das Bekannte, wo es erforderlich ist, benutzen, aber dennoch stets aus dem Unbekannten heraus funktionieren – aus einem Geist, der frei von Bekanntem ist. *Das geschieht*, es ist nicht so schwer, wie es sich anhört. Wenn Sie ein Problem haben, denken Sie ein oder zwei Tage darüber nach, Sie grübeln darüber, und dann beginnt es, Sie zu ermüden, Sie wissen nicht, was Sie tun sollen, Sie legen sich schlafen. Aber am nächsten Morgen haben Sie, falls Sie empfänglich sind, die Antwort gefunden. Das heißt, Sie haben versucht, für dieses Problem die nutzbringendste, erfolgreichste, am meisten Sicherheit versprechende Lösung zu finden, Sie haben versucht, es im Rahmen des Bekannten, also im Rahmen des Denkens, zu lösen. Und nachdem Sie jeden Gedanken durchdacht haben, sagt Ihr Denkapparat: «Ich bin müde», und am nächsten Morgen haben Sie die Antwort gefunden. Das heißt, Sie haben den Geist, das Denken, bis zu seiner äußersten Grenze bemüht und dann einfach fallenlassen. Dann sehen Sie etwas völlig Neues. Doch wenn Sie immer nur unablässig Ihren Denkapparat benutzen, Schlußfolgerungen über Schlußfolgerungen ziehen – die ja das Bekannte repräsentieren –, dann werden Sie zweifellos niemals etwas Neues sehen.

Das erfordert eine ungeheure innere Achtsamkeit, ein inneres Gefühl für Ordnung – nicht Unordnung, sondern Ordnung.

Gibt es da eine bestimmte Vorgehensweise?

K.: Schauen Sie – ich stehe auf, mache ein paar Schritte und gehe dann die Stufen hinunter. Ist das eine Vorgehensweise? Ich stehe einfach auf und mache es ganz natürlich, ich erfinde nicht erst eine Methode, der ich dann folge – ich sehe es. Sie können nicht alles auf eine Methode reduzieren!

Kann man jemals diesen ganzen Speicher von Eindrücken, die man gesammelt hat, leeren?

K.: Sie haben die falsche Frage gestellt. Es ist eine falsche Frage, weil Sie sagen «kann man jemals». Wer ist dieses «Wesen», genannt «man», und was meinen Sie mit «jemals»? Was soviel bedeutet wie: Ist es möglich?

Meine Herrschaften, schauen Sie, wir stellen nie die Frage

nach dem Unmöglichen – stets fragen wir nur nach dem, was möglich ist. Wenn Sie eine Frage nach dem Unmöglichen stellen, dann muß Ihr Geist die Antwort im Bereich des Unmöglichen finden – nicht im Bereich des Möglichen. Alle großen wissenschaftlichen Entdeckungen beruhen darauf – auf dem Unmöglichen. Es war unmöglich, zum Mond zu fliegen. Aber wenn Sie fragen: «Ist es möglich?» – dann verwerfen Sie es. Denn es war unmöglich. 300 000 Menschen haben kooperiert und Tag und Nacht darauf hingearbeitet – sie hatten dieses Ziel vor Augen und flogen zum Mond. Aber wir fragen nie nach dem Unmöglichen! Dies ist die unmögliche Frage: Kann der Geist sich selbst vom Bekannten leermachen? Sich *selbst*, das heißt nicht, daß *Sie* es tun. Das ist eine Frage nach dem Unmöglichen. Wenn Sie die mit großer Aufrichtigkeit, großer Ernsthaftigkeit, mit Leidenschaft stellen, werden Sie es herausfinden. Aber wenn Sie sagen: «Oh, es ist möglich» – sind Sie schon in der Sackgasse.

Gespräch 5

Das Bewußte und das Unbewußte; wo sind die Grenzen des Bewußtseins? Ist diese Trennung real, oder ist sie Teil der Zersplitterung? Wer will das Unbewußte «erkennen»? Neurose als Ausdruck einer übermäßigen inneren Zersplitterung. Die Notwendigkeit, die Sinnlosigkeit der Identifikation mit einem Bruchstück zu erkennen; ein Bruchstück als «der Beobachter». Unser Bewußtsein ist auf das «Werden» und «Jemand sein» ausgerichtet: ein Weg des Widerstands. Der Unterschied zwischen der reinen Beobachtung dieser Tatsache und der Identifikation damit als «Ich». Träume. Ist man in der Lage, die nächste Frage zu stellen: «Was existiert jenseits des Bewußtseins?»

KRISHNAMURTI: Heute morgen werden wir gemeinsam noch einmal über das sprechen, was unterhalb des Bewußtseins existiert. Ich weiß nicht, ob Sie überhaupt schon versucht haben, das selbst herauszufinden, oder ob Sie einfach die Aussagen der Analytiker und Psychologen akzeptiert haben. Aber wenn man ziemlich tief in diesen Bereich eindringt – was uns hoffentlich heute morgen gelingen wird –, muß man ein oder zwei grundlegende, bedeutsame Fragen stellen. Man muß den gesamten Inhalt des Bewußtseins entdecken, erforschen, selbst erkennen. Weshalb trennt man das Unbewußte vom Bewußten? Ist es eine künstliche, von den Analytikern, den Psychologen, den Philosophen herbeigeführte Trennung? Existiert da überhaupt eine Trennung? Wenn man die gesamte Struktur, das Wesen des Bewußtseins erforscht – wer ist dann dieser Forschende? Ein Bruchstück unter vielen Bruchstükken? Oder gibt es ein Wesen, eine Instanz, die jenseits all dessen existiert und das Bewußtsein betrachtet? Kann der bewußte, im Alltag funktionierende Verstand die Inhalte des Unbewußten oder tieferer Schichten beobachten? Wo sind die Grenzen des Bewußtseins? Was sind die Grenzen?

Das ist ein sehr ernstes Thema, und ich denke, daß die meisten menschlichen Probleme durch das Verstehen dieser Dinge gelöst werden. Es ist nicht etwas, mit dem Sie sich wie mit einem Hobby ein paar Wochen oberflächlich beschäftigen, um es dann wieder fallen zu lassen und zur alltäglichen Lebensroutine überzugehen. Wenn man hier wirklich in die Tiefe gehen will, wird es zu einer Lebensweise. Es ist nicht so, daß Sie *das* verstehen und dann auf sich beruhen lassen. Sie können die gesamten Inhalte des Bewußtseins und die Grenzen des Bewußtseins nur verstehen, wenn es Ihnen ein tägliches Anliegen ist. Man kann nicht damit herumspielen. Es muß Ihr ganzes Leben berühren, zu Ihrer Berufung werden. Denn wir erforschen die tiefsten Tiefen des menschlichen Geistes – und zwar nicht entsprechend Ihrer Vorstellung oder der des Redners, sondern wir lernen etwas über seine Fülle und sehen, was jenseits davon existiert. Wir können nicht ein bißchen an der Oberfläche kratzen und dann meinen, wir hätten verstanden. Man kann das nicht aus Büchern oder von einem anderen Menschen lernen. Darüber müssen wir uns im klaren sein: Es ist nicht etwas, das man wie anderes Wissen aus Büchern erwerben und dann anwenden kann. Wenn Sie das versuchen, werden Ihre Bemühungen völlig wertlos sein, denn es ist Wissen aus zweiter Hand. Und wenn Sie das Ganze nur als eine Art intellektueller, spiritueller oder emotionaler Unterhaltung betrachten, wird es Ihr Leben ebensowenig berühren und verändern. Es geht uns hier um eine grundlegende geistige Revolution, eine grundlegende Transformation der gesamten inneren Struktur, damit der Geist sich von allen Konditionierungen befreien kann, damit wir letztendlich nicht bloß gebildete, kultivierte, sondern echte, reife, tiefgründige Menschen sind.

Heute morgen werden wir, falls uns das möglich ist, gemeinsam erfahren, was unterhalb des Bewußten existiert, und die vielen Schichten (oder die eine Schicht) betrachten, um für uns selbst die Inhalte des Bewußtseins zu entdecken: um zu sehen, ob diese Inhalte das Bewußtsein ausmachen oder ob das Bewußtsein mit seiner Grenze das, «was ist», enthält. Besteht das Bewußtsein aus seinen Inhalten? Können Sie folgen? Oder existieren all diese Dinge in den Inhalten? Sehen Sie den Unterschied? Ich untersuche nur, ich gehe langsam voran, lassen Sie uns also gemeinsam auf die Reise gehen. Sagen Sie nicht hinterher: «Bitte wiederholen Sie, was Sie gesagt haben.» Ich kann es nicht.

Zunächst einmal – warum gibt es diese Trennung zwischen dem Bewußten und dem sogenannten Unbewußten oder den tieferen Schichten? Sind Sie sich dieser Trennung bewußt? Oder existiert diese Trennung, weil es in unserem Leben so viele Trennungen gibt? Was ist es? Stellt der Strom des Bewußtseins eine separate Bewegung dar, und sind die tieferen Schichten eine eigenständige Strömung, oder ist das Ganze ein ungeteilter Fluß? Es ist sehr wichtig für uns, das herauszufinden, denn wir haben unseren bewußten Geist entsprechend den Anforderungen der Gesellschaft und entsprechend unseren eigenen Impulsen, unseren eigenen Aggressionen und so weiter trainiert, gedrillt, ausgebildet, gezwungen und geformt. Ist das Unbewußte, die tiefere Schicht ungebildet? Wir haben die oberflächlichen Schichten ausgebildet; bilden wir auch die tieferen Schichten aus? Oder sind diese vollkommen unberührt? Was sagen Sie?

In den tieferen Schichten liegen vielleicht die Quelle und die Hilfsmittel verborgen, um Neues zu entdecken, denn die oberflächlichen Schichten sind mechanisch geworden. Sie sind konditioniert, wiederholen und imitieren; Sie haben nicht die Möglichkeit, etwas zu entdecken, sich zu bewegen, sich in die Lüfte zu erheben und zu fliegen! Und in den tieferen Schichten, die weder gebildet noch kultiviert und deshalb außerordentlich primitiv sind – primitiv, nicht barbarisch –, könnte der Schlüssel zu etwas völlig Neuem liegen.

Ich weiß nicht, was Sie empfinden, was Sie entdeckt haben. Ist die oberflächliche Schicht des Bewußtseins so stark konditioniert, daß sie mechanisch geworden ist? Wenn ich Hindu oder Christ bin, dann funktioniere ich als Hindu oder Christ. Existiert darunter eine Schicht, die von dieser Bildung unberührt blieb? Oder wurde sie davon berührt und ist deshalb der gesamte Inhalt des Bewußtseins mechanisch? Können Sie folgen?

Wie können wir etwas über das Unbewußte wissen?

K.: In Ordnung, fangen wir an. Was meinen wir mit dem Wort «wissen»? Es geht mir nicht um Worte, aber wir müssen hier sehr sorgfältig vorgehen. Was meinen Sie, wenn Sie sagen: «Ich will wissen»?

Daß ich keinerlei Erfahrungen auf dem Gebiet habe.

K.: Bleiben Sie bei diesem einen Wort, loten Sie es aus, bringen Sie keine anderen Wörter ins Spiel. Was meinen Sie mit «wissen»? Was bedeutet es, wenn Sie dieses Wort benutzen? «Ich weiß etwas, das gestern geschah.» Alles Wissen ist Vergangenheit – nicht wahr? Bitte stimmen Sie nicht zu, schauen Sie einfach. Ich kenne Sie, weil ich Sie gestern getroffen habe. Ich habe nicht Ihr ganzes Wesen getroffen, ich traf Sie nur, als Sie etwas sagten; deshalb bezieht sich das Kennen auf eine bestimmte Zeitspanne. Wissen bezieht sich also stets auf die Vergangenheit. Wenn ich sage: «Ich weiß, daß dies ein am Himmel fliegendes Flugzeug ist», dann kommt das Wissen, daß es sich um ein Flugzeug handelt, aus der Vergangenheit, auch wenn der Vorgang des Fliegens in diesem Augenblick stattfindet. Wie kann die oberflächliche Schicht des Geistes etwas über die tieferen Schichten lernen? Wie kann sie etwas über das andere lernen?

Lassen Sie die oberflächliche Schicht des Geistes still werden, dann kann sie etwas über die tieferen Schichten lernen.

K.: Was gibt es in den tieferen Schichten zu lernen? Sie vermuten, daß es dort etwas zu lernen gibt; sind Sie tatsächlich der Wirkungsweise des bewußten Verstandes gewahr? Wie funktioniert er? Wie reagiert er? Sind Sie der bewußten Ebene überhaupt gewahr? Finden Sie heraus, wie außerordentlich schwierig das ist. Der Geist muß diese gesamte Bewegung sehr genau beobachten. Sie sagen, im Unbewußten liegen viele Dinge verborgen. Das sagen auch all diese Experten – aber ist es so? In dem Augenblick, in dem Sie das Bewußte von den tieferen Schichten trennen, stellt sich die Frage: Wie kann dieses oberflächliche Bewußtsein die andere Ebene erforschen? Wenn überhaupt keine Trennung existiert, gibt es nur einen einzigen Fluß, von dem man nur eine abgespaltene Strömung bewußt wahrnimmt. Diese abgespaltene Strömung fragt: Wie sehen die Inhalte des Unbewußten aus? Wenn es ein einziger Fluß ist, dann stellen Sie diese Frage nicht. Ist Ihnen klar, was damit gemeint ist? Bitte seien Sie sich sicher – nicht verbal, sondern wirklich.

In dem Moment, in dem Sie das Bewußtsein in Bruchstücke aufspalten, beginnt ein Bruchstück zu fragen: «Was sind die anderen Bruchstücke?» Aber wenn es ein einziger Strom ist, dann gibt es keine Trennung, und deshalb taucht diese Frage überhaupt nicht auf. Es ist wirklich sehr wichtig, etwas darüber herauszufinden. Dann lassen Sie alle Experten hinter sich. Sehen Sie das Bewußtsein als Ganzes, oder schauen Sie mit den Augen eines Bruchstücks, das die anderen Bruchstücke untersucht? Sehen Sie es teilweise oder in seiner Gesamtheit als eine totale Strömung – wie einen unablässig fließenden Fluß? Sie können einen Graben am Ufer entlang ziehen und ihn den Fluß nennen – er ist es nicht. Der Fluß beinhaltet die gesamte Strömung. Was ist diese Strömung? Wie kann man ohne Zersplitterung beobachten?

Darf ich bitte etwas sagen? Sie sprechen über das Unbewußte. Aber gibt es das Unbewußte? Sie können nicht über etwas sprechen, das nicht existiert. Aber wir können über das Be-

wußte sprechen. Bitte definieren Sie Bewußtes und Unbewußtes. Die Frage ist: Sind wir jetzt unbewußt?

K.: Wir haben diese Frage bereits gestellt: Sind wir uns der Grenzen des Bewußtseins bewußt? Oder sind wir uns der vielen Bruchstücke, aus denen sich das Bewußtsein zusammensetzt, bewußt? Wird sich ein Bruchstück der vielen anderen Bruchstücke bewußt? Oder sind Sie sich des gesamten Bewußtseinsstroms ohne jegliche Trennung bewußt?

Beides liegt im Bereich des Bewußten. Wir spalten uns intellektuell in verschiedene Teile auf.

K.: Bitte seien Sie sich darüber im klaren, daß wir nicht analysieren. Wo Analyse stattfindet, gibt es den Analysierenden und das zu analysierende Objekt – ein Bruchstück maßt sich die Autorität des Analysierenden an, um ein anderes Bruchstück zu untersuchen. Und aus dieser Spaltung entsteht die Trennung zwischen Unbewußtem und Bewußtem. Daraus ergibt sich die Frage: Kann der bewußte Verstand das Unbewußte untersuchen? – Was voraussetzt, daß der bewußte Verstand vom Rest getrennt ist. Wir sagen, auf der Basis dieser falschen Frage, daß man das durch Träume, durch verschiedene Arten von Andeutungen und Hinweisen beantworten kann. Doch all das entspringt der falschen Annahme, daß die oberflächliche Bewußtseinsschicht von der tieferen getrennt ist, und das heißt, daß wir den Strom des Bewußtseins niemals als Ganzes wahrgenommen, empfunden oder erkannt haben. Sobald man das tut, stellt sich diese Frage überhaupt nicht. Können Sie das sehen?

Manche Menschen leiden ganz offensichtlich an Neurosen, deren Ursachen ihnen unbekannt sind. Liegen diese nicht im Unbewußten verborgen?

K.: Leiden Sie an einer Neurose? Verzeihung, das ist keine dumme Frage. Sind Sie sich bewußt, daß Sie auf die eine oder andere Weise neurotisch sind?

Wer entscheidet, ob man neurotisch ist?

K.: Wissen Sie es nicht, wenn Sie neurotisch sind? Muß Ihnen das jemand anders sagen? Bitte hören Sie zu. Eine Neurose entsteht, wenn irgendeines der Fragmente überbetont wird. Wenn Sie extrem intellektuell sind, so ist das eine Form von Neurose, wenngleich eine sehr angesehene. Das Festhalten an bestimmten Glaubenssystemen, sei es an christlichen, buddhistischen oder anderen Ideologien, jegliche Anhaftung an irgendeinen Glauben ist eine Form der Neurose. Schauen Sie sich das an, gehen Sie langsam voran. Bleiben Sie bei Ihrer Frage. Jede Angst ist eine Form von Neurose, jegliche Konformität ist eine Form von Neurose, und jegliches Vergleichen des eigenen Wesens mit irgend etwas oder irgend jemandem ist neurotisch. Tun Sie nicht all das?

Ja.

K.: Deshalb sind Sie neurotisch! (*Gelächter*) Nein, nein, das ist sehr ernst. Wir haben etwas daraus gelernt. Jedes Überhandnehmen eines Teils des Bewußtseins, wie wir es sehen – das aus vielen Teilen zusammengesetzt ist –, jegliche Überbetonung eines Bruchstücks ist eine Form von Neurose. Meine Herrschaften, bewegen Sie das in Ihrem Herzen, erspüren Sie das, nehmen Sie sich Zeit, lassen Sie sich darauf ein, wenden Sie es auf sich selbst an, und Sie werden die nächste Frage erkennen.

So wie wir sind, haben wir das Bewußtsein aufgespalten: Diese Aufspaltung bringt viele Trennungen, viele Bruchstücke mit sich – die intellektuelle Ebene, die emotionale Ebene und so weiter. Jegliche Betonung dieser Trennung ist neurotisch;

das heißt, ein menschlicher Geist, der ein einzelnes Bruchstück überbetont, kann nicht klar sehen, denn diese Überbetonung eines Teilstücks des Ganzen verursacht Verwirrung. Ich bitte Sie, für sich selbst zu sehen, ob nicht auch in Ihnen eine Form der Spaltung herrscht. Diese Aufspaltung, bei der ein bestimmter Teil mit seinen Aspekten, seinen Problemen überbetont wird, während die anderen Teile in den Hintergrund gedrängt werden, führt nicht nur zu Konflikten, sondern tatsächlich zu großer Verwirrung, weil jeder Teil nach Ausdruck verlangt, jeder verlangt nach Beachtung, und wenn Sie einen einzelnen überbetonen, werden die anderen rebellieren. Das äußert sich als Verwirrung, und aus dieser Verwirrung entspringen neurotische Impulse, alle Formen von Ehrgeiz, von Verlangen, von Bestreben.

Manchmal ist das, woran wir leiden, nicht das an der Oberfläche Sichtbare. Wenn jemand Angst davor hat, eine Kreuzung zu überqueren, so fürchtet er sich in Wirklichkeit ganz offensichtlich nicht vor der Kreuzung. Oder, wenn jemand Angst vor dem Alleinsein hat, könnte diese Furcht von irgendeiner unbewußten Ursache herrühren.

K.: Ja. Die Neurose ist nur ein Symptom. Die Ursache könnte im Unbewußten liegen. Das könnte so sein, und wahrscheinlich ist es auch so. Was soll also Ihre Frage?

Sie ist eine Neurose.

K.: Wenn wir diesen gesamten Komplex verstanden haben, können wir die Einzelheiten betrachten, aber es wird nirgendwohin führen, wenn wir mit den Einzelheiten beginnen. Können Sie sehen, daß jegliche Überbetonung eines Teilstücks eine Form von Neurose darstellt? Da gibt es die intellektuelle, die emotionale, die physische, die psychosomatische Ebene, und die meisten von uns überbetonen einen Aspekt von vielen. Aus dieser Übertreibung, dieser Disharmonie gehen andere Disharmonie erzeugende Umstände hervor. Beispielsweise: «Ich kann keine Straße überqueren» oder «Ich fürchte mich im Dunkeln», und die Erklärung dafür ist, daß ich als Kind von meiner Mutter schlecht behandelt wurde!

Wir stellen nun nicht die Frage, weshalb ich nicht in der Lage bin, die Straße zu überqueren – was ich beantworten kann, ohne zum Analytiker zu gehen, wenn ich verstanden habe, wie das Bewußtsein zersplittert ist. In dem Augenblick, in dem ich das verstanden habe, existiert das Problem, ob ich die Straße überqueren kann oder nicht, nicht mehr. Verstehen wir einander? Wenn wir das Größere, das Ganze, das Unermeßliche sehen, löst sich das Unbedeutendere auf. Aber wenn wir weiter die unbedeutenden Dinge wichtig nehmen, dann bringen sie auch ihre eigenen kleinen Probleme mit sich.

Aber was meinen Sie mit «sehen», wenn Sie davon sprechen, die Ganzheit des Bewußtseins zu sehen? Manchmal weiß ich beispielsweise etwas, aber ich weiß nicht, wieso ich es weiß.

K.: Nein, schauen Sie. Lauschen Sie der Bewegung dieses Flusses total? *Tun* Sie es einfach. Spekulieren Sie nicht. Lauschen Sie diesem Fluß, und finden Sie heraus, ob Sie total lauschen, ohne sich davon wegzubewegen. Und was sagen Sie, nachdem Sie so gelauscht haben?

Es hat nichts mit Wiedererkennen zu tun.

K.: Das ist richtig. Wiedererkennen kommt nicht ins Spiel. Sie sagen nicht: «Das ist der Fluß, dem ich lausche», und Sie lauschen ihm auch nicht als Person, allein das Lauschen auf den Klang existiert. Sie sagen nicht: «Ich weiß, daß es ein Fluß ist.» Gehen wir also zurück. Ich möchte das wirklich erforschen, bitte, lassen Sie uns gemeinsam weitergehen.

Ist diese Überbetonung der Trennung der Kern der Neurose, oder stellt sie nur das Symptom dar?

K.: Sie ist der Kern *und* das Symptom.

Wenn ich intellektuell bin, ist das also der Kern und gleichzeitig das Symptom der Neurose?

K.: Ist es nicht so? Schauen Sie. Ich überbetone meine intellektuellen Fähigkeiten. Ich bin überzeugt, daß sie hervorragend sind, ich gehe aus jeder Auseinandersetzung als Sieger hervor. Ich habe so viel gelesen, kann all das in Beziehung zueinander setzen, und ich schreibe wunderbar schlaue Bücher. Ist das nicht sowohl die eigentliche Ursache als auch das Symptom meiner Neurose?

Es scheint ein Symptom unserer tieferen Störung zu sein.

K.: Ist es das? Sie sagen, es ist ein Symptom, nicht die Ursache. Ich sage, schauen wir es uns an. Ist der Geist ganz, ungeteilt, und sind daher Ursache und Wirkung eins? Sehen Sie es. Die Ursache wird zur Wirkung, und die Wirkung wird zur Ursache der nächsten Bewegung; es gibt keine klare Trennungslinie zwischen Ursache und Wirkung. Was gestern Ursache war, ist heute zur Wirkung geworden, und die Wirkung von heute wird morgen zur Ursache. Es ist eine Bewegung, eine Kettenreaktion.

Aber ist es denn nicht viel wichtiger, diesen gesamten Prozeß, anstatt bloß Ursache und Wirkung zu sehen?

K.: Genau das tun wir, aber das ist nicht möglich, wenn man die intellektuelle oder die emotionale, die physische oder die spirituelle Seite überbetont.

Meine Frage, die überhaupt die erste Frage war, lautet: Warum haben wir den Geist in Bruchstücke aufgespalten? Ist das eine künstliche Trennung, oder ist sie notwendig? Ist es einfach die Erfindung der Experten, zu deren Sklaven wir geworden sind, die wir so leicht akzeptiert haben wie die meisten anderen Dinge? Wir sagen: «Das haben große Menschen behauptet», und wir schlucken es und wiederholen es. Aber wenn wir die Spaltung und die Überbetonung dieser Spaltung sehen, und wenn wir sehen, daß sie die gesamte Kettenreaktion von Ursache und Wirkung nach sich zieht und daß sie eine Form der Neurose ist, dann sieht der Geist das Ganze, die ungeteilte Bewegung. Nun – sehen Sie es?

Wenn keine Identifizierung mit einem Bruchstück stattfindet.

K.: Ja. Wenn Sie sich mit irgendeinem der vielen Bruchstücke identifizieren, so ist das ganz offensichtlich der gleiche Prozeß. Das heißt, der Prozeß, sich mit einem Fragment zu identifizieren und den Rest zu vernachlässigen, ist eine Form von Neurose, ein Widerspruch. Stellen Sie nun die nächste Frage. Können Sie sich mit den restlichen Bruchstücken identifizieren? Sie, ein Bruchstück, identifizieren sich mit den vielen anderen Bruchstücken. Sehen Sie, wie wir mit dieser Frage der Identifikation spielen?

Ich kann das nur sagen, nachdem ich mich mit einem Bruchstück identifiziert habe, denn dann merke ich, daß ich unvollständig bin.

K.: Das ist richtig. Sie fühlen sich unvollständig, und deshalb versuchen Sie, sich mit vielen anderen Bruchstücken zu identifizieren. Aber wer ist jenes Wesen, das sich mit den vielen anderen Teilen zu identifizieren versucht? Es ist selbst eines der Bruchstücke, und deshalb ist es ein Trick – können Sie folgen? Und wir tun das ständig: «Ich muß mich identifizieren.»

Ist es nicht besser, sich mit vielen Teilen zu identifizieren, so daß man vollständiger ist?

K.: Nein, nicht besser. Schauen Sie, lassen Sie mich es zuerst noch einmal erklären. Es existieren viele Bruchstücke, von denen ich eines bin. Eines der Bruchstücke sagt, daß die Identifikation mit einem einzigen Bruchstück Verwirrung hervorruft. Also sagt es sich: «Ich werde mich mit den vielen anderen Teilen identifizieren.» Und so strengt es sich ungeheuer an, sich mit den vielen anderen Bruchstücken zu identifizieren. Aber wer ist dieses Wesen, das diese Anstrengung unternimmt? Es ist ebenfalls ein Bruchstück, nicht wahr? Deshalb spielt es einfach nur ein Spiel mit sich selbst. Das ist so einfach! Lassen Sie uns nun weitergehen, es gibt so viel mehr darin, und wir halten uns nur an der äußersten Oberfläche auf.

Wir sehen, daß es keine wirkliche Trennung gibt. Ich sehe das von der nonverbalen Ebene aus. Ich stelle fest, daß der Beobachter ein Bruchstück ist, das sich von den anderen Bruchstücken abtrennt und diese beobachtet. Diese Art der Beobachtung beinhaltet Spaltung, die Trennung zwischen dem Beobachter und dem Beobachteten; da ist ein Konflikt, da ist Verwirrung. Wenn der Geist diese Zersplitterung und die Sinnlosigkeit seiner separatistischen Bestrebung erkennt, sieht er die Bewegung als Ganzes. Wenn Sie dazu nicht in der Lage sind, können Sie auch nicht die nächste Frage stellen, welche lautet: Was existiert jenseits des Bewußten? Was ist darunter, darüber, daneben? – Es spielt keine Rolle, wie Sie es ausdrükken.

Wenn es Ihnen also ernst ist, müssen Sie herausfinden, was Bewußtsein ist und wann Sie bewußt wahrnehmen. Verstehen Sie meine Frage? Ich tue die ganze Arbeit! Schauen Sie, Sie müssen all diese Dinge lernen, und wenn Sie lernen, helfen Sie auch anderen zu lernen. Lernen Sie also *jetzt*, um Gottes willen! Das ist Ihre Berufung. Wir fragen also: Was ist dieses Ding, genannt Bewußtsein? Wann sagen Sie: «Ich bin bewußt»?

Wenn ich denke.

K.: Kommen Sie näher.

Wenn Dualität existiert.

K.: Was meinen Sie? Kommen Sie näher. Sie beginnen zu weit weg.

Wenn man in Zersplitterung lebt.

K.: Hören Sie einfach zu. Wann nehmen Sie denn überhaupt wahr, daß Sie bewußt sind? Ist das so schwer?

Wenn ich Schmerzen habe.

K.: Sie meinen also, daß man bewußt ist, wenn man Schmerzen hat, wenn man sich im Konflikt befindet, wenn man ein Problem hat, wenn man Widerstand leistet; andernfalls fließt man reibungslos, harmonisch, gleichmäßig dahin. Sind Sie überhaupt bewußt, wenn Ihr Leben frei von Widersprüchen ist? Sind Sie bewußt, wenn Sie total glücklich sind?

Ja.

K.: Ja?

Was bedeutet der Begriff «bewußt sein»?

K.: Das müssen Sie mich nicht fragen, Sie werden es herausfinden. Ist in dem Augenblick, im dem Sie sich bewußt sind, daß Sie glücklich sind, das Glück da? In dem Moment, in dem

Sie sagen: «Wie sehr ich mich freue», hat es sich schon von Ihnen entfernt. Können Sie das je sagen?

Dann ist man sich dessen bewußt.

K.: Was schon der Vergangenheit angehört! So ist man sich also nur dessen bewußt, was bereits geschah, oder, wenn es Konflikte gibt, wenn man Schmerzen hat, wenn man die eigene Verwirrung tatsächlich wahrnimmt. Jegliche Störung in dieser Bewegung macht uns bewußt, und unser ganzes Leben ist eine Störung, gegen die wir uns stellen. Würden Sie sagen «Ich bin bewußt», wenn es nicht den geringsten Mißklang in Ihrem Leben gäbe? Wenn Sie sich reibungslos, ohne jeglichen Widerstand, ohne Kampf durchs Leben bewegen, sagen Sie nicht: «Ich bin.» Nur wenn Sie sagen: «Ich werde» oder «Ich bin», sind Sie bewußt.

Ist dieser Zustand, von dem Sie sprechen, nicht immer noch ein Prozeß der Identifikation mit dem Baum ...

K.: Nein. Identifikation habe ich bereits erklärt. Wenn ich einen Baum sehe, halte ich ihn nicht für eine Frau oder eine Kirche: Es ist ein Baum. Und das hat nichts mit Identifikation zu tun. Schauen Sie, wir haben etwas entdeckt, wir haben etwas gelernt. Bewußtheit ist nur vorhanden, wenn «werden» oder der Versuch, «jemand zu sein», im Spiel ist. Werden ist gleichbedeutend mit Konflikt: «Ich werde sein.» Das heißt, der Konflikt existiert so lange, wie der Verstand in das Verb «werden» verstrickt ist – bitte sehen Sie das. Unsere gesamte Kultur beruht auf dem Wort «werden». «Ich werde erfolgreich sein», «Ich bin ein Versager», «Ich muß etwas erreichen», «Dieses Buch stammt von mir, es wird die Welt verändern». Können Sie folgen? Solange der Drang, etwas zu werden, besteht, existiert ein Konflikt, und durch diesen Konflikt nimmt der Verstand sich selbst bewußt wahr. Vielleicht sagt er auch «Ich muß gut *sein*» – nicht «Ich werde gut sein». Gut *sein*. Auch das ist eine Form des Widerstands: gut sein. Sein und werden sind dasselbe.

Kann man sich des Konflikts bewußt sein?

K.: Natürlich, andernfalls wären Sie nicht bewußt.

Kann man in einen Konflikt nicht so verstrickt sein, daß man diese Verstrickung gar nicht bewußt wahrnimmt?

K.: Natürlich, das ist eine Form von Neurose. Schauen Sie. War irgend jemand von Ihnen jemals in einer psychiatrischen Klinik? Ich war nicht als Patient dort, ein Analytiker nahm mich einmal mit, und alle Patienten, angefangen bei jenen im obersten Stock, wo die gewalttätigsten eingeschlossen wurden, bis zu jenen im untersten Stock, die mehr oder weniger friedlich waren, befinden sich in einem Konflikt – einem extremen Konflikt –, verstehen Sie? Sie befinden sich innerhalb des Gebäudes, und wir sind draußen – das ist alles.

Ich versuche, Bewußtsein und Achtsamkeit zu unterscheiden.

K.: Es ist das gleiche. Achtsamkeit bedeutet, sich der Spaltung bewußt zu sein. Ohne Spaltung und ohne Wahl achtsam zu sein, bedeutet, sich nicht in das Bestreben etwas zu werden oder zu sein zu verstricken. Haben Sie verstanden? Das ganze Streben des Bewußtseins ist entweder auf das Werden oder auf das Sein ausgerichtet: Berühmt werden, ein Sozialarbeiter werden, der Welt helfen. Wenn Sie sich die Zersplitterung, das Streben des Bewußtseins als Ganzes angeschaut haben, stellen Sie fest, daß dieses ganze Streben nur auf einem beruht: «zu werden» oder «zu sein». Sie haben es gelernt – aber nicht, indem Sie mir zugestimmt haben.

Dann stellen Sie eine vollkommen andere Frage: Was existiert jenseits dieses Strebens nach dem «Werden» und «Sein»? Sie stellen diese Frage nicht. Aber ich stelle sie. Verstehen Sie meine Frage? Nachdem ich dieses Problem des Bewußtseins sowohl vom analytischen als auch vom philosophischen Standpunkt aus betrachtet habe, habe ich erkannt, daß die Spaltung durch «werden» oder «sein» verursacht wurde. Ich will ein Hindu sein, weil mir das nicht nur äußerlichen Erfolg, sondern auch spirituelle Belohnungen verspricht. Wenn ich das ablehne, sage ich, ich muß etwas anderes «sein»: Ich werde «ich selbst» sein, ich identifiziere mich mit mir selbst. Das ist der gleiche Vorgang. Also beobachte ich, sehe ich, daß dieser gesamte Bewußtseinsstrom das Streben, etwas zu sein oder zu werden, oder «nicht zu sein», «nicht zu werden» ist. Aber wie sehe ich das? Sehe ich es als etwas außerhalb meiner selbst, oder sehe ich es ohne das Zentrum, ohne das «Ich», welches das «Werden» und das «Nicht-Werden» beobachtet? Haben Sie meine Frage verstanden? Nein, ich glaube nicht.

Ich erkenne, daß alles Bewußtsein dieses Streben beinhaltet. Wenn ich sage: «Ich erkenne es», erkenne ich es dann als etwas, das ich außerhalb von mir gesehen habe – wie ein Bild, das an der Wand hängt und sich meinem Blick darbietet–, oder sehe ich dieses Streben als Teil meiner selbst, als meinen ureigensten Kern? Sehe ich es von einem Zentrum aus? Oder sehe ich es ohne das Zentrum? Wenn ich es von einem Zentrum aus sehe, dann ist dieses Zentrum das Selbst, das «Ich», das ja den eigentlichen Kern der Zersplitterung darstellt. Wenn das Beobachten also von diesem Zentrum aus stattfindet, dann beobachte ich dieses Streben nur als Bruchstück, als etwas außerhalb meiner selbst, das ich verstehen muß, das ich zu begreifen versuche, gegen das ich ankämpfen muß usw. Aber wenn da kein Zentrum, das heißt kein «Ich» ist, sondern nichts als das Beobachten dieser gesamten Bewegung, dann führt dieses Beobachten zur nächsten Frage. Nun, wie beobachten Sie?

Bitte, meine Herrschaften, das ist keine Gruppentherapie, kein Wochenendvergnügen; es ist nicht etwas, das Sie von jemandem lernen können wie beispielsweise «Wie werde ich sensitiv» oder «Wie lerne ich, kreativ zu leben» – lassen Sie das beiseite. Das hier ist harte Arbeit, es erfordert gründliches Forschen. Nun, wie beobachten Sie also? Wenn Sie das nicht verstehen, wird Ihr Leben zur Qual, zum Schlachtfeld. Auf diesem Schlachtfeld wollen Sie nur die Waffen verbessern, Sie reden von Brüderlichkeit und halten doch Ihre Isolation aufrecht. Wir haben dieses Spiel so lange gespielt! Deshalb müssen Sie diese Frage beantworten, wenn es Ihnen wirklich ernst damit ist. Beobachten Sie dieses ganze Streben, diesen ganzen Strom des Bewußtseins, wie wir ihn gesehen haben, als Außenstehender, der mit dem, was er beobachtet, nichts zu tun hat? Oder existiert da gar kein Zentrum, von dem aus Sie beobachten? Und was geschieht, wenn Sie auf diese Weise beobachten?

Können wir ein wenig abschweifen? Sie alle träumen viel, nicht wahr? Haben Sie sich je gefragt, weshalb? Nicht, wie man Träume interpretiert, das ist eine unwesentliche Frage, die wir bei Gelegenheit beantworten werden. Aber haben Sie sich je eine wesentliche Frage gestellt, nämlich: Weshalb träumen wir überhaupt?

Weil wir im Konflikt leben.

K.: Nein, nicht so schnell. Schauen Sie sich das an. Warum träumen Sie? Die nächste Frage lautet: Kann es überhaupt einen Schlaf ohne Träume geben? Sagen Sie nicht «ja». Sie alle träumen; was sind diese Träume, weshalb träumen Sie? Träume stellen, wie wir bereits kürzlich sagten, die Fortsetzung der täglichen Aktivitäten dar, in symbolischer Form zwar, in verschiedene Kategorien unterteilt, aber es ist die Fortsetzung der gleichen Bewegung. Ist es nicht so? Bitte stimmen Sie nicht zu, widersprechen Sie nicht, finden Sie es heraus. Es ist so offensichtlich. Wenn Träume die Fortsetzung der täglichen Aktivitäten sind, was geschieht dann mit dem Gehirn, wenn es unablässig in Aktion ist, wenn der Verstand unablässig plappert?

Es ruht niemals.

K.: Was geschieht mit ihm?

Es wird erschöpft. Es verschleißt sich.

K.: Es verschleißt sich, es hat keine Ruhepause, sieht niemals etwas Neues. Das Gehirn regeneriert sich nicht. All das hängt damit zusammen, daß sich die täglichen Aktivitäten ununterbrochen während des Schlafs im Gehirn fortsetzen. Vielleicht können Sie manchmal sehen, was in Zukunft geschehen wird, weil Sie während des Schlafs ein wenig empfänglicher sind, ein wenig mehr wahrnehmen, aber es ist die gleiche Aktivität. Kann nun diese Aktivität des Tages mit dem Tage enden? So daß sie nicht mit in den Schlaf hinübergenommen wird? Das bedeutet, daß das Ganze abgeschlossen ist, wenn Sie zu Bett gehen. Beantworten Sie meine Frage noch nicht. Wir werden sie untersuchen. Machen Sie nicht manchmal, nachdem Sie zu Bett gegangen sind, noch eine Bestandsaufnahme ihrer Tätigkeiten im Laufe des Tages? Oder plumpsen Sie einfach ins Bett und schlafen? Lassen Sie die Ereignisse des Tages nicht noch einmal vor ihrem inneren Auge vorüberziehen und sagen, dies hätte ich tun sollen, jenes hätte ich lassen sollen? Und fragen Sie sich nicht, was dies oder jenes bedeutet hat? Bitte folgen Sie sehr aufmerksam. Sie schaffen Ordnung. Der Verstand verlangt nach Ordnung, weil er andernfalls nicht effektiv funktionieren kann. Wenn Sie träumen, wenn sich die täglichen Aktivitäten während Ihres Schlafs fortsetzen, existiert keine Ordnung. Weil der Verstand auf Ordnung angewiesen ist, schafft er instinktiv Ordnung, während Sie schlafen. Sie wachen ein wenig frischer auf, weil ein bißchen mehr Ordnung in Ihnen herrscht. Der Verstand kann nicht effizient funktionieren, wenn irgendein Konflikt, irgendeine Form von Unordnung besteht.

Gibt es auch andere Arten von Träumen, in denen ganz andere Inhalte vermittelt werden?

K.: Bitte hören Sie sich zuerst folgendes an. Verstehen Sie, was Ordnung ist. Die Aktivitäten des Alltags setzen sich während des Schlafs fort, weil in diesen täglichen Aktivitäten Widersprüche, Unordnung, Disharmonie herrschen. Und während des Schlafs versucht das Gehirn durch Träume und durch verschiedene traumfreie Phasen, Ordnung in sein eigenes Chaos zu bringen. Wenn Sie aber im Laufe des Tages Ordnung schaffen, muß das Gehirn die Dinge nicht während des Schlafs in Ordnung bringen. Bitte sehen Sie, wie bedeutsam das ist. So kann sich das Gehirn ausruhen, kann still werden, wird wieder lebendig und frisch. Ich weiß nicht, ob Sie schon mal festgestellt haben, daß Sie, wenn Sie ein Problem haben und den ganzen Tag darüber nachdenken, und es Sie die ganze Nacht weiter beschäftigt und Ihnen Sorgen bereitet, Sie am nächsten Morgen völlig erschöpft von diesem Problem aufwachen; und am nächsten Tag sorgen Sie sich immer noch wegen dieses Problems –, wie ein Hund, der an einem Knochen nagt. Sie sind den ganzen Tag, und noch wenn Sie zu Bett gehen, damit beschäftigt, bis das Gehirn erschöpft ist. Vielleicht sehen Sie dann, aus dieser Erschöpfung heraus, etwas Neues.

Wir reden von etwas völlig anderem, nämlich: Mit dem Problem abzuschließen, wenn es auftaucht, es nicht in den nächsten Tag, ja selbst nicht in die nächste Minute, mit hinüberzunehmen – beenden Sie es! Jemand hat Sie beleidigt, verletzt – schließen Sie damit ab! Jemand hat Sie betrogen, jemand hat schlecht über Sie gesprochen. Schauen Sie es an, nehmen Sie es nicht mit, schleppen Sie es nicht als Last mit sich herum. Schließen Sie damit ab, noch während es gesagt wird, nicht danach.

Unordnung ist ein neurotischer Zustand des Verstandes und führt letztendlich zu geistiger Krankheit. Ordnung schaffen bedeutet, mit einem Problem abzuschließen, wenn es auftritt, denn so wird die Aktivität des Tages nicht während der Nacht fortgesetzt, und es gibt keine Träume, weil sie alles im aktuellen Verlauf gelöst haben. Ich weiß nicht, ob Sie sehen können, wie wichtig das ist. Denn dann können Sie die nächste Frage stellen: Was existiert jenseits von all dem? Damit werden wir uns morgen beschäftigen.

Gespräch 6

Jegliches Handeln, das fragmentarischem Bewußtsein entspringt, führt zu Verwirrung. Wird die Struktur des Bewußtseins von seinen Inhalten bestimmt, oder ist das Bewußtsein frei von seinen Inhalten? Kann das Bewußtsein sich von seinen Inhalten leermachen? Der Frosch versucht, aus dem schlammigen Teich des Bewußtseins herauszukommen. Der Affe im durch sein Zentrum begrenzten Raum: egozentrische Aktivität. Was ist Raum ohne Zentrum? «Erleuchtung ... ist jener Zustand des Geistes, in dem der Affe niemals tätig wird.» Achtsamkeit. Die Schwierigkeit, achtsam zu sein, und die Störmanöver des Affen. Was geschieht mit der gesamten Struktur des menschlichen Wesens auf dem Höhepunkt der Aufmerksamkeit?

KRISHNAMURTI: Wir werden da weitermachen, wo wir gestern aufgehört haben, als wir das Wesen, die Struktur des Bewußtseins betrachteten. Es ist klar, daß man sich mit dieser Frage beschäftigen muß, wenn im menschlichen Geist und als Folge davon in der Gesellschaft ein radikaler Wandel stattfinden soll. Wir müssen tief in diese Frage eintauchen, um herauszufinden, ob es überhaupt möglich ist, daß dieses menschliche Bewußtsein eine Metamorphose, eine vollständige Wandlung in sich selbst durchmacht. Denn es ist offensichtlich, daß jede unserer Handlungen, wie oberflächlich oder tiefgründig, ernstgemeint oder leichtfertig sie auch sein mag, das Produkt dieses Bewußtseins ist.

Wir stellten bereits fest, daß dieses Bewußtsein viele Fragmente beinhaltet, von denen mal das eine, mal das andere dominiert. Wenn man die Inhalte des Bewußtseins – und die Möglichkeit, darüber hinauszugehen – nicht versteht, dann wird jede Handlung, wie bedeutsam sie auch sein mag, zu Verwirrung führen, weil man die fragmentarische Natur unseres Bewußtseins nicht verstanden hat. Das muß wirklich klar sein. Es ist so, als ob man nur einem einzigen Bruchstück seine ganze Aufmerksamkeit schenkt, beispielsweise dem Intellekt, oder einem bestimmten Glaubenssystem oder dem Körper und so weiter. Diese Aufspaltung in Bruchstücke – die zusammen unser Bewußtsein ausmachen, welches jede unserer Handlungen bestimmt –, muß unweigerlich zu Widerspruch und Unheil führen. Haben Sie das zumindest verbal verstanden? Es hat keinen Sinn, sich zu sagen, man müsse all diese Bruchstücke zusammenfügen oder integrieren, weil dann das Problem des Sich-Bemühens um Integration auftaucht und sich außerdem die Frage erhebt, *wer* diese Integration vollziehen soll. Man muß also einen Weg finden, diese ganze Zersplitterung mit einem nicht-fragmentarischen Geist zu betrachten. Und darüber wollen wir heute morgen sprechen.

Ich erkenne, daß mein Geist, einschließlich des Gehirns und jeglicher physiologischer Nervenreaktionen – mein gesamtes Bewußtsein also –, fragmentarisch, gespalten und durch die Kultur, in der ich lebe, konditioniert ist. Diese Kultur wurde von vergangenen Generationen und wird von der kommenden Generation geschaffen. Und *jede* Handlung, oder die Überbetonung eines Bruchstücks gegenüber den anderen, wird unweigerlich ungeheure Verwirrung stiften. Die Überbetonung sozialer Aktivitäten oder eines Glaubens, eines intellektuellen Konzepts oder einer Utopie muß unweigerlich zu Widersprüchen und folglich zu Verwirrung führen. Können wir das erkennen?

So stellt sich also die Frage: »Kann es ein nicht-fragmentarisches Handeln geben, welches nicht im Widerspruch zu einer anderen, innerhalb der nächsten Minute stattfindenden Handlung steht?»

Wir sehen, daß unser Bewußtsein außerordentlich stark von unserem Denken bestimmt wird, dem Denken nicht nur als Reaktion aus der Vergangenheit, sondern als Reaktion auf all unsere Gefühle, all unsere Nervenzustände, unsere Hoffnungen, unsere Ängste, Freuden und Leiden – sie alle sind darin enthalten. Machen also die Inhalte des Bewußtseins das Wesen des Bewußtseins aus? Oder ist das Bewußtsein frei von seinen Inhalten?

Wenn mein Bewußtsein sich aus meiner Verzweiflung, meiner Anspannung, meinen Ängsten, Freuden, den unzähligen Hoffnungen, Schuldgefühlen und dem riesigen Reservoir vergangener Erfahrungen zusammensetzt, dann kann keine diesem Bewußtsein entspringende Handlung das Bewußtsein von seinen Begrenzungen befreien. Stimmen Sie nicht einfach zu, das ist kein Schulunterricht! Bitte teilen Sie es mit mir – das heißt, arbeiten Sie daran, beobachten Sie es in sich selbst –, dann können wir weitergehen. Was ich hier sage, soll nur als Einleitung dienen.

Mein Bewußtsein ist das Produkt der Kultur, in der ich aufgewachsen bin. Diese Kultur hat bestimmte Aktivitäten, bestimmte Formen des Lustgewinns, bestimmte Ängste, Hoffnungen und Glaubenssätze gefördert oder mißbilligt – und dieses Bewußtsein ist das «Ich». Jede Handlung, die diesem konditionierten Bewußtsein entspringt, muß unweigerlich bruchstückhaft und deshalb widersprüchlich und verwirrend sein. Wenn Sie in eine kommunistische oder katholische Welt hineingeboren werden, dann ist das Bewußtsein, in das dieser bestimmte Geist, dieses Gehirn hineingeboren wird, durch diese Kultur, durch die Normen, Werte und Erwartungen dieser Gesellschaft konditioniert. Und jede diesem Bewußtsein entspringende Handlung muß unweigerlich bruchstückhaft sein. Bitte stellen Sie noch keine Fragen – beobachten Sie sich einfach selbst. Hören Sie zunächst, was der Redner zu sagen hat, bringen Sie nicht Ihre Fragen oder Ihre Gedanken hinein. Dann, nachdem Sie sehr still zugehört haben, können Sie anfangen, Fragen zu stellen, dann können Sie sagen: «Sie haben unrecht, Sie haben recht» und so weiter. Aber wenn Sie im Geiste schon mit Ihren Fragen beschäftigt sind, hören Sie nicht wirklich zu. Dann reißt unsere Kommunikation ab, wir teilen nicht mehr miteinander, deshalb müssen

Sie zunächst zuhören, denn das Problem, das wir hier untersuchen, ist sehr komplex und subtil.

Wir versuchen herauszufinden, was Bewußtsein ist. Besteht es aus den vielen Dingen, die es beinhaltet, oder ist es frei von seinen Inhalten? Wenn es frei von seinen Inhalten ist, dann wird das dieser Freiheit entspringende Handeln nicht von den Bewußtseinsinhalten bestimmt. Ist es aber nicht frei davon, dann bestimmen die Inhalte jegliches Handeln; das ist ganz einfach. Wir werden nun etwas darüber lernen.

Ich erkenne, beobachte an mir selbst, daß ich das Produkt der Vergangenheit, der Gegenwart und meiner Hoffnungen bin. Das ganze pulsierende Bewußtsein mit all seiner Zersplitterung umfaßt all dies. So muß nicht nur jede Handlung, die diesen Bewußtseinsinhalten entspringt, unweigerlich bruchstückhaft sein, es ist auch keinerlei Freiheit möglich.

Kann dieses Bewußtsein sich nun selbst leermachen und herausfinden, ob es ein Bewußtsein gibt, das frei ist, dem ein völlig anderes Handeln entspringt? Kann ich Ihnen vermitteln, wovon ich spreche?

Der gesamte Inhalt des Bewußtseins ist wie ein flacher, schlammiger kleiner Teich, und inmitten dieses Teichs sitzt ein kleiner Frosch, der einen schrecklichen Lärm veranstaltet. Dieser kleine Frosch sagt: «Ich werde es herausfinden.» Und der kleine Frosch versucht, über sich selbst hinauszugelangen. Aber er bleibt ein Frosch in einem schlammigen Teich. Kann dieser schlammige Teich sich selbst seines gesamten Inhalts entledigen? Mein kleiner schlammiger Teich ist die Kultur, in der ich aufgewachsen bin, und das kleine «Ich», der Frosch, kämpft gegen diese Kultur und sagt sich: «Ich muß da rauskommen.» Aber selbst wenn er hinausgelangt, bleibt er ein kleiner Frosch, und er wird wieder nur in einen schlammigen Teich gelangen, den er selbst erschaffen wird. Bitte sehen Sie das. Der Geist erkennt, daß alle Aktivitäten, denen er frönt oder in die er hineingezwungen wird, die Bewegung innerhalb des Bewußtseins mit seinen Inhalten ist. Was kann der Geist, wenn er dies erkennt, tun? Kann er je die Grenzen seines Bewußtseins überschreiten? Das ist der eine Punkt.

Der zweite Punkt ist: Jener kleine Teich mit dem kleinen Frosch könnte sich ausdehnen und erweitern. Doch der Raum, den er schafft, befindet sich immer noch innerhalb der Grenzen einer bestimmten Dimension. Dieser kleine Frosch – oder besser, dieser kleine Affe – kann eine ganze Menge Wissen, Informationen und Erfahrungen ansammeln. Dieses Wissen und diese Erfahrungen können ihm einen gewissen Raum verschaffen, in dem er sich ausdehnen kann, doch im Zentrum dieses Raums befindet sich stets der kleine Affe. So wird der Raum des Bewußtseins immer durch das Zentrum begrenzt. Wenn Sie ein Zentrum haben, dann muß das Bewußtsein zwangsläufig einen Umfang oder Grenzen haben, ganz gleich wie weit es sich ausdehnt. Der kleine Affe wird meditieren, verschiedenen Richtungen folgen, doch er selbst wird stets er selbst bleiben. Und deshalb bleibt auch der Raum, den er für sich selbst schafft, stets begrenzt und oberflächlich. Das ist das zweite Problem. Die dritte Frage lautet: Was ist Raum ohne ein Zentrum? Wir werden es herausfinden.

Kann dieses Bewußtsein mit seinen Begrenzungen über sich selbst hinausgelangen?

K.: Kann der Affe mit all seinen Bestrebungen und Hoffnungen, mit seiner ganzen Vitalität, sich selbst von seiner Konditionierung befreien und die von ihm selbst geschaffenen Grenzen des Bewußtseins überschreiten? Um es anders auszudrükken: Kann das «Ich», der Affe, indem er alle möglichen Dinge tut – meditieren, unterdrücken, sich anpassen oder nicht anpassen –, indem er unablässig aktiv ist, durch seine Aktivität über sich selbst hinausgelangen? Das heißt, gestattet der Bewußtseinsinhalt dem «Ich» – und somit dem Versuch auf Seiten des Affen –, sich selbst von den Begrenzungen des Teichs zu befreien? Meine Frage lautet also: Kann der Affe vollkommen still werden, um das Ausmaß seiner eigenen Grenzen zu erkennen? Und ist es überhaupt möglich, sie zu überschreiten?

Im Zentrum existiert immer der Affe, also ist dort kein leerer Raum, kein Raum für Freiheit.

K.: Nehmen Sie an sich selbst wahr, daß Sie stets von einem Zentrum aus handeln? Das Zentrum mag ein bestimmtes Motiv sein, eine bestimmte Angst, ein ehrgeiziges Ziel – Sie handeln immer von einem Zentrum aus, nicht wahr? «Ich liebe dich», «Ich hasse dich», «Ich will mächtig sein» – wir kennen nur das Handeln von einem Zentrum aus. Ganz gleich, ob dieses Zentrum sich mit der Gemeinschaft oder mit einer Philosophie identifiziert, es bleibt das Zentrum; das, womit man sich identifiziert, wird zum Zentrum. Nehmen Sie wahr, daß dies unablässig geschieht, oder gibt es auch Augenblicke, in denen das Zentrum nicht aktiv ist? Es geschieht einfach – plötzlich schauen, leben, fühlen Sie ohne ein Zentrum. Und das ist eine vollkommen andere Dimension. Dann kommt ihr Verstand ins Spiel und sagt: «Was für eine wunderbare Erfahrung das war, das möchte ich noch länger genießen.» Dann wird *das* zum Zentrum. Die Erinnerung an etwas, das vor wenigen Sekunden geschah, wird durch das Denken zum Zentrum. Sind wir uns des Raums bewußt, den dieses Zentrum um sich herum schafft, der Isolation, des Widerstands, der Fluchtwege? Solange ein Zentrum existiert, existiert auch dieser vom Zentrum geschaffene Raum, und wir möchten diesen Raum ausdehnen, weil wir die Ausdehnung des Raums als notwendig für ein expansives Leben empfinden. Doch in diesem expansiven Bewußtsein existiert immer das Zentrum, und deshalb ist der Raum stets begrenzt, wie ausgedehnt er auch sein mag. Beobachten Sie das an sich selbst, hören Sie nicht auf mich, beobachten Sie es in Ihrem eigenen Innern, und Sie werden diese Dinge auf ganz einfache Weise entdecken. Und die Kämpfe in Beziehungen finden immer zwischen zwei Zentren statt: Jedes Zentrum will expandieren, will sich behaupten, will dominieren – die Affen in Aktion!

Ich will also etwas über diese Dinge lernen. Der Geist sagt: «Ich sehe das sehr klar.» Der Geist lernt. Wie kommt dieses

Zentrum zustande? Ist es das Produkt der Gesellschaft, der Kultur, oder ist es ein inneres göttliches Zentrum – verzeihen Sie, daß ich das Wort «göttlich» gebrauche –, das von der Gesellschaft, von der Kultur von jeher überdeckt wurde? Die Hindus und andere nennen es *Ātman*, das großartige innere Selbst, das stets verschüttet wird. Deshalb soll man den Geist von allem Zudeckenden befreien, damit das Echte, der echte Affe hervorkommen kann.

Das Zentrum wird ganz offensichtlich durch die Kultur, in der man lebt, durch die eigenen konditionierten Erinnerungen und Erfahrungen, durch die innere Zersplitterung geschaffen. Es wird also nicht nur von der Gesellschaft geschaffen, sondern es setzt seine Existenz aus eigener Kraft fort. Kann dieses Zentrum über die von ihm selbst geschaffenen Grenzen hinausgehen? Kann es, indem es still wird, indem es sich selbst kontrolliert, indem es meditiert, indem es jemandem folgt, explodieren und Grenzen überschreiten? Offensichtlich kann es das nicht. Je mehr es sich dem Muster anpaßt, desto stärker wird es, obgleich es sich vorstellt, daß es dabei ist, sich zu befreien. Erleuchtung ist mit Sicherheit jene Bewußtseinsqualität, jener Zustand, in dem der Affe niemals aktiv ist. Wie kann der Affe seine Aktivitäten beenden? Nicht, indem er jemanden imitiert, nicht, indem er sich anpaßt, nicht, indem er sagt: «Da hat jemand Erleuchtung erlangt, ich werde zu ihm gehen und von ihm lernen.» All das sind Tricks des Affen.

Sieht der Affe die Spiele, die er mit sich selbst spielt, wenn er sagt: «Ich bin bereit zu helfen, die Gesellschaft zu verändern, es geht mir um soziale Werte, Rechtschaffenheit und soziale Gerechtigkeit?» Beantworten Sie das! Meinen Sie nicht, daß das ein Trick ist, mit dem er sich selbst zum Narren hält? Das ist so klar, das ist gar keine Frage. Falls Sie nicht sicher sind, sollten wir es noch einmal durchsprechen.

Sie reden manchmal, als ob der Dienst an der Gemeinschaft, als ob Sozialarbeit etwas sei, was man für jemand anderen tut. Aber ich habe das Gefühl, daß ich nicht von der Gesell-

schaft getrennt bin, also arbeite ich für mich selbst, wenn ich Sozialarbeit tue; es ist das gleiche, ich ziehe da keine Trennungslinie.

K.: Aber wenn Sie keine Trennungslinie ziehen – ich meine das jetzt nicht persönlich –, dann frage ich Sie: Bleibt das Zentrum bestehen?

Es sollte nicht.

K.: Nicht «sollte nicht». Damit begeben wir uns auf eine ganz andere Ebene – «sollte, sollte nicht, darf, darf nicht» –, dann wird es theoretisch. Die eigentliche Frage lautet, ob das Zentrum, das «Ich», der Affe in Aktion bleibt, obwohl ich erkenne, daß «ich» und die Gesellschaft eins sind. Ich sehe, daß jegliche Regung des Affen, solange dieser in Aktion bleibt, zu irgendeiner Art von Spaltung, zu Illusion und Chaos führen muß. Um es einfacher auszudrücken: Dieses Zentrum ist das Selbst, es ist die Selbstbezogenheit, der Egoismus, der stets am Werk ist; ganz gleich, ob ich göttlich bin, ob ich mich um die Gesellschaft kümmere und sage: «Ich bin die Gesellschaft» – ist dieses Zentrum in Aktion? Falls ja, dann ist all das bedeutungslos.

Die nächste Frage lautet: Wie kann dieses Zentrum aufgelöst werden? Durch Entschlossenheit, durch den Willen, durch Praktizieren, durch verschiedene Formen neurotischer Zwänge, durch Hingabe, durch Identifikation? All diese Bestrebungen sind immer noch Teil des Affen, und deshalb ist das Bewußtsein innerhalb der Reichweite des Affen, und der Raum innerhalb dieses Bewußtseins ist nicht weiter als seine Armeslänge. Darum existiert dort keine Freiheit. Also sagt der Geist: «Ich sehe das sehr klar» – «sehen» im Sinne einer Wahrnehmung, wie man dieses Mikrophon sieht, ohne jegliches Urteilen oder Werten; man sieht es einfach. Was geschieht dann? Um irgend etwas zu sehen, zu hören, muß man absolut aufmerksam sein, nicht wahr? Wenn ich verstehen will, was Sie sagen, muß ich Ihren Worten meine ganze Aufmerksamkeit schenken. Ist der Affe auch in diesem Zustand der Aufmerksamkeit in Aktion? Bitte finden Sie es heraus.

Ich will Ihnen zuhören. Sie sagen etwas Wichtiges oder Unwichtiges, und um herauszufinden, was Sie sagen, muß ich meine Aufmerksamkeit darauf richten, das heißt, mein Geist, mein Herz, mein Körper, meine Nerven, alles muß in Harmonie sein, damit ich achtgeben kann. Der Geist ist nicht vom Körper getrennt, das Herz nicht vom Geist und so weiter; ein vollständiges, harmonisches Ganzes muß achtsam sein. Das ist Aufmerksamkeit. Beobachtet der Geist die Aktivität des Affen mit solch absoluter Aufmerksamkeit? – Ohne zu urteilen, ohne zu sagen: «Das ist richtig» oder «Das ist falsch». Er beobachtet einfach nur die Tricks des Affen. In diesem Beobachten hat Analyse keinen Platz. Das ist wirklich sehr wichtig, meine Herrschaften, setzen Sie sich damit auseinander! In dem Augenblick, in dem er eines der Bruchstücke analysiert, ist der Affe in Aktion. Beobachtet also der Geist alle Regungen des Affen auf diese Weise, mit solch absoluter Aufmerksamkeit? Was geschieht, wenn diese *vollkommene* Aufmerksamkeit da ist? Sind Sie so aufmerksam?

Wissen Sie, was es heißt, achtsam zu sein? Wenn Sie diesem Regen total lauschen, dann gibt es keinen Widerstand dagegen, keine Ungeduld. Existiert nun, wenn Sie so lauschen, ein Zentrum, von dem aus der Affe in Aktion tritt? Finden Sie es heraus, warten Sie nicht darauf, daß ich es Ihnen sage – finden Sie es heraus! Hören Sie dem Redner mit *totaler* Aufmerksamkeit zu? Das heißt, ohne zu interpretieren, was er sagt, ohne zuzustimmen oder zu widersprechen, ohne zu vergleichen oder seine Worte in Ihre eigene Denkweise zu übersetzen. Wenn auch nur eine dieser Aktivitäten stattfindet, ist keine Aufmerksamkeit vorhanden. Vollkommen achtsam zu sein bedeutet, daß der Geist vollkommen still ist, um zu lauschen. Tun Sie das? Hören Sie dem Redner jetzt mit dieser Aufmerksamkeit zu? Und existiert da ein Zentrum, wenn Sie es tun?

Wir sind passsiv.

K.: Es ist mir gleich, ob Sie passiv oder aktiv sind. Ich frage, ob Sie zuhören. Zuhören heißt achtsam, aufmerksam sein. Ist der Affe in diesem Zustand der Aufmerksamkeit in Aktion? Sagen Sie nicht ja oder nein – finden Sie es heraus, lernen Sie etwas darüber. Und welche Qualität hat diese Aufmerksamkeit, bei der es kein Zentrum gibt, bei der der Affe nicht seine Spiele spielt?

Ist es ein gedankenfreier Raum?

K.: Ich weiß nicht, fassen Sie es nicht in Worte wie «gedankenfrei», «leer». Finden Sie heraus, lernen Sie, was anhaltende – nicht flüchtige – Aufmerksamkeit bedeutet, damit Sie die Qualität eines vollkommen aufmerksamen Geistes wahrnehmen können.

In dem Moment, in dem man sagt, das Denken sei nicht da, ist es da.

K.: Nein – wenn Sie sagen, es sei nicht da, um mit Worten zu kommunizieren, dann ist das Gedächtnis da. Aber ich frage Sie, existiert da ein Zentrum, wenn Sie vollkommen aufmerksam sind? Das ist wirklich einfach!

Ist da ein Zentrum, wenn Sie etwas wirklich Amüsantes, das Sie zum Lachen bringt, beobachten? Ist da ein Zentrum, das heißt, ist der Affe da, wenn Sie etwas sehen, das Sie interessiert, und wenn Sie nicht abschweifen, sondern einfach nur beobachten? Wenn in diesen Momenten kein Zentrum existiert, dann stellt sich die Frage, ob diese Aufmerksamkeit fließen, weiterfließen kann – nicht nur einen Augenblick, um dann wieder der Unaufmerksamkeit zu weichen, sondern ob sie natürlich, leicht und mühelos fließen kann? Jegliches Bemühen bringt den Affen auf den Plan. Können Sie all dem folgen?

Der Affe muß in Aktion treten, wenn funktionale Arbeiten zu erledigen sind. Aber operiert der Affe aus dem Zustand der Achtsamkeit heraus, oder ist er davon getrennt? Wenn Sie ins Büro gehen und dort arbeiten – geschieht das aus dem Zustand der Achtsamkeit heraus, oder hat der Affe sich eingeschaltet und sagt: «Ich muß besser als die anderen sein, ich muß mehr Geld verdienen. Ich muß härter arbeiten, ich muß konkurrieren, ich muß der Boß werden!» – Was auch immer. Setzen Sie sich damit auseinander. Wie ist das in Ihrem Leben? Entspringt Ihr Handeln der Aufmerksamkeit und ist daher viel effizienter, viel lebendiger, oder übernimmt der Affe das Steuer? Beantworten Sie das für sich selbst. Wenn der Affe das Steuer übernimmt und Unheil anrichtet – und Affen richten Unheil an –, kann dieses Unheil dann weggewischt werden, ohne eine Spur zu hinterlassen? Ich bitte Sie, meine Herrschaften, Sie sehen überhaupt nicht die Schönheit, die in all dem liegt.

Gestern sagte mir jemand die Unwahrheit. Trat der Affe in Aktion, um zu sagen: «Du bist ein Lügner»? Oder befand ich mich in jenem Zustand der Achtsamkeit, in dem der Affe inaktiv ist? – Dann hinterläßt diese unwahre Bemerkung nicht die geringste Spur. Wenn der Affe reagiert, hinterläßt sie eine Spur. Ich frage also: Kann die Aufmerksamkeit fließen? Nicht: «Wie kann ich ununterbrochen aufmerksam sein?» Denn dann ist es ja wieder der Affe, der das fragt. Aber wenn da ein ständiger Fluß der Aufmerksamkeit existiert, fließt der Geist einfach mit ihm.

Sie müssen das beantworten; es ist wirklich eine außerordentlich wichtige Frage. Wir kennen nur die Regungen des Affen, und nur ganz selten befinden wir uns in jenem Zustand der Achtsamkeit, in dem der Affe gar nicht erscheint. Dann sagt der Affe: «Ich will diese Achtsamkeit haben», und geht nach Japan, um zu meditieren, oder nach Indien, um zu Füßen irgendeines Gurus zu sitzen.

Wir fragen: Ist diese Bewegung der Aufmerksamkeit völlig losgelöst vom Bewußtsein, wie wir es kennen? Ganz offensichtlich. Kann diese Aufmerksamkeit, als Strömung, fließen, wie alle Ströme fließen müssen? Und kann der Affe, wenn er aktiv ist, sich selbst dessen bewußt werden und so die Aufmerksamkeit ungehindert fließen lassen?

Jemand hat mich gestern beleidigt, und der Affe war sofort zur Stelle, um das zu vergelten. Aber weil er sich seiner selbst und aller Konsequenzen seiner Tricks bewußt geworden ist, weicht er zurück und läßt die Aufmerksamkeit fließen. Nicht: «Wie erhalte ich den Fluß aufrecht» – das ist wirklich wichtig –, in dem Augenblick, in dem Sie sagen: «Ich muß ihn aufrechterhalten», ist der Affe in Aktion. Dieser Affe weiß also, wann er aktiv ist, und die Sensibilität seiner Wahrnehmung läßt ihn sofort still werden.

In diesem Fluß der Aufmerksamkeit gibt es kein Eigeninteresse, folglich auch keinen Widerstand und keine Energieverschwendung.

K.: Aufmerksamkeit heißt volle Energie, nicht wahr? In der Aufmerksamkeit ist die ganze Energie da, sie ist nicht zersplittert. In dem Moment, in dem sie zersplittert ist und eine Handlung stattfindet, ist der Affe am Werk. Und wenn der Affe, der ebenfalls lernt, sensibel geworden ist, bewußt geworden ist, erkennt er die Energieverschwendung und wird deshalb still. Es gibt nicht hier «den Affen» und dort «die Aufmerksamkeit» – es besteht keine Trennung zwischen dem Affen und der Aufmerksamkeit. Wenn eine Trennungslinie gezogen wird, wird die Aufmerksamkeit zum «höheren Selbst» – Sie kennen all die Tricks, die die Affen erfunden haben –, Aufmerksamkeit ist aber eine totale Bewegung. Es ist ein totales Geschehen, steht nicht *im Gegensatz* zur Aufmerksamkeit. Unglücklicherweise hat der Affe auch sein eigenes Leben und wacht auf.

Können Sie mir nun sagen, was da ist, wenn es kein Zentrum mehr gibt, wenn die Aufmerksamkeit ihren Höhepunkt erreicht? Was ist mit diesem total aufmerksamen Geist in jenem Zustand, in dem nicht ein Funken Energie verschwendet wird, geschehen? Was geschieht? Bitte, meine Herrschaften – ich rede die ganze Zeit!

Da ist absolute Stille. Keinerlei Identifikation …

K.: Keine Affentricks! Was ist geschehen? Nicht nur mit dem Intellekt, dem Verstand, sondern auch mit dem Körper? Ich habe geredet, aber Sie lernen nicht! Was wird sein, wenn der Redner nicht mehr kommt, wenn er stirbt? Wie werden Sie lernen? Werden Sie dann von irgendeinem Yogi lernen? Nein, meine Herrschaften, lernen Sie deshalb *jetzt*! Was ist mit einem Geist, der so total aufmerksam geworden ist, der die ganze Energie zur Verfügung hat, geschehen – was ist mit der Qualität des Verstandes geschehen?

Er sieht.

K.: Nein, Sie wissen es nicht! Bitte raten Sie nicht.

Er ist total still.

K.: Schauen Sie – das Gehirn, das funktioniert hat, das gearbeitet hat, das den Affen erfunden hat: Wird dieses Gehirn nicht außerordentlich sensibel? Wenn Sie es nicht wissen, raten Sie bitte nicht. Und da ist Ihr Körper – was geschieht mit dem gesamten Organismus, mit dem ganzen Wesen des Menschen, wenn ihm eine so ungeheure, unverdorbene, unverbrauchte Energie zur Verfügung steht? Das will ich wissen.

Er wacht auf, er wird lebendig, er lernt …

K.: Nein, er muß lebendig werden, um lernen zu können, andernfalls kann man nicht lernen. Wenn Sie schlafen und sagen: «Ich glaube an meine Vorurteile, ich mag meine Vorurteile, meine Konditionierung ist wundervoll» – dann gehen Sie schlafend durchs Leben; Sie sind nicht wach. Aber in dem Moment, in dem Sie anfangen, die Dinge zu hinterfragen, anfangen zu lernen, fangen Sie an, lebendig zu werden. Das ist nicht meine Frage. Was ist mit dem Körper, mit dem Gehirn geschehen?

Es herrscht ein vollkommenes Zusammenspiel, es gibt keine Trennung, sondern nur absolute Bewußtheit.

K.: Wenn Sie keine Energie mit unnützen Spielen vergeuden – was ist dann mit der Maschinerie des Gehirns, die etwas völlig Mechanisches ist, geschehen?

Sie ist lebendig.

K.: Bitte, beobachten Sie sich selbst. Schenken Sie irgend etwas Ihre totale Aufmerksamkeit – mit Ihrem ganzen Herzen, mit Ihrem Körper, mit Ihrem Geist, mit allem, was Sie haben, mit jeder Zelle – und schauen Sie, was geschieht.

In diesem Moment existiert man nicht.

K.: Genau. Aber was ist mit dem Gehirn geschehen, nicht mit *Ihnen*? Es ist richtig, das Zentrum existiert nicht, aber der Körper ist da, das Gehirn ist da – was ist mit dem Gehirn geschen?

Es ruht, es regeneriert sich.

K.: Was ist die Funktion des Gehirns?

Ordnung.

K.: Bitte wiederholen Sie nicht meine Worte, um Gottes Willen! Was ist das Gehirn? – Es hat eine Evolution durchgemacht, es ist der Speicher unserer Erinnerungen, es ist Materie, es ist außerordentlich aktiv, identifiziert, schützt, leistet Widerstand, denkt, denkt nicht, fürchtet sich, sucht Sicherheit und ist doch unsicher, dieses Gehirn, mit all seinen Erinnerungen – nicht nur mit denen von gestern, sondern mit denen von Jahrhunderten, mit den Erinnerungen eines Volkes, einer Familie, einer Tradition. Diese ganzen Inhalte sind da. Was ist nun also mit diesem Gehirn geschehen, wenn diese außerordentliche Achtsamkeit da ist?

Es ist neu ...

K.: Ich möchte nicht grob sein, aber ist Ihr Gehirn neu? Oder ist das einfach nur ein Wort? Bitte – was ist mit diesem Gehirn geschehen, daß es so mechanisch geworden ist? Sagen Sie nicht, es sei nicht mechanisch geworden. Das Gehirn ist absolut mechanisch, es reagiert entsprechend seiner Konditionierung, seiner Ängste, seinem Streben nach Lust usw. Was ist mit diesem mechanischen Gehirn geschehen, wenn absolut keine Energie verschwendet wird?

Es wird kreativ ...

K.: Wir vertagen das auf morgen.

Gespräch 7

Damit der Geist richtig funktionieren kann, bedarf es der Ordnung; der Verstand verwechselt Sicherheit mit Ordnung. Der ruhelose Affe findet keine Sicherheit. Der Unterschied zwischen geistiger Stabilität und Sicherheit. Das Streben nach Sicherheit führt nur zur Zersplitterung. Ein vom Streben nach Sicherheit freier Geist. «Es gibt keine Sicherheit.» Sich selbst verstehen heißt die Dynamik des Denkens verstehen. Der absolut aufmerksame Geist kennt keine Zersplitterung der Energie. Nonverbale Kommunikation. Der Eintritt in jenen unermeßlichen und zeitlosen Raum, in dem «Leben und Tod eine völlig andere Bedeutung haben».

KRISHNAMURTI: Bei unseren Zusammenkünften während der vergangenen fünf Wochen haben wir über die vielen Probleme, die unser Leben berühren, gesprochen – über selbstgeschaffene Probleme sowie über die Gesellschaft, die uns ebenfalls Probleme bereitet. Wir haben auch gesehen, daß wir und die Gesellschaft nicht zwei getrennte Einheiten sind, sondern in ständiger Wechselbeziehung stehen. Jeder Mensch, der sich ernsthaft und aktiv für eine Veränderung der Gesellschaft einsetzt – ihrer Muster, ihrer Werte, ihrer Moral – und sich seiner eigenen Konditionierung nicht bewußt ist, wird aufgrund dieser Konditionierung fragmentarisch handeln, und deshalb noch mehr Konflikte, mehr Leid und mehr Verwirrung verursachen. Wir haben uns damit ziemlich gründlich auseinandergesetzt.

Wir haben auch über Angst gesprochen, darüber, was Angst ist, und ob der menschliche Geist je vollständig, absolut frei von dieser Last sein kann, und zwar sowohl in den oberflächlichen als auch den tieferen Schichten. Wir haben über das

Wesen des Vergnügens gesprochen, das sich völlig von Freude, von Entzücken unterscheidet. Und wir haben uns mit der Spaltung, mit der Zersplitterung unserer Struktur, unseres eigenen Wesens beschäftigt. Durch unsere Gespräche haben wir festgestellt, daß diese innere Zersplitterung sich trennend auf alle menschlichen Beziehungen auswirkt, daß ein Bruchstück sich die Autorität des Analysierenden anmaßt und beginnt, die anderen Bruchstücke zu zensieren. Gestern, als wir miteinander über das Wesen des Bewußtseins sprachen, haben wir uns gefragt, was Aufmerksamkeit, was Achtsamkeit ist. Wir sagten, daß Achtsamkeit ein Zustand ist, in dem alle Energie konzentriert sind, und daß es in diesem Zustand keinen Beobachter, kein Zentrum, kein seiner selbst bewußtes «Ich» gibt.

Wir werden jetzt herausfinden, gemeinsam lernen, was mit dem Geist, mit dem Gehirn, mit dem gesamten psychosomatischen Organismus geschieht, wenn der Geist außerordentlich achtsam ist. Um das ganz klar verstehen, für sich selbst herausfinden zu können, muß man zunächst erkennen, daß die Beschreibung nichts mit dem Beschriebenen zu tun hat. Man kann dieses Zelt und alles, was damit zusammenhängt, beschreiben, aber die Beschreibung ist nicht das Zelt. Das Wort ist nicht das Ding, und wir müssen uns von Anfang an absolut im klaren darüber sein, daß die Erklärung nicht das Erklärte ist. Sich in Beschreibungen und Erklärungen zu verlieren, ist eine höchst unreife Art und Weise, mit dem Leben umzugehen, aber ich befürchte, daß die meisten von uns genau das tun. Wir geben uns mit der Beschreibung, mit der Erklärung zufrieden, mit Aussprüchen wie: «Das ist die Ursache», und lassen uns einfach treiben. Heute morgen wollen wir jedoch für uns selbst herausfinden, was mit dem Geist geschieht – wobei der Geist das Gehirn sowie die gesamte psychosomatische Struktur umfaßt –, wenn diese außerordentliche Achtsamkeit präsent ist, wenn kein inneres Zentrum in Form des Beobachters oder des Zensors existiert.

Um das zu verstehen, um wirklich etwas darüber zu lernen und sich nicht einfach mit der Erklärung des Redners zufrieden zu geben, um etwas herauszufinden, muß man zunächst mit dem Verstehen dessen, «was ist», beginnen. Nicht mit dem, was «sein sollte» oder «gewesen ist», sondern mit dem, «was ist». Bitte schließen Sie sich mir an, lassen Sie uns gemeinsam reisen, denn es macht großen Spaß, sich durch gemeinsames Lernen weiterzubewegen. Es ist ganz klar, daß in der Welt wie auch in unserem eigenen Innern ein ungeheurer Wandel stattfinden muß. Unsere Denk- und Handlungsweisen sind inzwischen absolut unreif, widersprüchlich, ja teuflisch geworden – wenn man das so ausdrücken kann. Man erfindet eine Maschine, die töten soll, und dann wird eine Gegenmaschine erfunden, die diese Maschine zerstören soll. Mit solchen Dingen beschäftigen sich die Menschen; nicht nur auf der gesellschaftlichen, sondern auch auf der rein technischen Ebene. Und ein menschlicher Geist, der wirklich betroffen ist, dem es sowohl mit dem psychischen als auch mit dem äußeren Wandel ernst ist, muß sich mit der Problematik des menschlichen Wesens auseinandersetzen, mit dem Bewußtsein, mit der Verzweiflung, mit seinen entsetzlichen Ängsten, mit Ehrgeiz und Hoffnung und mit dem menschlichen Streben, auf die eine oder andere Weise Erfüllung zu finden. Um all das verstehen zu können, müssen wir damit beginnen zu sehen, «was ist». «Was ist», ist nicht nur, was Sie vor sich sehen, sondern auch das, was jenseits davon existiert. Um sehen zu können, was direkt vor Ihnen liegt, müssen Sie eine sehr klare, ungetrübte, nicht von Vorurteilen belastete Wahrnehmung besitzen, müssen Sie, ohne den Wunsch über das Gesehene hinauszugehen oder es zu überwinden, einfach nur beobachten. Und Sie müssen nicht nur beobachten, «was ist», sondern auch, «was war» – denn das ist ebenfalls, «was ist». Dieses «Was ist» *ist* die Vergangenheit, *ist* die Gegenwart, *ist* die Zukunft. Bitte sehen Sie das! Das «Was ist» ist also nicht statisch, sondern dynamisch, eine Bewegung. Und um mit der Bewegung dessen, «was ist», Schritt halten zu können, brauchen Sie einen sehr klaren, vorurteilsfreien, unverzerrten Geist. In dem Moment, in dem Bemühen ins Spiel kommt, entsteht eine Verzerrung. Der Geist kann weder sehen, «was ist», noch darüber hinausgehen, wenn er das, «was ist», auf irgendeine Art und Weise verändern will oder wenn er versucht, es zu überwinden oder zu unterdrücken.

Um beobachten zu können, «was ist», brauchen Sie Energie. Sie brauchen Energie, um überhaupt irgend etwas aufmerksam beobachten zu können. Um zu hören, was Sie sagen, brauche ich Energie, das heißt, ich brauche Energie, wenn ich wirklich von ganzem Herzen verstehen will, was Sie sagen. Wenn ich aber nicht wirklich interessiert bin, sondern nur beiläufig zuhöre, bedarf es nur einer sehr geringen Energie, die sich bald zerstreut. Um also zu verstehen, «was ist», brauchen Sie Energie. Dadurch, daß wir uns aus Bruchstücken zusammensetzen, ist diese Energie geteilt, gespalten. «Ich» und «Nicht-Ich», «Wut» und «keine Wut», «Gewalt» und «keine Gewalt», all das bedeutet Zersplitterung von Energie. Und wenn ein Bruchstück sich die Autorität über die anderen Bruchstücke anmaßt, so ist das eine fragmentarisch wirkende Energie. Kommunizieren wir miteinander? Kommunizieren heißt gemeinsam lernen, zusammenarbeiten, gemeinsam etwas schaffen, gemeinsam sehen und verstehen; es geht nicht darum, daß ich spreche und Sie zuhören und sagen: «Intellektuell verstehe ich es.» Das ist kein Verstehen. Das Ganze ist eine Bewegung des Lernens und somit des Handelns.

Der Geist erkennt also, daß alle Trennungen – mein Gott und dein Gott, mein Glaube und dein Glaube – die Energie zerteilen, aufspalten. Da ist nur Energie und Aufspaltung. Diese Energie wird durch das Denken zerteilt, und das Denken ist die Methode der Konditionierung – mit der wir uns jetzt aber nicht noch einmal beschäftigen werden, weil wir weitergehen müssen.

Das Bewußtsein stellt also die Gesamtheit dieser Energiebruchstücke dar, und wir sagten, daß eines dieser Bruchstücke der Beobachter, das «Ich», der unablässig aktive Affe ist. Denken Sie daran, daß die Beschreibung nicht das Beschriebene ist, daß Sie sich selbst durch die Worte des Redners beobachten. Aber die Worte sind nicht das Eigentliche, deshalb ist der Redner ziemlich unwichtig. Wichtig ist allein, daß

Sie sich selbst beobachten, daß Sie beobachten, wie diese Energie aufgespalten wurde. Können Sie das sehen – denn das ist, «was ist» –, ohne daß das Bruchstück, genannt der Beobachter, ins Spiel kommt? Kann der Geist diese vielen Bruchstücke, die das Bewußtsein in seiner Gesamtheit ausmachen, sehen? Diese Bruchstücke stellen die Energiezersplitterung dar. Kann der Geist dieses eine, den Beobachter, der eines der vielen Bruchstücke ist, sehen? Es ist wichtig, das zu verstehen. Wenn der Geist die vielen Bruchstücke nicht sehen kann, ohne sie mit den Augen eines weiteren Bruchstücks zu betrachten, werden Sie nie wissen, was Aufmerksamkeit, was Achtsamkeit ist. Verstehen wir einander?

Der Geist sieht, was die Zersplitterung im Äußeren und im Inneren anrichtet. Im Äußeren haben wir die souveränen Regierungen mit ihrem Wettrüsten und so weiter, die Trennung zwischen den Nationen, den Glaubenssystemen, den religiösen Dogmen. Alle sozialen und politischen Trennungen – die Labour Party, die Konservativen, die Kommunisten oder die Kapitalisten – werden durch unseren Verstand verursacht, der sagt: «Ich muß Sicherheit haben.» Der Verstand glaubt, durch Trennung Sicherheit zu finden, und so schafft er immer mehr Trennendes. Können Sie das sehen? Nicht intellektuell, sondern wirklich als Faktum. Die Jungen und die Alten, die Reichen und die Armen, die Toten und die Lebenden – sehen Sie diese ständige Trennung, diese Dynamik der Trennung, die durch das in der Konditionierung dieser Bruchstücke gefangene Denken ausgelöst wird? Sieht der Geist diese ganze Dynamik ohne ein Zentrum, welches sagt: «Ich sehe es«? Denn in dem Augenblick, in dem Sie ein Zentrum haben, wird das Zentrum zum Faktor der Trennung. «Ich» und «Nicht-Ich» – das sind Sie. Das Denken hat dieses «Ich» durch den Wunsch oder den Drang nach Sicherheit und Geborgenheit geschaffen. Und in seinem Wunsch, Sicherheit zu finden, hat es die Energie in das «Ich» und das «Nicht-Ich» aufgespalten und schafft damit Unsicherheit für sich selbst. Kann der Geist dies als Ganzes sehen? Er kann es nicht, wenn da ein Bruchstück als Beobachter existiert.

Wir fragen also: Welcher Art ist die Qualität eines Geistes, der äußerst aufmerksam, achtsam ist, in dem keinerlei Trennung oder Zersplitterung existiert? An diesem Punkt waren wir gestern stehengeblieben. Ich weiß nicht, ob Sie gestern geforscht oder etwas gelernt haben; der Redner ist kein Professor, der Sie etwas lehrt oder Ihnen Informationen vermittelt. Um das herausfinden zu können, darf keine innere Spaltung bestehen – das ist ganz offensichtlich –, was bedeutet, es darf kein Bemühen ins Spiel kommen. Anstrengung ist gleichbedeutend mit Verzerrung, und da bei den meisten von uns eine geistige Verzerrung besteht, können Sie gar nicht verstehen, was es bedeutet, absolut aufmerksam zu sein, und können auch nicht herausfinden, was mit einem menschlichen Geist geschehen ist, der so total achtsam, so absolut aufmerksam ist.

Es besteht ein Unterschied zwischen Sicherheit und Stabilität. Wir bezeichneten unser unverwüstliches «Ich» mit seinen Gedanken, seinen Problemen, seinen Spannungen, seinen Ängsten und so weiter als den Affen. Dieser ruhelose Denkapparat – der Affe – sucht stets Sicherheit, weil er Unsicherheit in seinen Aktivitäten, seinem Denken und seinen Beziehungen über alles fürchtet. Er will, daß alles mechanisch – und somit sicher – abläuft. Mechanische Voraussagbarkeit bedeutet für ihn Sicherheit. Ist Stabilität etwas anderes – nicht das Gegenteil –, aber eine andere Dimension als Sicherheit? Wir müssen das verstehen. Ein ruheloser menschlicher Geist, der nach Sicherheit strebt, kann niemals Stabilität in dieser Ruhelosigkeit finden. Stabil sein – fest ist nicht das richtige Wort –, unerschütterlich, standfest und doch von großer Flexibilität! Der nach Sicherheit strebende menschliche Geist kann nicht stabil sein im Sinne von flexibel, schnell und doch äußerst beharrlich.

Sehen Sie den Unterschied? Wie steht es mit Ihnen selbst, in Ihrem täglichen Leben? Ist Ihr Verstand der Affe, der in seiner Ruhelosigkeit nach Sicherheit sucht und der, wenn er sie nicht in der einen Richtung finden kann, in die andere Richtung jagt? In dieser Ruhelosigkeit will er Sicherheit finden, und deshalb findet er sie niemals. Er kann sagen: «Es gibt einen Gott«, aber auch das ist eine Erfindung des Verstandes, ein Bild, das durch jahrhundertelange Konditionierung entstanden ist. Vielleicht wurde er aber auch atheistisch erzogen und sagt: «Es gibt keinen Gott» – aber das ist ebenfalls eine Konditionierung.

Was tun Sie also – suchen Sie Sicherheit in Ihrer Ruhelosigkeit? Der Wunsch nach Sicherheit ist eines der seltsamsten Phänomene. Und diese Sicherheit muß von der Welt bestätigt werden; ich weiß nicht, ob Sie das sehen. Ich schreibe ein Buch und finde darin meine Sicherheit. Aber das Buch muß in der Welt Bestätigung, Anerkennung finden, sonst bietet es mir keine Sicherheit. Schauen Sie, was ich erreicht habe – meine Sicherheit ist von der Meinung anderer abhängig! «Meine Bücher sind Bestseller», und ich habe den Wert der Welt geschaffen. Indem ich versuche, Sicherheit über ein Buch – oder was auch immer – zu finden, bin ich von der Welt, die ich geschaffen habe, abhängig geworden. Das heißt also, daß ich mir ständig etwas vormache. Wenn Sie das nur sehen würden! Der Wunsch des Verstandes nach Sicherheit ist also in Wirklichkeit ein Weg der Unsicherheit. Wenn totale Aufmerksamkeit besteht, in der kein Zentrum existiert, was ist dann mit dem Geist, der so intensiv achtsam ist, geschehen? Liegt darin Sicherheit? Existiert darin irgendein Empfinden von Ruhelosigkeit? Bitte stimmen Sie nicht zu – es ist eine enorme Aufgabe, das herauszufinden.

Sehen Sie, die meisten von uns suchen nach einer Lösung für das Leid der Welt, eine Lösung zur Veränderung der gesellschaftlichen Moral – die unmoralisch ist. Wir versuchen, Wege zu finden, die Gesellschaft so zu organisieren, daß es keine soziale Ungerechtigkeit mehr gibt. Der Mensch hat über die Jahrhunderte hinweg nach Gott gesucht, nach der Wahrheit, nach was auch immer, und er hat es nie gefunden, sondern einfach daran geglaubt. Aber wenn Sie daran glauben, werden Sie natürlich Erfahrungen machen, die Ihrem Glauben entsprechen, die aber falsch sind. So hat der Mensch in seiner Ruhelosigkeit, in seinem Streben nach Sicherheit, Geborgenheit, Angstfreiheit diese imaginären Sicherheiten erfunden, die er durch seine Gedanken hinausprojiziert. Wenn man sich der ganzen Aufspaltung der Energie in Bruchstücke bewußt wird –

und das hebt die Spaltung auf –, was ist dann in dem Geist, der nach Sicherheit strebte, vor sich gegangen? Weil er ruhelos war, ist er von einer Angst in die nächste getaumelt. Was tun Sie dann, was ist Ihre Antwort?

Man ist nicht isoliert, deshalb ist auch keine Angst da.

K.: Das hatten wir alles schon. Sagen Sie nichts, wenn es nicht wirklich auf Sie selbst zutrifft, denn andernfalls ist es völlig bedeutungslos. Sie können etwas erfinden, Sie können sagen: «Ich empfinde das» – aber wenn es Ihnen wirklich ernst ist, wenn Sie wirklich etwas darüber lernen wollen, dann müssen Sie in die Tiefe gehen, das ist Ihre Berufung, das ist Ihr Leben – nicht nur an diesem Vormittag. Als wir durchs Dorf gingen, sahen Sie, wie alle Leute der Kirche zustrebten – Wochenendreligiosität. Das hier ist keine Wochenendreligion. Es ist eine Lebensweise, eine Art zu leben, bei der die Energie nicht in Bruchstücke gespalten ist. Wenn Sie das einmal verstehen würden, würde Ihr Handeln außerordentlich sensibel werden.

In dem Augenblick, in dem Sie fragen: «Was tun Sie dann damit?», tritt in unserem Innern der Affe in Aktion. Es löst die Frage aus, und die Frage löst die Aktivität des Affen aus.

K.: Ich stelle diese Frage nur, um zu sehen, wo Sie stehen.

Nur ein Bruchstück reagiert.

K.: Ja. Da sucht also eines der Bruchstücke dieser zersplitterten Energie ruhelos nach Sicherheit – das ist tatsächlich, «was ist». Wir alle tun das. Diese Ruhelosigkeit, diese ständige Suche, die uns mal in diese, mal in jene Gesellschaft treibt – der Affe hört nie auf zu suchen –, weist auf einen Geist hin, dessen ganzer Lebenssinn darin besteht, nach Sicherheit zu suchen.

Was ist mit dem Geist geschehen, der das ganz klar gesehen hat und nun nicht länger nach Sicherheit strebt? Er hat offensichtlich keine Angst mehr. Sie wird ganz unbedeutend, wenn man sieht, wie der Verstand die Energie oder sich selbst aufgespalten hat und wie diese Zersplitterung Angst erzeugt. Und wenn Sie die Dynamik des Denkens in dieser Zersplitterung sehen, dann begegnen Sie der Angst, dann handeln Sie. Wir fragen also, was mit dem Geist geschehen ist, der so außerordentlich achtsam wurde. Existiert da überhaupt noch der Drang, nach etwas zu suchen? Bitte finden Sie das heraus.

Die mechanische Aktivität hört völlig auf.

K.: Verstehen Sie meine Frage? Sucht der Geist immer noch, wenn Sie so aufmerksam sind? Sucht er nach Erfahrungen, strebt er noch nach Selbsterkenntnis, nach Selbstüberwindung, danach herauszufinden, was richtiges und falsches Handeln ist, nach irgend etwas Dauerhaftem, auf das er sich verlassen kann – Dauerhaftigkeit in Beziehungen oder im Glauben, oder in irgendeiner Überzeugung? Läuft dieser Prozeß ab, wenn man absolut achtsam ist?

Der Geist sucht nicht mehr.

K.: Wissen Sie, was es bedeutet, wenn Sie das so leicht dahinsagen? Nichts suchen – das bedeutet ...?

Der Geist ist bereit, etwas Neues, etwas jenseits seiner Vorstellung aufzunehmen.

K.: Nein, Sie haben es wirklich nicht verstanden. Ich frage nach folgendem: Der Geist hat die ruhelose Aktivität des Affen erkannt. Diese Aktivität, die immer noch Energie ist, hat der Verstand in seinem Streben nach permanenter Sicherheit, Gewißheit, Geborgenheit in Bruchstücke aufgespalten. Und so hat er die Welt in das «Ich» und das «Nicht-Ich», in «Wir» und «Sie» eingeteilt und sucht nach Wahrheit, um sich Sicherheit zu verschaffen. Sucht der Geist, der all dies beobachtet hat, überhaupt noch irgend etwas? Suchen ist gleichbedeutend mit Ruhelosigkeit – hier habe ich keine Sicherheit gefunden, also gehe ich dorthin, und wenn ich sie dort nicht finde, ziehe ich weiter.

Der Geist hat dann kein Interesse mehr an der Suche.

K.: Ein Geist ohne Zentrum hat kein Interesse an der Suche. Aber geschieht das mit Ihnen?

In dem Augenblick, in dem man aufmerksam ist, geschieht es.

K.: Nein.

Wenn der Geist aufhört, nach irgend etwas zu streben, geschehen alle möglichen Dinge mit ihm.

K.: Haben Sie je erlebt, wenn Sie still irgendwo gesessen haben oder gegangen sind, was es bedeutet, absolut leer zu sein? Nicht isoliert, nicht zurückgezogen, nicht indem Sie eine Mauer um sich herum bauten und das Gefühl hatten, mit nichts mehr in Beziehung zu stehen – das meine ich nicht. Wenn der Geist vollkommen leer ist, so bedeutet das nicht, daß er sich nicht erinnert, die Erinnerungen sind da, denn sie gehen ja zu Ihrem Haus oder ins Büro. Aber ich meine die Leere eines Geistes, der jegliches Streben, jegliche Suche aufgegeben hat.

Alles ist, und ich bin. Was ist «Ich bin»? Wer ist «Ich bin»? Wer ist dieses «Ich», das sagt «bin»? Der Affe?

K.: Wiederholen Sie nicht, was die Propagandisten, die Religionen, die Psychologen gesagt haben. Wer sagt: «Ich bin»? – Der Italiener, der Franzose, der Russe, der Gläubige, das Dogma, die Ängste, die Vergangenheit, der Sucher und derjenige, der sucht und findet? Oder der, der sich mit seinem Haus, seinem Ehegatten, mit Geld, mit seinem Namen, seiner Familie identifiziert hat – das sind alles nur Worte! Nein, Sie sehen das nicht. Aber es ist so! Wenn Sie sehen, daß Sie ein Bündel aus Erinnerungen und Worten sind, dann verschwindet der ruhelose Affe.

Wenn Ihr Geist auf dem Weg zu Ihrem Büro völlig leer ist, weshalb gehen Sie dann überhaupt ins Büro? Warum tun Sie das noch?

K.: Um den Lebensunterhalt zu verdienen. Sie müssen nach Hause zurückkehren. Sie werden dieses Zelt verlassen.

Auf jeden Fall stellt sich die Frage, wie ich leer sein kann, wenn das Gedächtnis arbeitet.

K.: Schauen Sie, ich will Ihnen etwas ganz Simples verraten: So etwas wie Sicherheit gibt es nicht. Dieses rastlose Streben nach Sicherheit ist Teil des Beobachters, des Zentrums, des Affen. Und dieser rastlose Affe – das Denken, der Verstand – hat diese Welt in Stücke geschlagen, hat sie in ein furchterregendes Chaos gestürzt, hat soviel Leid und Qualen verursacht! Und das Denken, der Verstand kann dieses Problem nicht lösen, wie intelligent, wie schlau, wie gelehrt und effizient er auch sein mag – der Verstand kann keine Ordnung in dieses Chaos bringen. Deshalb muß es einen Ausweg geben, der nichts mit dem Denken zu tun hat. Ich möchte Ihnen vermitteln, daß in diesem Zustand der Aufmerksamkeit, in dieser fließenden Achtsamkeit jegliches Verlangen nach Sicherheit verschwunden ist, weil nun Stabilität da ist. Und diese Stabilität hat nicht das geringste mit Sicherheit zu tun – wenn der Verstand nach Sicherheit strebt, dann macht er etwas Dauerhaftes, Unbewegliches daraus, und deshalb wird es mechanisch. Der Verstand sucht Sicherheit in Beziehungen. Und so schafft er in der Beziehung zum anderen ein Bild. Dieses Bild wird zu etwas Unumstößlichen und zerstört so die Beziehung – du hast dein Bild, und ich habe meins. Durch dieses Bild hat das Denken sich als etwas Permanentes festgesetzt und identifiziert.

In der Außenwelt haben wir dadurch Grenzen gezogen: dein Land, mein Land und so weiter. Wenn der Geist all das hinter sich gelassen hat, in dem Sinne, daß er die absolute Sinnlosigkeit, das Unheil dieses Denkens erkannt hat, hat er damit abgeschlossen. Was geschieht dann mit diesem Geist, der jegliche Vorstellung von Sicherheit fallengelassen hat? Was geschieht mit einem Geist, der so achtsam ist, daß sich vollkommene Stabilität einstellt, so daß die Gedanken nicht länger auf Sicherheit in irgendeiner Form ausgerichtet sind und der Verstand erkennt, daß es nichts Dauerhaftes gibt? Ich weise Sie darauf hin, daß die Beschreibung nicht das Beschriebene ist.

Sehen Sie, wie bedeutsam das ist; im Gehirn ist im Laufe der Evolution die Vorstellung vollkommener Sicherheit entstanden. Der Geist, das Gehirn will Sicherheit, andernfalls kann es nicht funktionieren. Ohne Ordnung wird es unlogisch, neurotisch, ineffizient reagieren. Deshalb strebt es stets nach Ordnung, und es hat Ordnung mit Sicherheit gleichgesetzt. Solange dieses Gehirn noch in Aktion ist, wird es immer Ordnung durch Sicherheit anstreben. Aber strebt das Gehirn noch nach Sicherheit, wenn absolute Aufmerksamkeit, Achtsamkeit da ist?

Dann existiert nur die Gegenwart.

K.: Ich versuche, Ihnen etwas zu vermitteln. Vielleicht habe ich vollkommen unrecht. Vielleicht rede ich absoluten Unsinn, aber das müssen Sie für sich selbst herausfinden.

Ich habe das Gefühl, daß ich im Augenblick aufmerksam bin, daß ich nicht suche. Aber die Aufmerksamkeit kann nachlassen; dann suche ich wieder.

K.: *Niemals*. Das ist ja der Punkt. Wenn der Verstand sieht, daß es so etwas wie Dauerhaftigkeit nicht gibt, wird er *niemals* wieder suchen. Das heißt, dieses Gehirn, mit seiner Erinnerung an Sicherheit – die in einer sicherheitsabhängigen Gesellschaft kultiviert wurde, deren Vorstellungen und Moral auf Sicherheit beruhen –, dieses Gehirn ist vollkommen frei von jeglichem Streben nach Sicherheit geworden.

Hat sich irgend jemand von Ihnen wirklich einmal mit der Frage, was Meditation ist, beschäftigt? Bei der Meditation geht es nicht um *die Meditation,* sondern um den Meditierenden – sehen Sie den Unterschied? Die meisten von Ihnen richten Ihr Augenmerk auf die Meditation, wie man meditieren soll, wie man dabei Schritt für Schritt vorgeht und so weiter. – Aber darum geht es überhaupt nicht. Der Meditierende ist die Meditation. Meditation bedeutet, den Meditierenden verstehen. Wenn Sie wirklich in diese Frage eingedrungen sind, muß der Meditierende verschwinden – nicht durch Unterdrückung, nicht, indem Sie Ihren Verstand abtöten, sondern durch Verstehen. Sich selbst verstehen heißt, die Aktivität des Denkens verstehen; das Denken ist die Aktivität des Gehirns mit all seinen Erinnerungen – und dieses Denken strebt nach Sicherheit und so weiter.

Der Meditierende fragt nun, ob das Gehirn absolut still werden kann. Das heißt, kann der Verstand vollkommen still werden und doch aus dieser Stille heraus funktionieren? All das ist wahrscheinlich zu kompliziert für Sie – in Wirklichkeit ist es ganz einfach.

Im Zustand höchster Aufmerksamkeit findet also im menschlichen Geist keine Energiezersplitterung statt. Bitte sehen Sie das; die Energie wird nicht gespalten, es ist eine *vollständige* Energie. Diese Energie funktioniert auch ohne Spaltung, wenn Sie ins Büro gehen.

Vielleicht könnte man ohne Worte zu einem wirklichen Verständnis gelangen; man kommt auf gewisse Weise in direkten Kontakt mit dem, was man zu verstehen versucht. Und deshalb ist es nicht notwendig, Worte zu machen, die ja nur eine Ausflucht sind.

K.: Genau. Können Sie ohne Worte kommunizieren? Denn Worte sind hinderlich.

Ja.

K.: Schauen Sie – kann ich mit Ihnen ohne Worte über die Qualität eines Geistes kommunizieren, der absolut achtsam ist und gleichzeitig in der Alltagswelt funktioniert, ohne die Energie in Bruchstücke aufzuspalten? Haben Sie meine Frage verstanden?

Ja.

K.: Nun, kann ich Ihnen das ohne Worte vermitteln? Woher wissen Sie, daß ich es kann? Wovon sprechen Sie eigentlich!

Ich denke, daß Sie es können.

K.: Schauen Sie, man hat fast fünf Wochen lang gesprochen, alles erklärt, ist ins Detail gegangen, hat sein Herzblut hineingegeben. Haben Sie etwas davon verstanden – wenigstens verbal? Und Sie wollen irgend etwas nonverbal verstehen! Es ist möglich, wenn Ihr Geist in Kontakt mit dem Redner ist – mit der gleichen Intensität, der gleichen Leidenschaft, zur gleichen Zeit, auf der gleichen Ebene – dann kommunizieren Sie.

Kommunizieren Sie? Hören Sie auf das Geräusch dieses Zuges! Eine Kommunikation ohne Worte ist entstanden, weil wir beide im gleichen Moment mit der gleichen Intensität und Leidenschaft dem Rattern dieses Zuges lauschen. Nur dann geschieht direkte Kommunikation. Sind Sie mit Intensität zur gleichen Zeit präsent wie der Redner? Natürlich nicht. Wenn Sie die Hand eines anderen Menschen halten, so können Sie das einfach aus Gewohnheit tun. Oder Sie können sie halten und währenddessen ohne Worte mit dem anderen kommunizieren, weil Sie beide im gegebenen Augenblick intensiv präsent sind. Aber wir sind nicht intensiv, nicht leidenschaftlich, nicht engagiert.

Nicht immer.

K.: Sagen Sie das nicht – nicht einmal für eine Minute!

Woher wissen Sie das?

K.: Ich weiß es nicht. Wenn Sie intensiv präsent sind, werden Sie wissen, was es bedeutet, achtsam zu sein, aufmerksam zu sein, und deshalb nicht länger nach Sicherheit streben; dann ist Ihr Denken und Handeln nicht länger gespalten. Schauen Sie, was mit dem Geist geschehen ist, der durch all das, was wir besprochen haben, all die Diskussionen, den ganzen Austausch von Worten, hindurchgegangen ist. Was ist mit dem Geist geschehen, der wirklich zugehört hat?

Er ist zunächst einmal empfänglich, sensibel geworden, und zwar nicht nur mental, sondern auch physisch. Er hat das Rauchen, das Trinken, jegliche Art von Betäubung durch Drogen aufgegeben. Und da wir diese Frage der Achtsamkeit durchgesprochen haben, werden Sie sehen, daß der Geist nach nichts mehr strebt und nichts mehr beansprucht. Ein solcher Geist ist vollkommen flexibel und dennoch absolut stabil. Aus dieser Stabilität und Sensibilität heraus kann er handeln, ohne das Leben oder die Lebensenergie in Bruchstücke aufzuspalten. Was findet ein solcher Geist über das Handeln, über die

Stabilität hinaus noch? Der Mensch hat von jeher nach etwas gesucht, das er als Gott oder die Wahrheit betrachtete, und sein Streben danach war immer von Angst, von Hoffnungslosigkeit, von Verzweiflung und Chaos motiviert. Er suchte es, und er glaubte, es gefunden zu haben, und er begann, diese Entdekkung zu organisieren.

Doch das, was stabil, höchst flexibel und empfänglich ist, sucht nicht; es sieht etwas, was nie zuvor entdeckt wurde, und das bedeutet, daß für einen solchen Geist Zeit überhaupt nicht existiert – was nicht heißt, daß man einen Zug verpassen wird. Es gibt also einen Zustand, der zeitlos und daher unermeßlich ist. Wenn Sie dies erleben, so ist das etwas außerordentlich Wunderbares. Ich kann das noch weiter ausführen, aber die Beschreibung ist nicht das Beschriebene. Sie müssen all das selbst lernen, indem Sie sich selbst anschauen – kein Buch, kein Lehrer kann Ihnen das vermitteln –, machen Sie sich von niemandem abhängig, schließen Sie sich keiner spirituellen Organisation an; man muß all das im eigenen Inneren lernen. Dort wird der Geist unglaubliche Dinge entdecken. Aber das setzt voraus, daß keine Zersplitterung, sondern außerordentliche geistige Stabilität, Leichtigkeit und Beweglichkeit vorhanden sind. Für einen solchen Geist existiert keine Zeit, und deshalb haben Leben und Tod für ihn eine völlig andere Bedeutung.